哲学探微

郑庆林哲学论文集

ZHEXUE TANWEI

郑庆林◎著

安徽师范大学出版社
·芜湖·

责任编辑:孙新文　郭　宇
封面设计:丁奕奕

图书在版编目(CIP)数据

哲学探微:郑庆林哲学论文集 / 郑庆林著.—芜湖:安徽师范大学出版社,2015.8
ISBN 978-7-5676-1741-4
Ⅰ.①哲… Ⅱ.①郑… Ⅲ.①哲学－文集 Ⅳ.①B0-53

中国版本图书馆CIP数据核字(2015)第076377号

哲学探微:郑庆林哲学论文集

郑庆林　著

出版发行:安徽师范大学出版社
芜湖市九华南路189号安徽师范大学花津校区　　邮政编码:241002
网　　址:http://www.ahnupress.com/
发 行 部:0553-3883578　5910327　5910310(传真)　　E-mail:asdcbsfxb@126.com
印　　刷:虎彩印艺股份有限公司
版　　次:2015年8月第1版
印　　次:2015年8月第1次印刷
规　　格:700 × 1000　1/16
印　　张:22.5
字　　数:346千
书　　号:ISBN 978-7-5676-1741-4
定　　价:45.00元

创见选示

实践虽然是人类社会的基础，但物质却是人类社会的基础的基础，是整个世界的最终基础；实践虽然是人类社会发展的根据，但物质却是人类社会发展的根据的根据，是整个世界发展的最终根据。

——见《是“物质本体论”，还是“实践本体论”》

“物质世界是认识的源泉”以扬弃的形式包含在“实践是认识的源泉”之中。

——见《也谈认识的源泉》

认识是主体能动地以一定的观念形态从一定的层面上再现客体及其本质。辩证唯物主义认识论就把这一认识本质称之为“反映”。“反映”本身具有客观性、能动性、层次性和过程性等固有的规定性。

——见《论认识的本质及其内涵》

对认识发生能动作用的主体因素应包括主体内在的精神因素和主体外在的物质因素。前者即主体的“认识结构”，后者即主体的“操作结构”。

——见《论主体因素对于认识的能动作用》

贯穿于认识活动中的基本规律，就是认识主体在认识活动中的“价值取向”。这种“价值取向”是一种客观地存在于主客体之间的带有指向性的稳定的联系，即“出发于主体的实践需要，指向或力图揭示客体的本质和规律”这样一种联系。

——见《论认识的本质及其内涵》

是否反映了事物的内在本质性，就是感性认识与理性认识的本质区别。感性认识反映的是事物的外在现象，理性认识反映的是事物的内在本质性。

——见《感性认识与理性认识的本质区别》

马克思主义的阶级性，是指马克思主义在社会作用上的阶级性，并不是马克思主义真理本身有阶级性。

——见《阶级性的两种涵义》

只有反映了事物本质或规律的理性认识才是真理，而感性认识即使是正确的，也没有资格接受“真理”的美名。感性认识至多只能达到“感性具体”，但“感性具体”只反映对象的现象一面，是片面的，实质上仍是抽象的。

——见《正确的感性认识是真理吗》

所谓价值，就是客体的自身属性满足主体需要的肯定性，是主体需要对于客体自身属性的肯定关系。这种肯定关系，也就是主客体间的价值关系。在这种价值关系中，客体的自身属性成为主体需要的价值对象，而主体的需要则成为客体自身属性的价值确证。这样看来，价值不是一个实体范畴，而是一个关系范畴。

——见《价值问题的哲学探讨》

这个作为客体属性和主体需要相统一的价值，既是客体属性的人化、主体化，又是主体需要的对象化、客体化。价值是客体性与主体性的统一，是客体自身属性与主体需要的同一，这就是价值的实质。

——见《价值问题的哲学探讨》

价值就是客体自身属性满足主体需要的有用性。也可以说，价值就是客体自身属性满足主体需要的为人属性。

——见《价值问题的哲学探讨》、《也谈价值的哲学本质》

前　言

摆在我们面前的这本哲学论文集名之曰《哲学探微》。这里的“探微”之“微”，取其“幽深”之意，即隐藏于事物内部的精深奥妙，也就是事物的内在本质。哲学的本义在于揭示自然、社会和人类精神的普遍本质、普遍规律。本人研究哲学，必要揭示对象的本质、实质；研究认识论，必要揭示人类认识的本质；研究价值论，必要揭示价值的实质；研究马克思主义哲学，必要揭示马克思主义哲学的本质，等等。尔后必以对象的本质为逻辑起点，合乎逻辑地生发出对象的普遍属性和普遍规律。这种研究的特点和方法，体现在本文集的一系列论文之中。故本书以《哲学探微》总而名之。

本书收集的34篇论文，均已公开发表，其中有2篇是我参加相关学术会议的报告稿。这次结集出版，除了将个别篇章在发表时所删节的部分予以恢复外（这种情况在该文章的末尾作了注明），其它文章从观点到文字均未作修改，目的在于保持历史的原貌，显示作者当时的所思所想。

本书的论文分为五个部分，即人类认识论、价值哲学论、社会哲学论、马克思主义哲学本质论和教育哲学论。本人哲学研究的主要领域是认识论、价值论、马克思主义哲学本质论。本书中的人类认识论，涉及实践的属性、认识的源泉、认识的本质、感性认识与理性认识的本质区别、认识中主体因素的能动作用、真理的涵义、真理有无阶级性等问题。其中，对于“实践源泉观”与所谓“物质源泉观”的关系，作了全新的论述；关于主体因素对于认识的能动作用，作了系统的阐述，尤其是对于“主体外在操作结构”的能动作用之揭示，自认为是一个创新。

价值哲学论涉及价值的实质、价值的存在形态、价值的属性、人生价值、价值真理等问题。发表于《哲学研究》1983年第8期的《价值问题的哲学探讨》一文，就我所知（也许孤陋寡闻），是新中国成立之后专题正面论述价值问题的第一篇哲学论文，尔后才见到有价值论专著和其它专论价值的文章面世，哲学界才陆续展开了价值问题的讨论。社会哲学论涉及社会文明、阶级的构成、“个人意识”与“社会意识”的关系、“社会改革”在唯物史观中的地位、改革成败的标准、社会改革的普遍性和特殊性等问题。马克思主义哲学本质论涉及马克思主义哲学的实质、马克思和恩格斯哲学思想的关系、马克思主义哲学的基本内容和逻辑体系、青年马克思的异化理论问题、构建马克思主义哲学体系的方法论等。其中，对于“物质本体论”的论证和对于所谓“实践本体论”的驳斥，以及以“物质本体”为逻辑起点合乎逻辑地推论出马克思主义哲学整个理论体系，是这部分内容的核心。教育哲学论从宏观上论述了现时代下的教育思想、教学方法改革、教师能力等问题，作者既是高校的教师，又曾是一所高校的校长，因此这部分内容体现了教育教学理论与教学实践、教育管理经验的密切结合。

本人于1969年7月从北京大学哲学系哲学专业毕业。自1971年3月至2006年退休，一直从事高校哲学教学工作。在教学之余，开展哲学研究，这既是提高教学水平的需要，更是本人孜孜以求的兴趣和愿望。可是从1991年起一直到退休，因服从组织上的需要而担任学校领导，行政工作的繁忙，使我没有多少时间进行科研，但仍未放弃哲学研究的兴趣。作为哲学研究的成果，主编（之一）学术专著《素质教育与教师能力》（安徽大学出版社出版），先后参编、副主编、主编6部高校哲学教材和哲学辅导书，其中主编《马克思主义哲学原理》（南京大学出版社出版）、主编（之一）《马克思主义哲学》（高等教育出版社出版）。主持了3项省级教学研究、哲学研究项目，其中两项均获得省级优秀教学成果贰等奖。发表了一系列哲学论文，其中多数发表于国家级重点期刊《哲学研究》和全国核心期刊《学术月刊》、《社会科学战线》、《学习与探索》、《学术界》等，收集于本书的是其中的部分论文。

本人不屑于图篇数、图稿费而向报刊投稿，凡是投出去的稿件，必是认为有新见、有新意的。本书所收的所有论文，虽已历经多年，但我认为至今其基本观点仍是正确的，其论证的思路和方法是有特色的。原发表的文章散落于各种杂志、报纸，既不便检阅，也可能随着岁月的流逝而逐渐湮没。在安徽师范大学支持退休教授出书之政策的鼓励下，我也产生“结集出版”的念头。“结集出版”，可供哲学同仁们评议、讨论；有兴趣的哲学后学者也可以读读，或许会有所启发，有所裨益；同时也算为社会留下一份小小的精神财富。“结集出版”，也是“敝帚自珍”的情感使然。可以说，发表的每一篇哲学论文，都是自己的精心之作，都是自己科研心血的结晶，都是自己哲学心路的足迹，都是自己哲学研究成果的记录。自己的孩子再丑也金贵。所以“结集出版”，也是为了自爱，为了自我保留，为自己也为家人留下一份曾经为之奋斗的精神慰藉。

本文集能够成书出版，首先要感谢安徽师范大学出版社社长汪鹏生编审、总编辑张奇才教授的关心和大力支持，其次要感谢本书的责任编辑郭宇同志和一切参与本书筹划、审阅、设计的编辑们所付出的辛劳。特别要感谢安徽师范大学政治学院的全额资助，使得本书能由策划变成现实。最后还要感谢我的终身伴侣金筱华女士，她在工作之余，承担了几乎全部家务，使得我能有更多时间专心于哲学研究，划拉出这本小书和其它一些哲学编著。

郑庆林

于安徽师范大学文津花园寓所

2014年8 月8日

目　录

人类认识论

阶级性的两种涵义

在目前关于真理有无阶级性的讨论中，之所以众说纷纭，莫衷一是，其中的一个重要原因是，辩论的各方并非在同一涵义上使用“阶级性”这一概念。而如果“阶级性”的涵义不确定，就不能达到统一认识的目的。

在不同的场合，人们使用“阶级性”这一概念时，涵义是不同的。在关于思想、理论的阶级性问题上，人们至少使用着两种涵义。

第一种涵义：某种思想、理论的阶级性是指这种思想、理论本身渗透着某一特定阶级的主观属性（阶级的意志、愿望等）。这种涵义的“阶级性”，是思想理论本身的有机组成部分，即思想、理论本身包含着、溶化着阶级的主观属性。这应该是思想、理论的阶级性的本义，人们一般是在这种涵义上认定某种思想、理论的阶级性的。

如毛泽东同志说：“有没有人性这种东西？当然有的。但是只有具体的人性，没有抽象的人性。在阶级社会里就是只有带着阶级性的人性，而没有什么超阶级的人性。”①

在这里，“阶级性”是在“第一种涵义”上被使用的，就是说，人性本身包含着不同的阶级属性，只有阶级的人性，没有超阶级的人性。

第二种涵义：某种思想、理论的阶级性是指这种思想、理论在客观上只符合某一特定阶级的利益，只能为这一特定阶级所掌握所利用。这种涵义的“阶级性”，只肯定某种思想、理论的被掌握及其社会作用有阶级性，并没有回答这种思想、理论本身有没有阶级性。如毛泽东同志

---

① 《毛泽东选集》第3卷，第871页，北京：人民出版社1953年版。着重号为引者所加。

说："自然科学分两个方面，就自然科学本身来说，是没有阶级性的，但是谁人去研究和利用自然科学，是有阶级性的。"①

这里的前一个"阶级性"是在"第一种涵义"上被使用的，第二个"阶级性"是在"第二种涵义"上被使用的。以上两种"阶级性"的涵义既有联系又有区别。肯定某种思想、理论具有"第一种涵义"的阶级性，也就可以由此而肯定它具有"第二种涵义"的阶级性。然而，某种思想、理论没有"第一种涵义"的阶级性，却可以有"第二种涵义"的阶级性；反之，某种思想、理论有"第二种涵义"的阶级性，却可以没有"第一种涵义"的阶级性。自然科学就是一例。

可见，阶级性的"第一种涵义"和"第二种涵义"不是等同的。因此，我们在讨论同一问题时就不能既使用"第一种涵义"，又使用"第二种涵义"，否则就会违反同一律，在讨论问题时造成混乱，达不到统一认识的目的。目前在关于真理有没有阶级性的讨论中，就出现了这种因"阶级性"的歧义而引起了某种混乱情况。

那么，在讨论真理有无阶级性的问题上，究竟应当使用"阶级性"的何种涵义？我认为应当使用"第一种涵义"，即应当从"真理本身是否包含着阶级的主观属性"这一意义上回答真理有无阶级性的问题。一个事物的属性只能存在于这个事物之中；一个事物是否具有某种属性，只能由这个事物本身的性质来回答，这应该是常识。肯定真理具有"第二种涵义"的阶级性，那只是肯定真理的被认识被掌握及其社会作用具有阶级性，并没有也不能据此就断定真理本身具有阶级性。否则就应当根据一切真理的社会作用都有阶级性的事实而得出一切真理都有阶级性的结论。但这个结论显然与事实不符，因为自然科学的真理是没有阶级性的。所以应当从真理本身的性质去寻找真理有无阶级性的答案。

有的同志说："既然一切真理都是没有阶级性的，马克思主义是真理，那么马克思主义的真理也应该是没有阶级性的。但是马克思主义却是有阶级性的，而且是公然申明了的、具有鲜明的阶级性，这个矛盾如

① 《毛泽东选集》第5卷，第444页，北京：人民出版社1977年版。着重号为引者所加。

何解释呢?”在我看来，这里是不存在矛盾的。关键在于必须弄清：应在何种涵义上理解马克思主义的阶级性?

马克思主义的经典作家们都肯定马克思主义的阶级性，然而，他们是在“阶级性”的何种涵义上加以肯定的?我认为，马克思主义的经典作家们只是在上述“第二种涵义”上，即“客观上符合无产阶级的利益，只能为无产阶级所掌握，所利用”的涵义上肯定马克思主义有阶级性。

略举几例，稍加说明：

马克思指出：“哲学把无产阶级当做自己的物质武器，同样地，无产阶级也把哲学当做自己的精神武器。”①这个论断是证明马克思主义有阶级性的同志经常引用的。

这个论断的前半句——“哲学把无产阶级当做自己的物质武器”，说的是，只有无产阶级才能消灭一切阶级，解放全人类，实现共产主义。无产阶级的这个历史使命，是人类社会发展的客观历史进程决定的。无产阶级的根本利益就在于：“如果不同时使整个社会永远摆脱剥削、压迫和阶级斗争，就不再能使自己从剥削它压迫它的那个阶级（资产阶级）下解放出来。”②所以，马克思主义把“无产阶级当做自己的物质武器”，只是表明马克思主义在客观上符合无产阶级利益，并没有表明马克思主义本身包含有无产阶级的任何主观属性。

这个论断的后半句——“无产阶级也把哲学当做自己的精神武器”，只是从社会作用方面体现了马克思主义的阶级性，即马克思主义是无产阶级的“精神武器”，可为无产阶级所掌握所利用。

总之，马克思的这个科学论断只是从“第二种涵义”上肯定马克思主义的阶级性。

人们为了证明马克思主义的阶级性，也经常引用列宁的这么一段话：“马克思的学说直接为教育和组织现代社会的先进阶级服务，指出这一阶级的任务，并且证明当前的制度由于经济的发展必然要被新的制

① 《马克思恩格斯选集》第1卷，第15页，北京：人民出版社1995年版。

② 《马克思恩格斯选集》第1卷，第252页，北京：人民出版社1995年版。

度所代替，因此这一学说在其生命的途程中每走一步都得经过战斗，这就不足为奇了。”[①]这里说的马克思主义“直接为”“先进阶级服务”，也是从“第二种涵义”上肯定马克思主义的阶级性的。那么为什么马克思主义能够为无产阶级服务呢？这是因为马克思主义客观地“指出这一阶级的任务，并且证明当前的制度由于经济的发展必然要被新的制度所代替”，因为它科学地反映了人类社会历史发展的必然性，因而客观上符合无产阶级的利益，所以马克思的学说不断遭到资产阶级的攻击，“这就不足为奇了”。

毛泽东同志明确地提出：“马克思主义的哲学辩证唯物论有两个最显著的特点：一个是它的阶级性，公然申明辩证唯物论是为无产阶级服务的；再一个是它的实践性。”[②]毛泽东同志在这里也是从“第二种涵义”上肯定马克思主义的阶级性的。与此同时，毛泽东同志又指出了马克思主义的实践性，这就是说，毛泽东同志从“第二种涵义”上肯定马克思主义的阶级性的同时，就否定了马克思主义本身有某种非来自实践的阶级主观属性。

总之，只要我们全面地考察马克思主义的经典作家们关于马克思主义的阶级性的论述，就会承认，导师们只是在“第二种涵义”上肯定马克思主义的阶级性，并没有肯定马克思主义本身有阶级性。相反，恰恰是马克思主义经典作家们自己直截了当地否认了马克思主义本身掺杂有任何个人的或阶级的主观因素。

基于以上分析，我们就只能在阶级性的“第二种涵义”上承认马克思主义是客观性与阶级性的统一，而不能认为这种“统一”是马克思主义本身既包含着客观性又包含着阶级性。

（本文发表于《哲学研究》1979年第9期。这是本人公开发表的第一篇文章，即所谓处女作。）

---

① 《列宁选集》第2卷，第1页，北京：人民出版社1972年版。

② 《毛泽东选集》第1卷，第284页，北京：人民出版社1991年版。

真理没有阶级性
——兼与相关同志商榷

在同一个论辩过程中，同一概念必须包含同一涵义，这是论辩任何问题的首要条件。否则论辩的各方尽管论据充足，也只是两套马车，各跑各的道。在目前关于真理有无阶级性的讨论中，所以众说纷纭，莫衷一是，其中的一个重要原因是，论辩的各方并非在同一涵义上使用“阶级性”这一概念。而如果“阶级性”的涵义不确定，就不能达到统一认识的目的。

一、阶级性的两种涵义

“阶级性”这一概念是有不同涵义的。在关于意识的阶级性问题上，人们至少使用着两种涵义。

第一种涵义：某种意识的阶级性是指这种意识本身渗透着某一特定阶级的主观属性（阶级的意志、愿望等）。这种涵义的“阶级性”是意识本身的有机组成部分，即意识本身包含着、溶化着阶级的主观属性。这应该是意识的阶级性的本义，人们一般是在这种涵义上认定某种意识的阶级性的。

如毛泽东同志说：“有没有人性这种东西？当然有的。但是只有具体的人性，没有抽象的人性。在阶级社会里就是只有带着阶级性的人性，而没有什么超阶级的人性。”①

在这里，“阶级性”是在“第一种涵义”上被使用的，就是说，人

① 《毛泽东选集》第3卷，第871页，北京：人民出版社1953年版。着重号为引者所加。

性本身包含着不同的阶级属性，只有阶级的人性，没有超阶级的人性。

第二种涵义：某种意识的阶级性是指这种意识在客观上只符合某一特定阶级的利益，只能为这一特定阶级所掌握所利用。这种涵义的“阶级性”，只肯定某种意识的被掌握及其社会作用有阶级性，并没有回答这种意识本身有没有阶级性。

如毛泽东同志说：“自然科学分两个方面，就自然科学本身来说，是没有阶级性的，但是谁人去研究和利用自然科学，是有阶级性的。”[①]这里的前一个“阶级性”是在“第一种涵义”上被使用的，第二个“阶级性”是在“第二种涵义”上被使用的。

以上两种“阶级性”的涵义，既有联系又有区别。肯定某种意识具有“第一种涵义”的阶级性，也就可以由此而肯定它具有“第二种涵义”的阶级性。然而，某种意识没有“第一种涵义”的阶级性，却可以有“第二种涵义”的阶级性；反之，某种意识有“第二种涵义”的阶级性，却可以没有“第一种涵义”的阶级性。自然科学就是一例。自然科学本身没有阶级性，但自然科学的社会作用却有阶级性。

可见，阶级性的“第一种涵义”和“第二种涵义”不是等同的。因此我们在讨论同一个问题时，就不能既使用“第一种涵义”，又使用“第二种涵义”，否则就会违反同一律，造成讨论的混乱，达不到统一认识的目的。目前在关于真理有没有阶级性的讨论中，就出现了这种因“阶级性”的歧义而引起了某种混乱情况。

那么在讨论真理有无阶级性的问题上，究竟应当使用“阶级性”的何种涵义？我认为应当使用“第一种涵义”，即应当从“真理本身是否包含着阶级的主观属性”这一意义上回答真理有无阶级性的问题。一个事物的属性只能存在于这个事物之中，一个事物是否具有某种属性，只能由这个事物本身的性质来回答，这应该是常识。肯定真理具有“第二种涵义”的阶级性，那只是肯定真理的被认识被掌握以及社会作用具有阶级性，并没有也不能据此就断定真理本身具有阶级性。否则就应当根

① 《毛泽东选集》第5卷，第444页，北京：人民出版社1977年版。着重号为引者所加。

据一切真理的社会作用都有阶级性的事实而得出一切真理都有阶级性的结论。但这个结论显然与事实不符，因为自然科学的真理是没有阶级性的。所以，应当从真理本身的性质去寻找真理有无阶级性的答案。

二、真理有阶级性吗

真理有无阶级性，这决定于真理本身的性质。真理本身是否可能包含着或渗透着任何主观的阶级属性呢？真理既然是“主观形式与客观内容的统一”，那么我们就可以从真理的“主观形式”和“客观内容”这两个方面加以探讨。

首先，能否说，真理的主观形式具有阶级性？有些同志从人有阶级性这一点出发，看到真理的“主观形式”有“主观”两个字，就想当然地得出真理的主观形式有阶级性的结论来。如有的同志认为：“既然真理具有思想形式，是客观的真理内容和主观的思想形式的统一。那么这个思想形式（就社会思想而言）能不使它带上阶级性吗？难道在阶级社会中反映社会现象的主观思想形式能够排除阶级性吗？”这里所谓真理的“思想形式”，指的就是真理的“主观形式”。还有的同志也说：“在阶级社会里，各种思想无不打上阶级的烙印，当然包括真理”，“真理的主观形式会打上阶级烙印”。

我认为，真理的主观形式本身是没有阶级性的，确切地说，是无所谓阶级性的。离开真理的内容去孤立地谈论真理的主观形式有阶级性，这是不妥当的。

真理的主观形式的“主观”二字，其含义不同于主观世界的“主观”。“主观形式”的“主观”本身在真理里仅仅是一种形式，仅仅是真理的客观内容借以存在的形式。而主观世界的“主观”是一种完整的事物，它不但具有主观的形式，而且包含有它的内容。所以，主观世界的“主观”具有由其内容所决定的独立的性质；而真理的主观形式的“主观”，除了说明它只是一种区别于“客观形式”的主观形式外，就不存在也不能外加别的性质。宇宙间一切事物的存在形式，归结起来只有两类：一类叫客观形式，一类叫主观形式。“主观形式”只是一种区别于客观形式的存在形式，这就是“主观形式”本身的全部内涵。显然，在“主观形式”的内涵中不包含也不能包含“阶级性”这一属性。否则，“主观形式”就应该是“阶级的主观形式”，一切具有主观形式的事物（各种观念、理论、真理等）就都有阶级性了，那样，自然科学的真理也就有了阶级性。然而这是与事实不符的。所以，真理的主观形式，作为一种为各种观念的东西所共有的形式，其本身是没有阶级性的，确切地说，是不存在有无阶级性这个问题的。真理的主观形式是什么？就是真理借以存在的概念、判断、推理、论理、归纳、演绎、分析、综合等逻辑思维形式和思维方法，还有真理借以表达的语言、文字等，这类真理的主观形式是人类所共有的，难道这些东西有什么阶级性吗？

真理的主观形式本身不存在有无阶级性的问题，这还可以从真理的主观形式同真理的客观内容的关系中得到说明。真理是主观形式和客观内容的有机统一体。真理的客观内容是表现为主观形式的客观内容，真理的主观形式是表现客观内容的主观形式。真理的主观形式同客观内容是有机地不可分离地联系在一起的。列宁转述并肯定黑格尔的思想：“形式是具有内容的形式，是活生生的实在的内容的形式，是和内容不可分离地联系着的形式。”[①]企图从真理中分离出“主观形式”来，就如同企图从铁水中分离出“液态”来一样，注定是徒劳的。既然真理的主观形式不能离开真理的内容而独立存在，而且内容决定形式，形式只是表现内容，“不论怎样形式还是以本质为转移的”（列宁语），那么真理的主观形式本身是不可能有什么诸如阶级性之类的独立的属性。铁水的“液态”本身除了它只是铁质的一种状态外，它不可能有别的性质。同样，真理的“主观形式”除了它只是真理的内容存在的一种形式外，是不可能有别的属性。如果认为真理的主观形式本身有什么“阶级性”，那实际上就是把真理的主观形式想象为一种可以脱离其内容的独立的实体，而这就错误地理解了真理的主观形式和客观内容的真实关系。

① 列宁：《黑格尔“逻辑学”一书摘要》，第9页，北京：人民出版社1965年版。

既然真理的主观形式本身不存在有无阶级性的问题，那么真理有无阶级性就完全取决于真理内容的性质了。事实也是如此，主观形式是各种理论共有的，为什么有的理论没有阶级性，（如自然科学），有的理论却有阶级性（如剥削阶级理论、帝国主义理论）？那只是因为各种理论的内容存在着有无阶级性之别。那么真理的内容有没有阶级性呢？真理的内容没有阶级性，因为真理的内容是客观内容，真理是客观真理，这是为马克思主义经典作家所一致肯定了的。列宁明确指出：真理就是客观真理，客观真理就是“在人的表象中”包含着“不依赖于主体、不依赖于人、不依赖于人类的内容”[①]。真理是客观事物的本质和规律的正确反映。客观事物的本质和规律存在于人的意识之外，是客观实在的，不依任何人、任何阶级的主观意志为转移，是没有阶级性的。社会领域的活动尽管是有意识有意志的人所参加的，人类社会的发展尽管是有自觉意志的个人、阶级共同活动的结果，但是，作为“各个人的意志”“融合为一个总的平均数”，或“无数个力的平行四边形”之“一个总的合力”的社会历史规律，却如同自然界的运动规律一样，是客观实在的，不依任何人、任何阶级的意志为转移。[②]对于事物的客观规律，不管各个阶级喜欢不喜欢，它总是客观存在着，并且坚定不移地发生作用。真理之所以是真理，就是因为它是对于客观事物之本质和规律的正确的真实的反映。客观事物的本质和规律是什么样的，反映为真理的内容就是什么样的，不渗入认识主体的任何主观偏见，不加入任何阶级的主观好恶，否则它就不是真理。真理之所以称为“客观真理”，就是因为它客观地即不带任何主观偏见地反映客体的本质和规律。无疑，真理的内容是客观的，是没有阶级性的。

主张真理有阶级性的同志认为，真理的客观性和真理的阶级性是统一的。我认为，真理的客观性同阶级性是绝对排斥的。因为正如上述，真理之所以是客观的，只是因为真理是一种排除了任何阶级的主观属性的正确认识。因此，真理的客观性本身就是排斥阶级性的。渗入任何一

① 《列宁选集》第2卷，第121页，北京：人民出版社1972年版。

② 《马克思恩格斯选集》第4卷，第478–479页，北京：人民出版社1972年版。

点阶级的主观属性的所谓“真理”，社会实践终会证实它不是真理。承认真理的阶级性，就不能承认真理的客观性；反之，承认真理的客观性，就不能承认真理的阶级性。在真理身上是无法使客观性与阶级性统一起来的。在马克思主义的经典著作里找不到“真理是客观性与阶级性的统一”的提法，这决不是偶然的。

总之，无论从真理的主观形式上看，还是从真理的客观内容上看，都不能说真理有什么“阶级性”。

三、应在何种涵义上理解马克思主义的阶级性

有的同志说：“既然一切真理都是没有阶级性的，马克思主义是真理，那么马克思主义的真理也应该是没有阶级性的。但是马克思主义却是有阶级性的，而且是公然申明了的、具有鲜明的阶级性，这个矛盾如何解释呢?”在我看来，这里是不存在矛盾的。

首先必须肯定两点：一、马克思主义有阶级性；二、马克思主义就是马克思主义真理。许多主张真理没有阶级性的同志总是要力图否认“马克思主义”可以等同于“马克思主义真理”。我认为这是回避矛盾的做法，我们应当正视事实，直截了当地肯定马克思主义就是马克思主义真理。既然马克思主义本身是一种科学的理论体系，怎么不可以说马克思主义本身就是真理呢？这么说来，不是必然要得出“马克思主义的真理有阶级性”的结论来吗？不！关键在于必须弄清：应在何种涵义上理解马克思主义的阶级性?

马克思主义的经典作家们都肯定马克思主义的阶级性，然而，他们是在“阶级性”的何种涵义上加以肯定的？我认为，马克思主义的经典作家们只是在上述“第二种涵义”上，即“客观上符合无产阶级的利益，只能为无产阶级所掌握、所利用”的涵义上肯定马克思主义有阶级性。

略举几例，稍加说明：

马克思指出：“哲学把无产阶级当作自己的物质武器，同样地，无

产阶级也把哲学当作自己的精神武器”。[1]这个论断是证明马克思主义有阶级性的同志经常引用的。

这个论断的前半句——“哲学把无产阶级当作自己的物质武器”，说的是，只有无产阶级才能把马克思主义所揭示的人类未来——消灭一切阶级，解放全人类，实现共产主义——变成现实。这也就是恩格斯所指出的：“完成这一解放世界的事业，是现代无产阶级的历史使命。”[2]无产阶级的这个历史使命，是由人类社会发展的客观历史进程决定的。历史发展的必然性决定了无产阶级的根本利益就在于：“如果不同时使整个社会永远摆脱剥削、压迫和阶级斗争，就不再能使自己从剥削它压迫它的那个阶级（资产阶级）下解放出来”[3]，即决定了无产阶级的根本利益同人类社会发展的必然规律相一致，因而也就决定了只有无产阶级这个最先进最革命的阶级才有资格担当起历史赋予的使命。所以，马克思主义把“无产阶级当作自己的物质武器”，这前半句话只是表明马克思主义在客观上符合无产阶级的利益，并没有表明马克思主义本身包含有无产阶级的任何主观属性。

这个论断的后半句——“无产阶级也把哲学当作自己的精神武器”，只是从社会作用方面体现了马克思主义的阶级性：马克思主义是无产阶级的“精神武器”，可为无产阶级所掌握所利用。

总之，马克思的这个科学论断只是从“第二种涵义”上肯定马克思主义的阶级性。

人们为了证明马克思主义的阶级性，也经常引用列宁的这么一段话：“马克思的学说直接为教育和组织现代社会的先进阶级服务，指出这一阶级的任务，并且证明当前的制度由于经济的发展必然要被新的制度所代替，因此这一学说在其生命的途程中每走一步都得经过战斗，这就不足为奇了。”[4]这里说的马克思主义“直接为”“先进阶级服务”，也

① 《马克思恩格斯选集》第1卷，第15页，北京：人民出版社1995年版。

② 《马克思恩格斯选集》第3卷，第443页，北京：人民出版社1972年版。

③ 《共产党宣言》1883年德文版序言。

④ 《列宁选集》第2卷，第1页，北京：人民出版社1972年版。

是从“第二种涵义”上肯定马克思主义的阶级性。那么为什么马克思主义能够为无产阶级服务？这是因为马克思主义客观地“指出这一阶级的任务并且证明当前的制度由于经济的发展必然要被新的制度所代替”。可见，马克思的学说能够为无产阶级服务，只是因为它科学地反映了人类社会历史发展的必然性，因而客观上符合无产阶级的利益，而不利于资产阶级等剥削阶级的利益，所以马克思的学说不断遭到资产阶级的攻击，“这就不足为奇了”。

毛泽东同志也明确地指出：“马克思主义的哲学辩证唯物论有两个最显著的特点：一个是它的阶级性，公然申明辩证唯物论是为无产阶级服务的；再一个是它的实践性”①。毛泽东同志在这里也是从“第二种涵义”上肯定马克思主义的阶级性的。与此同时，毛泽东同志又指出了马克思主义的实践性，这就是说，毛泽东同志从“第二种涵义”上肯定马克思主义的阶级性的同时，就否定了马克思主义本身有某种非来自实践的阶级主观属性。

总之，只要我们全面地考察马克思主义的经典作家们关于马克思主义阶级性的论述，就会承认，导师们只是在“第二种涵义”上肯定马克思主义的阶级性，并没有肯定马克思主义本身有阶级性。相反，恰恰是马克思主义经典作家们自己直截了当地否认了马克思主义本身掺杂有任何个人的或阶级的主观因素。

马克思和恩格斯在共产主义运动的第一个纲领性文件《共产党宣言》中指出：

“共产党人的理论原理，决不是以这个或那个世界改革家所发明或所发现的思想、原则为根据的。

“这些原理不过是现存的阶级斗争、我们眼前的历史运动的真实关系的一般表现。”②

列宁也指出：“资本主义社会必然要转变为社会主义社会这个结

① 《毛泽东选集》第1卷，第273页，北京：人民出版社1951年版。

② 《马克思恩格斯选集》第1卷，第264页，北京：人民出版社1972年版。着重号为引者所加。

论，马克思是完全而且仅仅根据现代社会的经济发展规律得出的。”①

马克思主义“考察了一切矛盾趋势的总和，并把这些趋势归结为可以确切地判明的社会各阶级的生活和生产条件，排除了人们选择某一‘主导’思想或解释这个思想时所抱的主观态度和武断态度，揭示了物质生产的状况是所有一切思想和各种趋势的根源。”②

毛泽东同志也指出：“马克思列宁主义之所以被称为真理，也不但在于马克思、恩格斯、列宁、斯大林等人科学地构成这些学说的时候，而且为尔后革命的阶级斗争和民族斗争的实践所证实的时候。”③

很清楚，我们说马克思主义有阶级性，那只是说马克思主义的被掌握及其社会作用有阶级性，而不是说马克思主义本身有什么阶级性。马克思主义本身是科学的、客观的，马克思主义本身是没有阶级性的。

马克思主义本身没有阶级性，就等于说马克思主义真理本身没有阶级性。所以，我们不能从“马克思主义有阶级性”，经“马克思主义是真理”，而推出“马克思主义真理有阶级性”的结论来。有的同志之所以认为这个推论可以成立，那只是因为将前后两个“阶级性”字面上的相同误以为涵义上的等同。实际上二者的涵义是不同的。已如上述，“马克思主义有阶级性”中的“阶级性”是在“第二种涵义”上被使用的，而“马克思主义真理有阶级性”的“阶级性”是在“第一种涵义”上被使用。如果硬是认为这个推论可以成立，那实在是一种偷换概念的行为。

基于以上分析，我们也只能在阶级性的“第二种涵义”上承认马克思主义是客观性与阶级性的统一，而不能认为这种“统一”是马克思主义本身既包含着客观性又包含着阶级性。马克思主义本身是客观的、没有阶级性的，但马克思主义在客观上又符合无产阶级的利益，只能为无产阶级服务，在这个意义上，马克思主义又有阶级性。我们正是在这个意义上承认马克思主义的客观性与阶级性的统一。恩格斯指出：“科学

① 《列宁选集》第2卷，第599页，北京：人民出版社1972年版。着重号为引者所加。

② 《列宁选集》第2卷，第586页，北京：人民出版社1972年版。着重号为引者所加。

③ 《毛泽东选集》第1卷，第281页，北京：人民出版社1951年版。着重号为引者所加。

愈是毫无顾忌和大公无私，它就愈加符合于工人的利益和愿望。”[①]恩格斯的这段话包含着对于“马克思主义是客观性与阶级性的统一”之真实内涵的揭示：马克思主义作为科学，它“毫无顾忌和大公无私”，具有客观性；具有科学性客观性的马克思主义“符合于”工人阶级的利益和愿望，所以它又具有阶级性。在这里，恩格斯明确地告诉我们，马克思主义具有阶级性，不是因为马克思主义本身包含着无产阶级的利益和愿望，而是因为它本身科学、彻底，在客观上“符合于”无产阶级的利益和愿望，在社会作用上只能服务于无产阶级的解放事业。

总之，马克思主义真理本身没有阶级性，从而也就不能据此而证明真理有阶级性。

四、主张客观真理有阶级性，就是“二元认识论”

有的同志可能会提出这样的问题：既然无产阶级的阶级性是同客观规律相一致的，那么即使说马克思主义本身包含着无产阶级的阶级性，不是也不会改变马克思主义的客观性与阶级性的统一吗？我认为这是一个离开事实、离开马克思主义基本原理的主观推断。如果承认马克思主义本身包含着阶级性，就要承认马克思主义真理包含着阶级性。这不但与事实不符，而且在理论上就要承认客观真理有两个源泉。这是因为主张客观真理有阶级性的同志，除了承认真理的客观内容来自客观世界外，还认为真理所包含的“阶级性”是来自认识主体的阶级性。

举例说明：

有的同志认为，社会科学真理的阶级性“不仅存在于其思想形式之中，而且也立足于其客观内容之中。”那么“思想形式”和“客观内容”中的“阶级性”都是从哪里来的？他说，由于在阶级社会里，认识主体都处于一定的阶级地位，因此包括“社会科学真理”在内的各种思想形式也就“无不打上阶级的烙印”。在这里，“思想形式”的所谓“阶

① 《马克思恩格斯选集》第4卷，第254页，北京：人民出版社1972年版。

级性”是来自认识主体的阶级性是无疑的了。至于“立足于其客观内容之中”的“阶级性”，他说是客观事实的“客观属性同反映者所代表的阶级的利益和要求相结合的反映”。为了给他的这个观点作注解，他举了马克思创立剩余价值学说为例。他说，在资本主义社会里，剩余价值这条“客观规律”具有“资产阶级性”（既然是“客观规律”，怎么会带上“资产阶级性”，不知何以证明）。当马克思“站在无产阶级的立场上”，代表无产阶级的“阶级利益、阶级要求”，揭示了这条“资产阶级性”的“剩余价值规律”，变成了真理——“剩余价值学说”，这个真理就有了无产阶级性。[①]显然，在他的这个“相结合”里，剩余价值学说这个社会科学真理的“阶级性”——“无产阶级属性”，只是从马克思头脑里的无产阶级属性那里来的。总之，在他看来，不管是“思想形式”的“阶级性”，还是“客观内容”中的“阶级性”，都来源于认识主体的阶级性。可见，他的观点是：社会科学真理包含“客观性”和“阶级性”这两种属性，这两种属性分别来源于认识客体和认识主体。

实际上，只要认为真理本身既有客观性，又有阶级性，都必然导致承认真理的内容有两个对立的来源——真理的客观性来自认识客体的客观性，真理的阶级性来自认识主体的阶级性。这种肯定真理有两个来源的观点，我们可称之为“二元认识论”。持有这种“二元认识论”的同志不少，因此对于这个问题是不能不讨论清楚的。

“二元认识论”不是唯物主义反映论。唯物主义反映论肯定，人的认识的源泉只有一个，那就是社会实践；认识内容的来源，也只有一个，那就是基于社会实践的认识客体。真理的认识对象只能是认识客体，即客观事物及其规律，决不能是认识主体自身的诸如阶级性等主观因素。列宁指出：“意识总是反映存在的，这是整个唯物主义的一般原理。”[②]毛泽东同志也明确地说过：“人的正确思想只能从社会实践中来，只能从社会的生产斗争、阶级斗争和科学实验这三项实践中来。”[③]

---

① 参阅《哲学研究》1979年第3期，《真理的阶级性与客观性》一文。

② 《列宁选集》第2卷，第330页，北京：人民出版社1972年版。

③ 《毛泽东著作选读》下册，第839页，北京：人民出版社1986年版。

因为“只有社会实践才能使人的认识开始发生，开始从客观外界得到感觉经验”，并进而得到理性认识。[①]然而，“二元认识论”却说，认识主体的认识对象不是一个，而是两个——除了认识的客体外，还有认识的主体自身；正确认识的来源也不是一个，而是两个——除了客观事物及其规律外，认识主体自身的主观因素也是一个来源。这实在已经离开唯物主义反映论的根本原理，而向主观唯心主义认识论跨进了一脚。主观唯心主义认识论同唯物主义反映论是根本对立的，它认为人的认识、思想是主观自生的，认识的来源不是客观外界的事物，而是认识主体头脑里的主观因素。从贝克莱的主观“感觉”到康德的“先验”，从孔子的“生而知之”到王阳明的“良知”，这就是主观唯心主义认识论的认识源泉。“二元认识论”似乎动摇于唯物主义反映论与主观唯心主义认识论之间，但它必然导致否认真理的客观性，必然倾向于主观唯心主义认识论。事实上，如果承认真理中包含有来自认识主体的主观成分，那就必须承认真理是以认识主体的阶级意志为转移的。这样，真理就成了阶级的真理，什么客观真理、真理的客观标准也就不存在了。列宁指出：“认为我们的感觉是外部世界的映像；承认客观真理；坚持唯物主义认识论的观点——这都是一回事。”[②]

这么说来，认识主体的阶级立场、阶级愿望在认识中就不起作用了？我们并没有一般地否认人们的阶级立场、阶级愿望在认识过程中的重要作用，但必须分清这种作用的性质。认识主体的正确的阶级立场、阶级愿望决不是正确认识的源泉，而只是取得正确认识的必要的主观条件。有了正确的无产阶级立场，只是提供了正确认识客观世界的可能性，可能不等于现实。正确的认识内容只有通过社会实践科学地如实地反映客观外部世界才能获得。认识主体的阶级立场、阶级愿望在认识论上属于主观能动性的范畴。辩证唯物主义反映论区别于机械唯物主义反映论的根本点就在于它肯定主观能动性在认识过程中的重要作用。但我们决不能因此就认为，认识主体的正确立场、认识主体的阶级性是真理

① 《毛泽东选集》第1卷，第279页，北京：人民出版社1951年版。着重号为引者所加。
② 列宁：《唯物主义与经验批判主义》，第135页，北京：人民出版社1960年版。

的一个来源。真理内容的唯一来源是作为真理反映对象的客观事物。真实地反映客观事物的本质和规律的真理是客观真理，而客观真理是没有阶级性的。

（《哲学研究》杂志所发表的上一篇论文《阶级性的两种涵义》只是本文《真理没有阶级性》的一部分，为了较全面了解本人在真理有无阶级性问题上的观点，特将《真理没有阶级性》全文刊载于此）

试探实践的能动性

人们往往把“能动性”与“主观能动性”相等同，从这一点出发，在实践的能动性问题上，便引出了两种相互对立的然而又都是片面的观点：肯定实践具有能动性者，虽然看到了实践的能动性一面，却认为实践的能动性是主观的能动性，这就解释不清为什么实践只能是一种客观的物质活动；否认实践具有能动性者，其动机是试图由此达到否认实践的所谓“主观性”，以维护实践的物质性。那么，在实践的能动性问题上，应该怎样来认识才是正确的？下面我想就这个问题作一点探讨，并希望得到同志们的指教。

我认为，实践具有能动性，即具有自觉的能动性。但实践的能动性不是主观的能动性，而是客观的能动性。我认为这个观点不但克服了上述两种观点的片面性，而且如实地揭示了实践的能动性所固有的质的规定性。

关于实践具有自觉能动性，这是一种明显的事实，无需赘证，我想着重就实践能动性的客观性问题发表一点我的看法。

“自觉的能动性就是人的主观能动性，如何还有个客观的能动性？”

其实，“自觉的能动性”（或“人的能动性”）有两种形式：一是主观的自觉能动性（即“主观能动性”），一是客观的自觉能动性。“自觉的能动性”是人类特殊的能动性。人类的活动包括两个部分：一是认识活动或思想活动，一是实践活动。这是人类的两种能动性，这两种能动性都是自觉的能动性。思想是主观的活动，思想活动所具有的能动性属于主观范畴，是主观能动性，这应无疑义。问题是，实践活动的能动性是否也是主观的能动性？为了回答这个问题，首先必须确定实践本身的性质，即实践是物质的还是精神的？

实践活动本身是实践的诸物质要素相互作用的活动。马克思在谈论劳动过程时说："劳动资料是劳动者置于自己和劳动对象之间、用来把自己的活动传导到劳动对象上去的物或物的综合体。劳动者利用物的机械的、物理的和化学的属性，以便把这些物当作发挥力量的手段，依照自己的目的作用于其他的物。"作为马克思自己的这段话的注脚，他引用了黑格尔的这样一段论述："理性何等强大，就何等狡猾。理性的狡猾总是在于它的间接活动，这种间接活动让对象按照它们本身的性质互相影响，互相作用，他自己并不直接参与这个过程，而只是实现自己的目的。"[①]在这里，黑格尔对于"理性"在实践活动中的作用方式，虽然作了唯心主义的表述，但他却深刻地揭示了"理性"活动的间接性。显然，马克思在这里肯定了黑格尔的这一合理思想。可见，实践虽然需要实践主体的思想指导，但实践主体的实践意图并不直接参与实践本身的活动，而是化为实践主体的四肢五官的物的运动，并让运动起来的实践主体的四肢五官直接操纵实践的物质手段，作用于实践的物质客体，从而形成由实践诸物质要素有机构成的实践整体的物的活动。显然，实践本身是一种人的感性的物质活动。

马克思主义经典作家都肯定实践的物质性。马克思和恩格斯指出：唯物史观"不是从观念出发来解释实践，而是从物质实践出发来解释观念的形成"。[②]列宁说："实践高于（理论的）认识，因为它不仅有普遍性的品格，而且还有直接现实性的品格。"[③]所谓实践具有"直接现实性"的品格，就是说，实践是理论的直接现实。理论是抽象的，是无法直接感触的，而实践却是由理论转化而来的现实的活生生的物质活动；理论本身根本不能实现什么，而实践却可以直接提供看得见摸得着的现实成果。一句话，实践是理论的现实化、物质化。毛泽东同志也指出：实践是"主观见之于客观的东西"。所谓"主观见之于客观"，就是主观

① 马克思：《资本论》第1卷，第209页，北京：人民出版社2004年版。
② 《马克思恩格斯选集》第1卷，第92页，北京：人民出版社1995年版。
③ 列宁：《黑格尔"逻辑学"一书摘要》，第150页，北京：人民出版社1965年版。

化之为客观。也就是说，实践虽是由主观转化而来，但作为主观转化而来的实践本身却是“客观的东西”。可见，实践活动不是主观精神的活动，而是客观实在的物质活动。面对实践是直接现实的物质活动这一事实，我们既不能把实践的能动性说成是“主观”的能动性，也不能人为地把实践固有的能动性加以取消，而是应当合乎逻辑地肯定实践的能动性是一种客观的能动性，应当理所当然地承认实践本身固有的物质性也是实践的能动性所固有的规定性。

“提出实践的能动性是客观的能动性，这是你的杜撰吧？”不，我认为在马克思主义里已有这一思想。毛泽东同志指出：“思想等等是主观的东西，做或行动是主观见之于客观的东西，都是人类特殊的能动性。这种能动性，我们名之曰‘自觉的能动性’，是人之区别于物的特点。”[①]人们习惯于把“能动性”等同于“主观能动性”，也许正是根据于毛泽东同志的这段论述。其实，只要我们正确而又认真地加以领会，就会发现，习惯的看法实在是一种误解。毛泽东同志在这里并没有说人类的能动性就是“主观能动性”，甚至没有使用“主观能动性”这一概念，而是把人类的能动性通称为“特殊的能动性”或“自觉的能动性”，并将“自觉的能动性”具体化为两种形式：一是“思想”的能动性，一是“行动”的即实践的能动性。而且毛泽东同志在这里明确地区分了思想和行动（即实践）的不同性质，当然我们也应当合乎逻辑地区别这两种能动性的不同性质。思想是“主观的东西”，当然思想的能动性就是主观的能动性。实践是“主观见之于客观的东西”，即实践是客观的东西，当然实践的能动性就是客观的能动性。马克思在《资本论》中指出：“人自身作为一种自然力与自然物质相对立。为了在对自身生活有用的形式上占有自然物质，人就使他身上的自然力——臂和腿、头和手运动起来。当他通过这种运动作用于他身外的自然并改变自然时，他就同时改变他自己的自然。他使自身的自然中蕴藏着的潜力发挥出来，并使这种力的活动受他自己控制。”[②]既然马克思认为实践主体的包

① 《毛泽东选集》第2卷，第477页，北京：人民出版社1991年版。

② 马克思：《资本论》第1卷，第208页，北京：人民出版社2004年版。

括头脑在内的人体器官的运动是一种“自然力”的运动，而且这种“自然力”的“活动受他自己控制”，那么实践的能动性就是一种客观的自觉能动性。列宁在《唯物主义和经验批判主义》中引述并肯定了莱维对马克思《关于费尔巴哈的提纲》第一条的分析。列宁说：莱维“抱着十分认真的态度”，“细心推敲马克思的《提纲》”。莱维分析说：“马克思认为遗憾的是：唯物主义曾经让唯心主义去评价能动力［即人的实践］的作用。”“马克思认为：应该把这些能动力从唯心主义手中夺过来，也把它导入唯物主义的体系中，但是，当然必须把唯心主义所不能承认的那种实在的和感性的特质给予这些能动力。”[①]从这里可以肯定两点：（1）列宁特意在方括号内注明“能动力”“即人的实践”，这无疑说明列宁肯定实践具有“能动力”，即具有能动性。（2）列宁肯定实践的能动性具有“实在的和感性的特质”，即具有客观的特质，这是马克思的实践观区别于唯心主义实践观的特点。唯心主义的实践观或者认为人的实践活动不过是“绝对精神”发展的一个环节，或者把实践看作个人的修身养性的主观活动。因此，在唯心主义那里，实践的能动性就是精神的能动性，不承认实践的能动性具有“实在的和感性的特质”。所以坚持实践能动性的客观性，就是坚持辩证唯物主义的实践观。

“那么实践的客观能动性从何而来?”实践的客观能动性是从实践主体的主观能动性转化而来的。当人的主观能动性表现为实践活动时，主观能动性便转化为实践活动的客观能动性。我们知道，从实践到理论，这是认识过程的第一次飞跃；从理论到实践，这是认识过程的第二次飞跃，而且是更重要的飞跃。第一次飞跃是认识的一次质变，那么第二次的更为重要的飞跃当然也是一次质变。这一次质变使理论的精神形态转化为物质形态，因为理论只有从精神形态转化为实践这种物质形态，才能成为改造客观世界的物质力量，才能跳出自身的理论界限而使自身的真理性经受检验。既然理论的精神形态在向实践的飞跃中要发生质的改变，那么理论的主观能动性在这次质变中也必然要改变它的质的规定

① 《列宁选集》第2卷，第102–103页，北京：人民出版社1972年版。着重号为引者所加。

性，即必然要由理论的主观能动性转化为实践的客观能动性。如果认为理论的主观能动性在理论飞跃为实践后，又原封不动地移到实践中去，没有改变它的“主观”的规定性，那么这就不但否定了实践的物质性，而且否定了认识过程的第二次飞跃是质的飞跃。马克思主义经典作家常常指出，理论一旦被群众掌握，就会变成改造世界的物质力量。事情正是这样，当理论转化为实践时，理论的主观能动性就转化为实践的客观能动性。这个“转化”是一个必然的过程。这是因为，理论（这里的“理论”是指人脑以外的作为书本知识形态而存在的理论，这种理论只有潜在的主观能动性）要转化为实践，就必须为实践主体所掌握。所以，理论的潜在主观能动性在实践活动中就表现为实践主体的现实的主观能动性。而现实的实践过程，是实践主体自身的四肢五官运动起来，掌握实践手段去改造实践客体的过程。这样，实践主体的主观能动性，即实践主体的实践目的、计划、信念、意志、热情等只有转化为实践主体的客观能动性，即转化为实践主体的传出神经、肌肉筋骨，以至四肢五官运动起来的客观能动性（马克思也称之为人体运动的“自然力”），才能使实践主体同手段、客体相结合，才能使实践活动开始并继续。由此可见，一旦实践活动开始，实践主体的主观能动性便已转化为实践活动的客观能动力。实践之所以具有客观能动性，就是因为实践具有客观能动力。还应看到，实践的客观能动力不仅由实践主体的现实的主观能动性转化而来，而且还由蕴含于实践手段中的潜在的客观能动力的发掘而来。实践的手段——包括不同的质料构成与不同的结构形式的各种工具（从原始的石器到简单的手工工具、蒸汽机、电动机、电子显微镜、电子计算机等）和作为动力的已经人工开发的各种能源（从热能、电能到原子能等）——是历史上的实践的产物，因此，现实的实践手段总是历史实践的结果。这样，正像商品的价值凝结着人类的劳动、地下的煤炭蕴含着它曾经作为植物所吸收的太阳能一样，现实的实践手段也以潜在的形式凝结着历史实践的客观能动力。这样，实践主体借助自身的现实的客观能动力（由实践主体的现实的主观能动性转化而来），去发动实践手段的潜在的客观能动力，使其由死复生，由可能的客观能动力变为现实的起作用的客观能动力，并运用实践手段的现实的客观能动力作用于实践客体，这便形成实践活动的客观能动力的合力。这种“合力”是一种客观的自觉的能动力，这也就决定了实践具有客观的自觉能动性。历史表明，随着社会生产力的发展，从而随着科学技术的发展，通过不断提高实践主体的智力，通过不断地改进实践手段的质料构成和结构形式，人类的主观的自觉能动性就不但在量上更在质上越来越转化为实践的客观能动性，从而就不但在广度上而且在深度上获得越来越大的实践效果。

（本文发表于《南充师院学报》哲学社会科学版1982年第3期）

论两种唯物主义的认识源泉观

长期以来，有这么一种观点，认为“一切唯物主义派别都主张物质世界是认识的源泉。”这种观点是不能令人同意的，因为它把不同派别的唯物主义认识源泉观混为一谈。事实上，马克思主义的认识源泉观同旧唯物主义的认识源泉观有着质的区别。

认识源泉观的发展同历史的发展是一致的。“每一时代的理论的思维都是历史的产物，在不同的时代具有非常不同的形式，并且具有非常不同的内容。”[①]唯物主义的认识源泉观在它发展的不同历史阶段上也具有不同的形式和内容。

古代素朴唯物主义产生于奴隶制社会。当时社会生产力还很低，人类初步的科学知识只是对于外部世界直接观察的结果。各门具体科学尚未从哲学中分化出来，哲学也就不能建立在对各门具体科学进行概括的基础上。因此古代唯物主义认识源泉观就同其他哲学问题一样，不能不具有原始的、直观的、幼稚的性质。古希腊的唯物主义从米利都学派到伊壁鸠鲁直到古罗马的唯物主义哲学家卢克莱茨都把人类认识的产生、知识的来源看作是客观世界主动地作用于人的感官的结果。“流射说”就是他们的普遍的认识源泉观。他们认为，从物体表面会分离出一种细流或“小体”，这种细流或“小体”携带着物体的形象，通过空气，进入人的感官，就引起人的视觉、听觉、嗅觉、味觉和触觉等感觉，人的认识就是这样产生的。卢克莱茨说：“必须承认小体的飞出，小体刺激眼睛引起视觉，气味总是流自某种物体……各种声音常常在空中到处飞

① 恩格斯：《自然辩证法》，第23页，北京：人民出版社1955年版。

扬……既然我们的感觉不断地被引起，我们就能常常看到一切，嗅到气味，听到音响”（卢克莱茨：《论物性》）。可见，在古代素朴唯物主义看来，人的认识是直接来源于物质世界的，物质世界是认识的源泉。

近代形而上学唯物主义的认识源泉观是对古代素朴唯物主义认识源泉观的继承，但又带上时代的特点。它是伴随着资本主义的产生而产生的。从十六世纪末到十八世纪，欧洲的工商业和科学文化的中心相继移到了英国和法国。这一时期的自然科学还处在分门别类地搜集材料的阶段，研究的方法注重观察、实验和分析。中世纪的经院哲学是禁锢人民头脑、维护封建贵族统治的精神鸦片，它反对研究自然，抹杀实践经验，鼓吹盲从宗教信条的蒙昧主义。自然科学的新发现、新成就越来越暴露出经院哲学的荒谬性。反映这一时期自然科学的特点，适应新兴资产阶级反对封建贵族的斗争的需要，近代唯物主义强调感觉经验的可靠性，把感觉经验提到认识的首位，在认识源泉观上，则强调感觉经验是认识的源泉。

培根是近代唯物主义的始祖，他首先把自然科学的观察、实验的认识方法给予唯物主义的概括，肯定人类知识的真正来源是感觉。马克思和恩格斯指出：“按照他（指培根——引者注）的学说，感觉是完全可靠的，是一切知识的泉源。”[①]洛克是培根的唯物主义路线的继承者。他把研究认识能力，研究人类知识起源当作自己的基本任务。他尖锐地批判了笛卡尔的“天赋观念”论，肯定一切知识都来源于经验。洛克认为，我们的心灵就像“一张白纸，上面没有任何记号，没有任何观念。心灵是怎样得到那些观念的呢……我用一句话来答复这个问题：是从经验来的。我们的全部知识是建立在经验上面的；知识归根到底都是导源于经验的。”[②]但洛克的唯物主义认识源泉观是不彻底的。在他看来，作为知识的来源的经验有两种。一种是外部经验，这是外部世界对人的感官作用的结果，他把这部分经验称为“感觉”。还有一种是内部经验，

① 《马克思恩格斯全集》第2卷，第163页，北京：人民出版社1957年版。

② 北京大学哲学系外国哲学史教研室编译：《十六–十八世纪西欧各国哲学》，第240页，北京：三联书店1958年版。

这是人们心灵的活动所引起的，他把这部分经验称为“反省”。洛克认为，作为内心“反省”的经验“不能从外部取得”，“和外物毫无关系”[①]，这是洛克的认识源泉观中的唯心杂质。洛克的认识源泉观以后向两个相反的方向发展。他的唯心主义成分被唯心主义者贝克莱、休谟所利用；他的唯物主义部分则为十八世纪法国唯物主义者所继承并加以发展。

十八世纪法国唯物主义是近代唯物主义中最彻底最典型的形式，它的认识源泉观继承了十七世纪唯物主义的感觉论的认识源泉观，同时清除了其中的唯心主义杂质，认定一切观念都直接来源于感觉。拉美特利说：“没有比我们的感觉更可靠的指导者了。”“只有感觉才能启发理性去寻求真理。如果我们真想认识真理的话，我们只有经常回复到感觉。”[②]狄德罗明确指出：“感觉是我们一切知识的来源”[③]。爱尔维修认为一切认识来源于感觉，一切认识都可以归结为感觉，他说：“一切观念和一切判断都可以归诸感觉。”[④]霍尔巴赫肯定一切观念“都以感觉为基础”[⑤]。

可见，强调感觉是一切认识的源泉，这是近代唯物主义认识源泉观的一个显著特征。但近代唯物主义认识源泉观并不认为感觉是认识的最终源泉。近代唯物主义是一种“纯形而上学的、完全机械的唯物主义”（恩格斯语），这种机械的形而上学的局限性在它的认识源泉观上就表现为直观性。它只从直观的形式去理解人对物质世界的认识，认为感觉是由于客观事物直接作用于人的感官引起的，“认为人底一切表象、一切概念和感觉都是周围环境对他作用的结果。”[⑥]所以，在近代唯物主义看来，作为认识来源的“感觉”背后还有一个源泉，这就是“物质世界”

① 北京大学哲学系外国哲学史教研室编译：《十六-十八世纪西欧各国哲学》，第241页，北京：三联书店1958年版。

② 见汪自嵩等：《欧洲哲学史简编》，第102页，北京：人民出版社1972年版。

③ 见汪自嵩等：《欧洲哲学史简编》，第108页，北京：人民出版社1972年版。

④ 见葛力：《十八世纪法国唯物主义》，第54页，上海：人民出版社1982年版。

⑤ 见葛力：《十八世纪法国唯物主义》，第59页，上海：人民出版社1982年版。

⑥ 普列汉诺夫：《论一元论历史观之发展》，第6页，北京：三联书店1961年版。

本身，物质世界是认识的最终源泉。十九世纪上半叶，费尔巴哈从黑格尔左派中异军突起，站在唯物主义立场上否定了黑格尔的客观唯心主义，恢复了唯物主义的应有权威，但费尔巴哈的唯物主义也是形而上学的。费尔巴哈继承了唯物主义感觉论的传统，在认识源泉观上强调感性直观的作用，认为认识来自感觉，而感觉是人对于客观外界感性直观的结果。费尔巴哈同十七、十八世纪的唯物主义者一样，都把物质世界看作认识的最终源泉。

总之，马克思主义以前的旧唯物主义尽管表现形式不同，但都把物质世界看作认识的源泉。由此可见，“物质世界是认识的源泉”是一个旧唯物主义的命题。那么马克思主义是否可以不加改造地照搬这个命题？或者是否可以如有的同志所说的，“物质世界是认识的源泉”也是马克思主义的认识源泉观？

马克思主义哲学是新的历史条件的产物，马克思主义哲学的产生是哲学史上的一场革命变革，这场变革不能不涉及认识源泉观这样一个重要的哲学问题。旧唯物主义的认识源泉观决不是马克思主义照搬的对象，而是批判继承的对象。在马克思主义看来，“物质世界是认识的源泉”这一命题肯定物质世界是认识的对象，认识是对物质世界的反映，在认识源泉观上坚持了唯物主义的认识路线，这是正确的，是马克思主义认识源泉观应当继承的精华。但认识的源泉不能归结为认识的对象本身，不能归结为物质世界本身。人类认识的源泉只能是人类的实践活动。这个关于认识源泉观的历史性变革的思想，是由马克思于1845年在他的《关于费尔巴哈的提纲》中正式提出来的。

马克思在《提纲》第一条中提出：“从前的一切唯物主义——包括费尔巴哈的唯物主义——的主要缺点是：对事物、现实、感性，只是从客体的或者直观的形式去理解，而不是把它们当作人的感性活动，当作实践去理解，不是从主观方面去理解。所以，结果竟是这样，和唯物主义相反，唯心主义却发展了能动的方面，但只是抽象地发展了，因为唯心主义当然是不知道真正现实的、感性的活动本身的。费尔巴哈想要研究跟思想客体确实不同的感性客体，但是他没有把人的活动本身理解为客观的活动……所以，他不了解‘革命的’、‘实践批判的’活动的意义。”[①]这是一段十分重要的论述，它包含了马克思主义认识论的一切基本问题在理论上的出发点。然而我们在领会马克思的这段思想时，往往只注意到马克思在这里揭示了马克思主义与旧唯物主义和唯心主义在一般认识论上的本质区别，而忽视了马克思在这里也合乎逻辑地揭示了这三种认识论在认识源泉观上的本质区别。马克思在这里告诉我们：(1)旧唯物主义离开人的主观能动性，离开人的实践活动，仅仅从客体本身，从人对客体的直观形式去理解人对客体的认识。因此它只能把单独客体本身看作认识的源泉。(2)和旧唯物主义相反，唯心主义抓住认识活动中人的主观能动性方面，抽象地加以夸大，并导致把人的认识看作先验的“精神”的产物。(3)鉴于旧唯物主义和唯心主义各执错误的一端，马克思主义即辩证唯物主义强调实践对于认识的决定作用，认为人对客体的认识是一个实践过程，人是在“人的感性活动”中取得对于客体的认识的，即实践是认识的源泉。

显然，唯物主义的认识源泉观不是一种，而是两种——旧唯物主义的认识源泉观和辩证唯物主义的认识源泉观。这两种认识源泉观有着质的区别。关于这种质的区别，普列汉诺夫在解释上述马克思的《提纲》第一条时，用十分精练的语言作了表述：“费尔巴哈说我们的‘我’只是因为受客体的影响才认识了客体。马克思反驳道：我们的‘我’因为自己对客体的影响才认识了客体。”[②]主体的认识来自“受客体的影响”，即来自客体本身，这就是费尔巴哈的旧唯物主义的认识源泉观；主体的认识来自“自己对客体的影响”，即来自实践，这就是辩证唯物主义的认识源泉观。旧唯物主义在为自己的认识源泉观辩解时，总是强调“感觉先于思维”，他们说，我们总是“先感觉到事物的本性，然后才想到它们”。在他们的直观的思想方法看来，只要肯定感觉先于思维，就要理所当然地肯定思维“只是因为事物作用于我们”的结果。针对这种辩解，普列汉诺夫又指出：马克思不否认思维来自感觉，“马克

① 《马克思恩格斯选集》第1卷，第16页，北京：人民出版社1972年版。

② 普列汉诺夫：《马克思主义的基本问题》，第10–11页，北京：人民出版社1957年版。

思认为问题不在于感觉先于思维这个不可争辩的事实，而在于推动人去思考的主要是人在作用于外界过程中所体验到的那些感觉。”[①]可见，区别不同的认识源泉观，不在于是否承认认识来源于感觉，而在于如何回答感觉的来源。认为感觉只是客体产生的，是旧唯物主义的认识源泉观；认为感觉是实践产生的，是辩证唯物主义的认识源泉观；而认为感觉只是“心的创造力”引起的（如贝克莱、休谟等），则是唯心主义的认识源泉观。

继马克思的《提纲》之后，马克思和恩格斯又在《德意志意识形态》中进一步阐述和发挥了《提纲》的观点，并对马克思主义的认识源泉观作了系统的论证。请阅读《马恩选集》第一卷第47—50页吧，在那里，马、恩认为认识的形成和发展一点也不能离开实践。他们认为，这不仅是因为认识的主体——人并不是如费尔巴哈所想象的那样，只是一种抽象的、非“感性活动”的人，而是“真实存在着的，活生生的人”，是现实的社会实践的人；而且是因为认识的客体（对象）也是由实践提供的。马、恩说：费尔巴哈“没有看到，他周围的感性世界决不是某种开天辟地以来就已存在的、始终如一的东西，而是工业和社会状况的产物，是历史的产物，是世世代代活动的结果”。甚至连最简单的认识对象（马、恩举“樱桃树”为例）也只是由于工业和商业往来的实践活动“才提供给他的”。由此必然得出结论：主体反映客体的认识活动只能在实践中进行，认识只能是实践的产物。但费尔巴哈说，自然科学只是科学家对自然界“直观”的产物，自然界的有些秘密“只有物理学家和化学家的眼睛才能识破”。马、恩不同意费尔巴哈的观点，说：“如果没有工业和商业，哪里有自然科学？甚至这个‘纯粹的’自然科学也只是由于商业和工业，由于人们的感性活动才达到自己的目的和获得材料的。”马、恩极而言之：要是生产实践发生停顿，“哪怕只停顿一年”，那么“整个人类世界以及他（费尔巴哈）的主观能力，甚至他本身的存在也就没有了”，当然就更谈不上人类的认识了。显然，马、恩

① 普列汉诺夫：《马克思主义的基本问题》，第10-11页，北京：人民出版社1957年版。后一句着重号为引者所加。

是明确地把实践看成认识的源泉的。

我们还可以看看恩格斯于1874年在《自然辩证法》中对于旧唯物主义认识源泉观的批判。恩格斯指出："自然科学和哲学一样，直到今天还完全忽视了人的活动对他的思维的影响；它们一方面只知道自然界，另一方面又只知道思维。但是人的思维之最本质的和最密切的基础，却恰恰是人所引起的自然界的变化，而非单独是自然界本身；人的智力是按照如何学会改变自然界而发展的。"[①]恩格斯在这里明确否定"单独的自然界本身"是认识的源泉。反之，他肯定认识只能来自"人所引起的自然界的变化"，即来自实践；认识的发展来自实践的发展。

为什么马克思和恩格斯要用"实践是认识的源泉"取代"物质世界是认识的源泉"？那是因为后一命题有它固有的弱点。

旧唯物主义的认识源泉观的主要缺点就是它固有的直观性。造成这种直观性的主要原因，是旧唯物主义离开人的实践去理解认识的主体和客体。在旧唯物主义看来，一方面，认识的主体——人只是抽象的个人，而不是历史的现实的社会实践的人。另一方面，认识的客体——物质世界只是始终存在、一成不变的认识对象，而非首先是人们改造、实践的可变对象。它认为，在认识活动中，认识主体只是消极的被动的，而认识客体反而是积极主动地"自荐于人"的。古希腊罗马素朴唯物主义的"流射说"是持这种观点的。近代形而上学唯物主义也是持这一观点的。这样，旧唯物主义就完全抹杀了人的主观能动性、人的感性活动对于认识的作用，完全把人的实践排除于认识论的视野之外。因此，在旧唯物主义认识论看来，人的认识只是主体对于客体的照镜式的直观，而认识的源泉就只能是单独的客体本身。可见，旧唯物主义的认识源泉观是从旧唯物主义的直观性中引出的合乎逻辑的结论，因而旧唯物主义的认识源泉观就不能不是一种直观的认识源泉观。

然而哲学史已经证明，直观的认识源泉观不能科学地解释人类的认识现象，不能彻底驳倒唯心主义的进攻。由于直观的认识源泉观只是把

① 恩格斯：《自然辩证法》，第192页，北京：人民出版社1955年版。

单独的客体本身看作认识的源泉，不了解人的认识对于实践活动的依赖关系，所以它所理解的“反映”只是一种机械的直观的反映。认为一切观念的东西包括理性认识都只是人脑对于客体的直接摹本。“经验论者深深地陷入了他所习惯的经验的认识之中，以至他以为他在研究抽象的时候自己还是在感性认识的领域中。”[①]唯心主义正是抓住直观认识源泉观的这一弱点，借口人的理性认识不能是对客体的直接摹本，而企图否定唯物主义的反映论。对于唯心主义的这一诘难，直观的唯物主义只能望洋兴叹，甚至狄德罗也感叹道：唯心主义“虽然荒谬之极，可是最难驳倒，谈起来真是人类智慧的耻辱、哲学的耻辱。”其实使旧唯物主义为难的不是它的反映论，而是它的直观性。辩证唯物主义把实践引入认识源泉观，认为认识只能来自实践。实践基于内在矛盾的运动是一个动态的发展过程，因此基于实践的认识也是一个由浅入深的、由感性到理性的辩证发展过程。感性认识是客观事物的反映。理性认识也是客观事物的反映，不过不是对事物外部形象的直接反映，而是以感性认识为中间环节的对事物内在性质的间接反映，即间接摹本。所以一切认识都是对客体的反映。这样，由于实践的引入，就科学地解释了人类的认识现象，彻底地粉碎了唯心主义的挑战，使认识源泉观成为真正科学。

至此，我认为可以得出如下结论：马克思、恩格斯把实践引入认识源泉观，用“实践是认识的源泉”取代“物质世界是认识的源泉”，这是认识源泉观上的一场革命。在马克思主义的认识源泉观已经产生一百三十多年后的今天，如果还把单独的物质世界本身看作认识的源泉，那实际上就是重复直观的认识源泉观，就会给唯心主义留下避难所，在认识论上就不能把实践的观点贯彻到底，那就不能不说是一种倒退。

（本文发表于《晋阳学刊》1981年第4期）

① 恩格斯：《自然辩证法》，第196页，北京：人民出版社1955年版。

也谈认识的源泉

——与李伯钿同志商榷

继两年以来关于认识源泉问题的讨论之后，李伯钿同志最近又著文（见《哲学研究》1982年第7期《认识论的一个基本理论》一文。以下简称“李文”）阐述他的观点，这对于进一步弄清问题，统一认识是有益的。“李文”的主要论点是：客观物质世界是认识的源泉，实践也是认识的源泉；客观物质世界是认识的最终源泉或叫源泉的源泉，实践是认识的派生源泉。由于我的观点同“李文”存在着分歧，更由于认识的源泉问题是马克思主义认识论的一个原则问题，因此，我觉得提出自己的看法，作进一步的讨论，是必要的。下面谈谈我的浅见，以乞教于李伯钿同志和其他同志们。

一、“物质世界是认识的源泉”是从前的一切唯物主义的认识源泉观

“李文”说：“认识源于客观物质世界”，这是“一切唯物论反映论的基本思想”。又说：辩证唯物论的认识论“肯定外在的客观物质世界是认识的源泉”。

一切唯物主义，包括辩证唯物主义都肯定物质世界是认识的源泉吗？或者，“物质世界是认识的源泉”是一切唯物主义的认识源泉观吗？

我认为，“物质世界是认识的源泉”只是马克思主义以前的一切唯物主义的认识源泉观。

首先，哲学史表明，“物质世界是认识的源泉”是马克思主义以前的唯物主义认识源泉观的一个命题。关于这一观点，一则本人曾作过阐

述（见拙作《论两种唯物主义的认识源泉观》，载《晋阳学刊》1981年第4期，此文已辑入本书），二则"李文"也肯定这一点（"李文"的不当之处在于它进而把从前的唯物主义的认识源泉观说成是一切唯物主义的认识源泉观），为了节省篇幅，本文不准备作详细的论证。但对于从前的唯物主义认识源泉观的历史概貌作个简要的描述，却是必要的。

唯物主义认识源泉观在它发展的不同阶段上，带有不同的时代印迹，具有不同的形式和内容。就欧洲哲学史而言，马克思主义哲学以前的唯物主义的认识源泉观的发展大致可分为两个阶段——古代素朴唯物主义的和近代形而上学唯物主义的认识源泉观。

古代素朴唯物主义的认识源泉观是同当时低下的生产力和贫乏初步的科学知识相适应的。这种认识源泉观是原始的、直观的、幼稚的。古希腊罗马的唯物主义，从恩培多克勒的"流射说"到德谟克利特、伊壁鸠鲁和卢克莱修的"影像论"，都把人的感觉、思想的产生看作外界物体飞出的"细流"或"小体"主动作用于人的感官的结果。他们认为，人的认识是直接来源于物质世界的，物质世界是认识的源泉。

近代形而上学唯物主义的认识源泉观是对古代素朴唯物主义认识源泉观的继承，但又带上时代的特点。开始于培根的近代唯物主义是伴随着资本主义的产生而产生的。这一时期的自然科学基本上还处在分门别类地搜集材料的阶段，研究的方法注重归纳、分析、观察和实验。反映新兴资产阶级机发展资本主义的要求和当时自然科学发展的状况，近代唯物主义研究的中心是认识论，而他们的认识论是唯物主义的经验论。他们摒弃中世纪思辨的经院哲学，强调感觉经验的可靠性，把感觉经验提到认识的首位。洛克的命题——"凡在理性中所有的，最初无不在感觉之中"，被视为当时经验论的一个原则。以后的十八世纪法国唯物主义也是经验论，不过比英国的经验论更彻底罢了。恩格斯指出：十八世纪的法国唯物主义"提出了下面这个命题：凡是感觉中未曾有过的东西，即不存在于理智中。"[①]因此，在认识源泉观上，近代唯物主义强调

① 《马克思恩格斯选集》第3卷，第564页，北京：人民出版社1972年版。

感觉经验是认识的源泉。

虽然强调感觉是一切认识的源泉，这是近代唯物主义认识源泉观的一个显著特点，但它并不认为感觉是认识的最终源泉。它“认为人的一切表象，一切概念和感觉都是周围环境对他发生作用的结果”[①]。所以，在近代形而上学唯物主义看来，作为认识来源的“感觉”背后还有一个源泉，这就是物质世界本身，物质世界是认识的最终源泉，或叫源泉的源泉。

随着资本主义在德国的发展，费尔巴哈恢复了唯物主义的权威，但费尔巴哈的唯物主义也是形而上学的。他继承了唯物主义经验论的传统，在认识源泉观上强调感性直观的作用，认为感觉是人对于客观外界感性直观的结果。费尔巴哈同英国、法国的唯物主义一样，也把物质世界看作认识的最终源泉。

总之，马克思主义哲学以前的唯物主义的认识源泉观尽管表现形式不同，但都把物质世界看作认识的源泉。可见，“物质世界是认识的源泉”是马克思主义以前的唯物主义认识源泉观的一个命题。

其次，“物质世界是认识的源泉”之所以是以往的唯物主义认识源泉观的一个命题，不仅在于事实本身，更在于这个命题有其固有的弊病——直观性。

马克思告诉我们，以前的一切唯物主义（包括费尔巴哈的）认识论的主要缺点是直观性。以前的唯物主义的反映论是直观的反映论。直观反映论离开主体的能动性、离开实践活动去看待认识问题，把人类的认识活动看作只是认识的主体对于客观世界的感性直观。因此，以往的唯物主义都把认识的客体看作积极主动的，反而把认识的主体看成消极被动的。这样，在他们看来，感觉、思想的产生，只是客观物质世界主动作用于主体感官的结果。这就完全忽视、否定了认识主体对于认识形成的能动作用。从恩培多克勒的“流射说”到卢克莱修的“影像论”，从亚里士多德的“蜡块说”到洛克的“白板说”，没有不把认识的客体看作积极主动，而把认识的主体看作消极被动的。关于这一点，洛克是很

① 普列汉诺夫：《论一元论历史观之发展》，第6页，北京：三联书店1961年版。

自觉的。他说：在认识活动中，“理智只是被动的”，理智能不能得到知识的材料，接受什么，不接受什么，这不是它所能决定的，“就象一面镜子不能拒绝、改变或取消前面放的物体在镜中产生的映象或观念一样。”[①]费尔巴哈则表达得自觉而又生动，他说：“自然界并不让自己躲藏起来，它反而是尽力地自荐于人，或者可以说老着脸去迁就人的。恰象空气通过我们的口、鼻以及一切毛孔，挤进我们身内来一般”。“正是因为客体是能动的，我们的自我才是受动的。”[②]黑格尔在批评洛克的“白板说”时指出：“这种认识方式自身还没有意识到它是概念的活动，换言之，概念的活动在这种外在的认识过程里只是自在的，还不是自为的。一般人总以为这种认识过程是被动的，但事实上却是主动的。”[③]黑格尔还以嘲讽的口吻说：“消极直观性”的认识论否认主体的能动性，这是太“谦逊”了，“它谦逊到这样一种程度以致忘记了它自己的能动性”[④]。黑格尔虽然把认识活动归结为“概念的活动”，这正暴露了他的认识论的客观唯心主义的实质，但他对于直观反映论否定主体能动性的批评，却是击中要害的。既然直观反映论否定主体的能动性在认识的发生、形成中的作用，认为认识的发生、形成是物质世界主动和直接作用于主体感官的结果，那么在认识源泉观上，它就必然要把“物质世界”本身看作认识的源泉。另外，就“物质世界是认识的源泉”这一命题本身来看，虽然它坚持了唯物主义反映论的认识路线，但它只是把单独的物质世界本身看作认识的源泉，完全排除了认识主体的能动性，完全把“实践”排除于认识源泉观的视野之外。这难道不是这一命题的固有弊病吗？可见，认定“物质世界是认识的源泉”，这是从前的一切唯物主义反映论的直观性弊病造成的一个必然结果，而这一结果也就承继着、包含着造成自身的原因。

---

① 北京大学哲学系外国哲学史教研室编译：《十六–十八世纪西欧各国哲学》，第242页，北京：三联书店1958年版。

② 荣震华等译：《费尔巴哈哲学著作选集》下卷，第630页；上卷，第91页，北京：商务印书馆1962年版。

③ 黑格尔：《小逻辑》，第412页，北京：商务印书馆1980年版。

④ 黑格尔：《哲学史讲演录》第4卷，第153页，北京：商务印书馆1978年版。

基于以上理由，我认为“物质世界是认识的源泉”是一种直观的认识源泉观。它不是一切唯物主义的认识源泉观，而只是以往的唯物主义的认识源泉观。那么马克思主义是否可以不加改造地照搬这一命题？或者是否可以如“李文”所说的，“物质世界是认识的源泉”也是辩证唯物主义的认识源泉观？我以为是不可的。事实上，关于这个问题，马克思和恩格斯早已作出了回答。

二、马克思和恩格斯在认识源泉观上的革命

马克思主义哲学是新的历史条件的产物，它的产生是哲学史上的一场革命变革。这场变革不能不涉及认识源泉观这样一个基本的认识论问题。从前的唯物主义认识源泉观决不是马克思主义照搬的对象，而是批判继承的对象。“物质世界是认识的源泉”这一命题肯定人类认识是对物质世界的反映，物质世界是认识的对象、内容，这是正确的，是辩证唯物主义认识源泉观应当继承的精华。但认识的源泉不能归结为认识的对象本身，不能归结为物质世界本身。人类认识的源泉只能是人类的实践活动。这个关于认识源泉观的历史性变革的思想，是由马克思在1845年的《关于费尔巴哈的提纲》中正式提出来的。

马克思在《提纲》第一条就指出：“从前的一切唯物主义——包括费尔巴哈的唯物主义——的主要缺点是：对事物、现实、感性，只是从客体的或者直观的形式去理解，而不是把它们当作人的感性活动，当作实践去理解，不是从主观方面去理解。所以，结果竟是这样，和唯物主义相反，唯心主义却发展了能动的方面，但只是抽象地发展了，因为唯心主义当然是不知道真正现实的、感性的活动本身的。费尔巴哈想要研究跟思想客体确实不同的感性客体，但是他没有把人的活动本身理解为客观的活动……所以，他不了解‘革命的’、‘实践批判的’活动的意义。”①

① 《马克思恩格斯选集》第1卷，第16页，北京：人民出版社1972年版。

这是一段十分重要的论述，它包含了马克思主义认识论的一切基本问题在理论上的出发点。然而我们在领会马克思的这一段论述时，往往只注意到马克思在这里揭示了马克思主义与从前的唯物主义和唯心主义在一般认识论上的本质区别，而忽视了马克思在这里也合乎逻辑地揭示了这三种认识论在认识源泉观上的本质区别。应该说，马克思在这里所揭示的首先是这三种认识论在认识源泉观上的本质区别，因为认识的源泉问题是任何认识论的首要问题。马克思在这里告诉我们：（1）从前的一切唯物主义离开人的主观能动性，离开人的实践活动，仅仅从客体本身，从人对客体的直观形式去理解人对客体的认识。因此，它只能把单独的客体本身看作认识的源泉。（2）和从前的唯物主义相反，唯心主义抓住认识活动中人的主观能动性方面，抽象地加以夸大，并导致把人的认识看作先验的"精神"的产物。（3）鉴于以往的唯物主义和唯心主义各执错误的一端，马克思主义把实践提到认识源泉观的首位，认为人对客体的认识是一个实践过程，人是在"人的感性活动"中取得对于客体的认识的，即实践是认识的源泉。

实践是主体改造客体的感性的物质活动。实践活动不但具有自觉的能动性，又包含有作为实践基础的实践客体（也即认识过程中的认识对象），它是主体的能动性与物质客体的有机统一体。因此，"实践是认识的源泉"这一思想，正是总结了认识论史上经验教训的结果。它既吸取了唯心主义认识源泉观和以往的唯物主义认识源泉观的合理因素，又克服了二者各执一端的片面性，唯一科学地解决了认识源泉问题，从而实现了认识源泉观的革命变革。

显然，马克思主义的认识源泉观与从前的唯物主义的认识源泉观有着质的区别。关于这种质的区别，普列汉诺夫在阐述上述马克思的《提纲》第一条时，用精练的语言作了表述："费尔巴哈说我们的'我'只是因为受客体的影响才认识了客体。马克思反驳道：我们的'我'因为自己对客体的影响才认识了客体。"[①]主体的认识来自"受客体的影

① 普列汉诺夫：《马克思主义的基本问题》，第10页，北京：人民出版社1957年版。

响”，即来自客体本身，这就是费尔巴哈及以往的唯物主义的认识源泉观；主体的认识来自“自己对客体的影响”，即来自实践，这就是马克思的认识源泉观。马克思的认识源泉观在客体的基础上，加上了主体的影响，即加上主体的能动性。根据马克思的认识源泉观，所谓“认识的源泉”，就是使得认识的产生成为现实的最初原因。单独的物质世界本身不能成为这样的动因，因为离开了人的主动作用，单独的物质世界不能自发地产生认识、知识或理论。只有作为主体与客体的有机统一体的实践才能成为这样的动因。以前的唯物主义在为自己的认识源泉观辩解时总是强调“感觉先于思维”，因为在他们的直观的思维方法看来，只要肯定感觉先于思维，就要理所当然地承认感觉“只是因为事物作用于我们”的结果，也就要肯定他们的“客观事物是认识的源泉”了。针对这种辩解，普列汉诺夫指出：马克思不否认思维来自感觉，“马克思认为问题不在于感觉先于思考这个不可争辩的事实，而在于推动人去思考的主要是人在作用于外界过程中所体验到的那些感觉。”[①]可见，区别不同的认识源泉观，不在于是否承认认识来自感觉，而在于如何回答感觉的来源。认为感觉只是客体产生的，这是从前的唯物主义的认识源泉观；认为感觉是由实践产生的，这是辩证唯物主义的认识源泉观；认为感觉只是“心的创造力”引起的，则是贝克莱、休谟之类的唯心主义的认识源泉观。

继马克思的《提纲》之后，马克思和恩格斯又在《德意志意识形态》中进一步阐述和发挥了《提纲》的观点，并在“关于意识的生产”的标题下用数页的篇幅，对马克思主义的认识源泉观作了系统的论证。马克思、恩格斯认为，认识的形成和发展一点也不能离开实践。他们指出，这不仅是因为认识的主体——人并不是如费尔巴哈所想象的那样，只是一种抽象的非“感性活动”的人，而是“真实存在着的，活动的人”，是现实的社会实践的人；而且是因为认识的客体（对象）也是由实践提供的。他们指出：费尔巴哈“没有看到，他周围的感性世界决不

① 普列汉诺夫：《马克思主义的基本问题》，第10页，北京：人民出版社1957年版。着重号为引者所加。

是某种开天辟地以来就已存在的、始终如一的东西，而是工业和社会状况的产物，是历史的产物，是世世代代活动的结果”。甚至连最简单的认识对象（如樱桃树）也只是由于工业和商业往来的实践活动“才提供给他的”。因此，主体反映客体的认识活动只能在实践中进行，认识只能是实践的产物。但费尔巴哈却说：自然科学只是科学家对自然界“直观”的产物，因为自然界的有些秘密“只有物理学家和化学家的眼睛才能识破”。马克思、恩格斯不同意费尔巴哈的观点，说：“如果没有工业和商业，哪里有自然科学？甚至这个‘纯粹’的自然科学也只是由于商业和工业，由于人们的感性活动才达到自己的目的和获得材料的。”他们还极而言之：要是生产实践发生停顿，“哪怕只停顿一年”，那么“整个人类世界以及他（费尔巴哈）的直观能力，甚至他本身的存在也就没有了”，当然就更谈不上人类的认识了①。

自从马克思和恩格斯在认识源泉观上实现革命以后，马克思主义的导师们一直坚持并运用马克思主义的认识源泉观去观察人类的认识现象。限于篇幅，我不能在这里作更多的引证。但我只需指出一点，在《自然辩证法》的［科学历史摘要］中，恩格斯对于自然科学史的考察，处处着眼于揭示自然科学的发展同社会实践之间的这样一种内在关系：以生产活动为基本内容的社会实践是自然科学产生、发展的源泉和动力。恩格斯指出：“科学的发生和发展一开始就是由生产决定的。”又说：“如果说，在中世纪的黑夜之后，科学以意想不到的力量一下子重新兴起，并且以神奇的速度发展起来，那末，我们要再次把这个奇迹归功于生产。”②从古代尚未分化的自然科学，中间经过牛顿的古典力学，到爱因斯坦的相对论，直到今天的高能物理、分子生物学、电子计算机等，人类自然科学发展史所显示的鲜明的时代性不是对于“实践是认识的源泉”的最好证明吗？

可是，“李文”却让“实践是认识的源泉”这一命题在马克思主义的认识源泉观里处在“补充”的地位上。“李文”告诉我们：把从前的

① 《马克思恩格斯选集》第1卷，第48-50页，北京：人民出版社1972年版。

② 恩格斯：《自然辩证法》，第149页，北京：人民出版社1955年版。

唯物主义的认识源泉观——“物质世界是认识的源泉”照搬过来，再加上“实践是认识的源泉”，这就马克思主义的认识源泉观：“物质是认识的源泉，实践也是认识的源泉，人们的认识不仅仅来源、起源于物质，而且也来源（起源）于实践，前者是后者的基础和前提，后者是前者的补充和发展（所谓“发展”，只是“补充”意义上的“发展”——引者)。”照“李文”的这个提法，马克思主义的认识源泉观确实只是对于以往的唯物主义认识源泉观的一个“补充”。“补充”者，改良也。可是“李文”又承认辩证唯物论的反映论“与从前的唯物论反映论有着本质的区别”，是“人类认识史上的革命变革”。这不是自相矛盾吗？在我看来，不是补充，而是取代，马克思主义用“实践是认识的源泉”取代了以前的唯物主义的“物质世界是认识的源泉”。但这种“取代”不是完全抛弃，而是扬弃。

三、“物质世界是认识的源泉”以扬弃的形式包含在“实践是认识的源泉”之中

“物质世界是认识的源泉”和“实践是认识的源泉”的关系怎样？这新旧两个命题的关系可以用一句话来概括，即“物质世界是认识的源泉”以扬弃的形式包含在“实践是认识的源泉”之中。

在马克思主义哲学看来，实践是一个由诸要素有机构成的动态系统，是主体观察、变革客体的物质活动。实践的主体、手段和客体是构成实践活动的三个基本要素。即使“李文”总体上给读者以“实践不包含客体”的印象，但“李文”有一句话还是肯定了实践应包含实践的物质客体：“离开外部物质世界、离开客体对象，也就无所谓实践”。因此，实践本身不但含有主体能动性，并由此导致实践整体具有自觉能动性，而且含有作为实践的基础要素的物质客体，这个“物质客体”既是实践活动中的实践对象，又是以实践活动为基础的认识活动中的认识对象。作为认识的基础的实践过程，就是实践的主体借助实践的手段，主动作用于实践的客体，以暴露客体本质的过程。人类的认识就是这种由

实践的主体、手段和客体有机构成的实践活动的产物。所以，"认识的源泉"是实践整体的功能。由此可见，马克思主义认识论把"实践"作为认识的源泉，不但汲取了唯心主义认识源泉观重视主观能动性的合理因素，又克服了它夸大主观能动性的作用，否定物质世界是认识的反映对象和客观内容的缺陷；而且汲取了从前的唯物主义认识源泉观肯定物质世界是认识的对象、内容的积极因素，又克服了它忽视主体能动性的直观性。这样，马克思主义的认识源泉观就是没有片面性弊病的唯一科学的认识源泉观。显然，马克思主义的认识源泉观并没有也不能全盘继承以前的唯物主义的"物质世界是认识的源泉"的命题，这一旧命题只是以扬弃的形式使自身的缺点为新命题所克服，而自身的合理因素为新命题所吸收。这说明，马克思主义的认识源泉观对于从前的唯物主义的认识源泉观，不但存在着继承关系，而且具有崭新的质。

马克思主义把作为认识源泉的实践看作由诸要素有机构成的系统，物质客体只是这个系统中的一个构成要素。根据系统论的观点，整体大于它的构成部分的总和；整体的功能是它的各构成要素有机作用而产生的总结果；任何单独的构成要素都不具备整体功能。同理，只是实践系统构成要素之一的物质世界（客体）本身，当然不能单独成为认识的源泉。关于这一点，恩格斯早就明确地指示过我们。他说："自然科学和哲学一样，直到今天还完全忽视了人的活动对他的思维的影响；它们一个只知道自然界，另一个又只知道思想。但是人的思维的最本质和最切近的基础，正是人所引起的自然界的变化，而不单独是自然界本身；人的智力是按照人如何学会改变自然界而发展的。"[①]恩格斯在这里谈论的是认识的基础或源泉问题。他的观点是很清楚的：从前的唯物主义只知道自然界本身的作用，唯心主义只知道思维的作用，二者都把自然界和思维割裂开，都不懂得作为自然界和思维的有机统一体的"人的活动"对于思维的基础作用。恩格斯明确指出：人的思维的产生、发展的源泉和动力，不是单独的自然界本身，而是"人所引起的自然界的变化"，

① 《马克思恩格斯选集》第3卷，第551页，北京：人民出版社1972年版。

是人“改变自然界”的实践活动。显然，主张“物质世界是认识的源泉”的观点是难以同恩格斯的观点一致的。

最后还应指出，如果硬要把以往的唯物主义的命题塞进马克思主义的认识源泉观，在马克思主义认识源泉观的范围内，允许“物质世界是认识的源泉”与“实践是认识源泉”这两个命题并存，那在逻辑上是不严密的、自相矛盾的。第一，“物质世界是认识的源泉”已以扬弃的形式包含在马克思主义的认识源泉观之中。“实践是认识的源泉”这一命题本身已经包含着对于“物质世界是认识的对象、内容”的肯定。既然如此，那么在马克思主义认识源泉观中还要引进“物质世界是认识的源泉”这一命题，那就是多余的。第二，让“物质世界是认识的源泉”和“实践是认识的源泉”这两个“源泉”并存于马克思主义认识源泉观之内，就必须解释这两个“源泉”之间的关系，即二者之间的区别和联系。但是，企图在马克思主义认识源泉观的范围内来确定二者的所谓“区别”和“联系”，就不能不陷入逻辑上的矛盾。(1)“李文”是如何回答这两个“源泉”的“区别”的？“李文”说：“外部物质世界是认识的源泉”，“这是从本原意义上说的”；“而实践是认识的源泉”，“则是从认识的总过程讲的，是非本原意义上说的”。说“实践是认识的源泉”是从“非本源意义上”，即从认识论意义上说的，这自然没有疑义。但是说“外部物质世界是认识的源泉”是从“本源意义上”即从本体论意义上讲的，这是把认识论与本体论混为一谈了。“认识的源泉”问题，这是一个认识论（狭义的）问题，它虽然同本体论有联系，但它本身毕竟不是本体论问题。因此我们只能在认识论的意义上来回答“认识的源泉”问题。只有这样，才合乎同一律。而“李文”既要讨论“认识的源泉”问题，却要从本体论的意义上来回答，也就是说，“认识的源泉”本是个认识论的概念，“李文”却要在本体论的意义上来使用它，这就违背了同一律。在这个问题上坚持同一律，答案只能是：如果从认识论的意义上讲，那么“物质世界”就不是认识的源泉；如果从本体论的意义上讲，那么“物质世界”就只能是认识的本原。“认识的源泉”与“认识的本原”不是一个范畴，不是一回事。“认识的源泉”仅仅是一个认识论的范畴；“认识的本原”则涉及认识论和本体论的关系。我们说物质、物质世界是认识的本原，讲的就是本体论与认识论的“联系”或“统一”。我认为，实践是认识的源泉，物质是认识的源泉的本原，这是本体论和认识论相统一的生动体现。(2)“李文”如何回答这两个“源泉”的“联系”呢？“李文”说：“外部物质世界是认识的源泉”，这是认识的“最终源泉或叫源泉的源泉”；“而实践是认识的源泉”则是从“最终的源泉”那里“派生的源泉”。显然，“李文”把认识的源泉归结为“物质世界”了，这如何能同从前的唯物主义的认识源泉观划清界限？而这样一来，马克思和恩格斯的辩证唯物主义是“实践的唯物主义”的观点，列宁的“生活、实践的观点，应该是认识论的首先的和基本的观点”，毛泽东同志的“实践的观点是辩证唯物论的认识论之第一的和基本的观点”都不见了。可见，马克思主义的认识源泉观只能是“实践是认识的源泉”，不能再容纳一个“物质世界是认识的源泉”。

（本文发表于《哲学研究》1982年第11期）

再谈实践是认识的源泉

——与褚静宇、王之璋同志商榷

笔者曾在《哲学研究》1982年第11期上发表《也谈认识的源泉》一文，认定“物质世界是认识的源泉”这一命题实质上是旧唯物主义的认识源泉观，而只有“实践是认识的源泉”才是马克思主义的认识源泉观。不久前，褚静宇、王之璋同志撰文（见上海《社会科学》1984年第3期《论物质源泉观的辩证性质》一文，以下简称“褚文”）对拙作提出异议，认为马克思主义主张的是“物质世界是认识的唯一源泉”。对拙作提出不同看法，这有助于问题讨论的深入，但否定“实践是认识的源泉”的论点是不能同意的。为了弄清马克思主义认识源泉观的本义，也为了借此机会进一步阐述我们的观点，特撰此文，对“褚文”提出的主要问题作出答复。请褚、王二同志及其他同志指正。

一、马克思《提纲》第一条肯定“物质世界是认识的源泉吗？

马克思于1845年4月提出的《关于费尔巴哈的提纲》（简称《提纲》）第一条包含着马克思主义认识源泉观在理论上的最初出发点。

“褚文”说：马克思在《提纲》第一条中“半步也没有离开一切唯物论的共同基础，而是以辩证的观点坚持了物质世界是认识唯一源泉的观点。”的确，马克思在这里把“物质第一性，意识第二性；意识是存在的反映”作为自己的认识源泉观的理论前提。但这就是肯定“物质世界是认识的源泉”吗？为从具体分析中得出真正的结论，我们将《提纲》第一条全文引述如下：

> 从前的一切唯物主义——包括费尔巴哈的唯物主义——的主要缺点是：对事物、现实、感性，只是从客体的或者直观的形式去理解，而不是把它们当作人的感性活动，当作实践去理解，不是从主观方面去理解。所以，结果竟是这样，和唯物主义相反，唯心主义却发展了能动的方面，但只是抽象地发展了，因为唯心主义当然是不知道真正现实的、感性的活动本身的。费尔巴哈想要研究跟思想客体确实不同的感性客体，但是他没有把人的活动本身理解为客观的［gegenstandliche］活动。所以，他在《基督教的本质》一书中仅仅把理论的活动看作是真正人的活动，而对于实践则只是从它的卑污的犹太人活动的表现形式去理解和确定。所以，他不了解“革命的”、“实践批判的”活动的意义。①

这段论述所批判的主要对象是旧唯物主义反映论的直观性，落脚点在于肯定“革命的”、“实践批判的”活动对于人类认识的意义。在这里，马克思指明了对待认识现象的三种不同性质的理解：(1)“只是从客体的或者直观的形式去理解”。这是以费尔巴哈为代表的旧唯物主义的观点。(2) 只是“抽象地”从主体“能动的方面”去理解。这是唯心主义的观点。(3)“当作人的感性活动，当作实践去理解”。其中，只肯定了第 (3) 种。那么“只是从客体的或者直观的形式去理解”这句话是什么意思呢？旧唯物主义只是把认识的产生看作是单纯“客体”作用的结果或只是主体借自身的感官对事物消极“直观”的结果，忽视了主体能动性对于人类认识产生和发展的重要作用。由此出发，就合乎逻辑地断言物质世界本身就是认识的源泉。费尔巴哈就明确说过：“由对象产生出思想”。②这不但是合乎逻辑的，而且是合乎哲学史实的。但是，

① 《马克思恩格斯选集》第1卷，第16页，北京：人民出版社1972年版。

② 荣震华等译：《费尔巴哈哲学著作选集》下卷，第12页，北京：商务印书馆1962年版。着重号为引者所加。

马克思既然对于“只是从客体的或者直观的形式去理解”持否定态度，而肯定了应当把认识现象“当作人的感性活动，当作实践去理解”，也就否定了“物质世界是认识的源泉”，肯定了“实践是认识的源泉”。“实践是认识的源泉”这一命题，既坚持物质客体是认识反映的对象，是认识内容的客观来源，又给予主体能动性在认识中的作用以充分而恰当的肯定，所以才是唯一科学的。只有这样来理解《提纲》第一条透露的关于认识源泉观的信息，才符合马克思的原意。

如果说《提纲》第一条所包含的认识源泉观还是隐含的、潜在的，那么在《德意志意识形态》中便展开为具体的阐述。马克思于1845年春拟出《关于费尔巴哈的提纲》后不久，于同年开始与恩格斯合作写出了巨著《德意志意识形态》，在第一章《关于意识的生产》一节中，进一步展开了《提纲》第一条的观点。指出，费尔巴哈所理解的人是自然的生物学上的“人”，他“从来没有看到真实存在着的、活动的人，而是停留在抽象的‘人’上”。与此相联系，认识对象——“周围的感性世界”也是同人类实践无关的“开天辟地以来就已存在的、始终如一的东西”。因此，他就不了解人类对于实践活动的依赖关系，只是把认识看作“对这一世界单纯的直观”。与此相对立，马克思、恩格斯强调他们的“新唯物主义”是“实践的唯物主义”，实践对于现存世界、对于人类认识活动的革命意义：社会实践“是整个现存感性世界的非常深刻的基础”，人类认识活动正是植根于实践之中的。马克思、恩格斯不但论述了认识的主体人是“感性活动”的人，即实践活动的人，而且论述了认识的客体——纳入人类实践范围的“周围的感性世界”已不是“先于人类历史而存在的自然界”，感性世界的现存面貌已是社会实践的结果，“是工业和社会状况的产物，是历史的产物，是世世代代活动的结果”。由此进一步指出，实际上，客观事物只是依靠主体实践活动才为主体所认识，“只是依靠一定的社会在一定时期的这种活动才为费尔巴哈的‘可靠的感性’所感知”。这就是说，物质世界是认识的对象，但只有在实践中才成为现实的认识对象，才能为主体所认识。针对费尔巴哈所说的自然科学的产生是凭借“物理学家和化学家的眼睛”“直观”

的论调，又尖锐指出："如果没有工业和商业，哪里有自然科学？甚至这个'纯粹的'自然科学也是由于商业和工业，由于人们的感性活动才达到自己的目的和获得材料的。"显然，由于实践才产生认识，所以实践是认识的源泉。这就是马克思和恩格斯的认识源泉观。

应当指出，虽然"褚文"认为马克思主义的和旧唯物主义的认识源泉观都主张"物质世界是认识的唯一源泉"，但试图将这两种认识源泉观加以区别。认为马克思"以辩证的观点坚持了物质世界是认识唯一源泉的观点"，"将'物质世界是认识唯一源泉'由形而上学唯物论改造为辩证唯物论。"这就是说，同一命题在旧唯物主义那里是形而上学的，而在马克思那里，由于实践观点的引入，就具有辩证的性质。可是，这同一命题如何能同时表达两种性质对立的认识源泉观呢？"褚文"要人们坚持的究竟是哪一家的观点？这正好暴露了逻辑上的自相矛盾——命题与观点的矛盾。

二、为什么实践成为认识的源泉

人类的一切活动都是主客体的相互作用。马克思指出：人是"对象性的存在物"，"人有现象的、感性的对象作为自己的本质、自己的生命表现的对象"。[①]这就是说，人作为主体，他的活动总是以一定的客体为对象，总要涉及一定的客体，无客体的人类活动是没有的。

主体和客体的相互作用具有双重性质：一是物质性的相互作用，一是精神性的相互作用。前者指的是主体与客体之间物质因素的相互作用，具体说来，就是主体直接或借助中介物质作用于客体，使客体以其自身的信息借一定的物质载体输给主体。例如，劳动者借助于生产工具改造自然客体，自然客体由于主体的作用而产生的信息借电磁波、声波等输给主体。或者，主体直接手触客体，客体信息经由皮肤及神经输入大脑。后者指的是主体思维与客体信息之间的相互作用，也就是主体接

① 马克思：《1844年经济学-哲学手稿》（刘丕坤译），第12页，北京：人民出版社1979年版。

收客体信息并思考客体信息，以反映客体。物质性的相互作用，就是马克思所说的人的“活生生的、感性的活动”，也就是人的实践活动；精神性的相互作用，就是人的认识活动。实践活动包含着两个指向交错的过程，即主体作用于客体的过程和客体信息输给主体的过程。这两个过程相互联结构成实践活动的整体。认识活动也包含两个指向交错的过程，即主体接收客体信息的过程和主体反思客体信息的过程。这两个过程相互联结构成认识活动的整体。这里，实践活动中的“客体信息输给主体”的过程与认识活动中的“主体接收客体信息”的过程，实际上是同一过程，这同一过程不但带有物质性，而且带有精神性。作为客体信息借物质载体输给物质主体（入感受器，经传导神经，达大脑皮质）的过程，这是物质性的过程，是实践活动的构成部分；作为主体思维为了认识的目的，有意识地接收客体信息的过程，这是精神性的过程，是认识活动的构成部分。可见，实践活动和认识活动决不可割裂开来，而是你中有我，我中有你，相互渗透的。但这种“相互渗透”不是并列地位上的相互渗透，而是以实践活动为基础的相互渗透，是认识活动植根于实践活动之中的相互渗透。

认识活动植根于实践活动之中，实践活动为认识活动提供主体思维加工所必需的客体信息，而客体信息与主体思维的相互作用便产生主体对客体的认识，这就是认识产生的真实过程。

“褚文”坚持认为“物质世界”是认识的唯一源泉，其主要“理由”是，“物质世界”是认识的对象，因而也是认识的源泉。如果问题竟是如此简单，人们何必在这个问题上争论不休！我们已经指出，认识的实践源泉观已经内在地包含着对于“物质世界是认识的对象”的肯定。但认识的“对象”不等于认识的源泉，认识的源泉既不是单独的对象（客体）本身，也不是单独的主体本身，而是作为主、客体结合的实践整体。事实上，并不是作为认识对象的客体本身就能产生认识，认识的产生是一个以实践活动为根基的认识主体和认识客体相互作用的复杂过程。以物质世界是认识的对象为理由，断言“物质世界是认识的唯一源泉”，这种推论的失足之处在于把认识内容的来源等同于认识的源泉，这就忽视了作为观念形态的“认识”同作为物质形态的“物质对象”已有质的区别，因而也就忽视了主体能动性在认识形成中的作用。虽然坚持了认识的唯物主义路线，但不是辩证的唯物主义路线。

现代科学的发展越来越证明，作为认识对象的客体信息是由主体借助于实践手段来与客体相互作用提供的。在量子力学中，研究方法本身改变了被观测的客体，即微观研究使测量仪器与微观客体发生相互作用，实验手段对客体的测量操作使测量结果打上了主体能动性的烙印，等等。但是不应从这一事实中得出不可知的结论，它只是证明，包含微观客体性质的信息只有借助一定的实践手段才能输给主体，从而也就更加证明马克思主义关于“实践是认识源泉”这一原理的正确性。

事实上，一切认识所依赖的客体信息都要由实践来提供。在认识论中，实践作为主体和客体的物质性的相互作用，可以区分为深度不同的两种类型：变革型和探测型。所谓变革型的实践，就是主体运用实践手段，变更客体以引起客体变化的实践活动。生产斗争、社会斗争（阶级社会中主要表现为阶级斗争）和科学实验（除了天文观测这种没有改变客体的科学实验）就属于这类实践。所谓探测型的实践，就是主体为了认识的目的而去探测客体的物质性的活动。如天文观测、科学考察、军事侦察、社会调查等。此外还应包括目视、耳听、鼻嗅、舌尝、手摸等感性活动。这类活动虽然一般说来没有变革客体引起客体的变化，但它们本身都是主体与客体的物质性的相互作用。如目视是主体视感官（眼睛）主动选择作为观察目标的客体，客体信息（如颜色）就借光线载体输给主体视感官。这无疑是物质性的相互作用，主体的视感觉就是以这种感性活动为基础的。同时，它还是变革型的实践的不可分割的构成部分，不包含目视、耳听、鼻嗅、舌尝或手摸这类活动的变革型实践是没有的。因此，可以给作为认识论的实践范畴下这样一个定义：实践就是主体能动地探测或变革客体的感性物质活动。探测型的实践是一切认识活动的基础，在目前科技条件下，有些认识只能来自这类实践活动。如目前探测宇宙的秘密一般说来只能利用射电望远镜、光谱分析仪、人造卫星、宇宙飞船等手段进行天文观测。但单独的探测型实践只能截取客观事物自然表露的信息，不能更深入地认识事物。因此只要可能，人类总要依靠变革型的实践去达到认识的目的。因为在变革型的实践中，主体可以更自觉地根据认识的任务，有选择地运用实践手段，变革物质客体，使实践的物质手段与物质的客体发生机械的、物理的、化学的、生物的或社会的相互作用，从各个侧面暴露客体的属性，以获得客体的更丰富更内在的信息，从而就使得具有反映机能和思维能力的主体能更深入地把握客体的本质和规律。所以，变革型的实践活动在更高程度上表现了实践的能动性，构成了人类基本的实践活动，成为人类认识的基本的源泉。

三、认识的实践源泉观可与“西方马克思主义”相类比吗

“褚文”说：“‘西方马克思主义’歧视物质世界这一认识的本质，夸大实践作用的错误认识，对于持实践是认识唯一源泉观的同志提出了可以印证并深思的问题。”不知此言依何而发？但既然提出了这样一个尖锐的问题，那么我们就有必要再费点笔墨，探个究竟，以正视听。

“褚文”没有告诉我们，它所说的“西方马克思主义”是指其中的哪个派别，但从它谈及的“西方马克思主义”的思想特点来看，当指法兰克福学派。我们认为，认识的实践源泉观同一切“西方马克思主义”根本不同，当然也不能与法兰克福学派相提并论。

首先，法兰克福学派把“实践”同“反映论”对立起来，用夸大实践的作用来否定反映论。在它看来，“反映”只能是消极的、非辩证的，讲能动的实践就必须否定反映论。施密特说：“把马克思和……‘反映论’等同起来”，是一个“误解”。施密特的导师阿道尔诺指责反映论站在“照相理论”、“消极反映客观结构”的立场上，是“东方集团的官方无稽之谈”（本文凡是法兰克福学派的言论均引自徐崇温著《法兰克福学派述评》，三联书店1980年版）。

但“实践是认识的源泉”这一命题本身就包含着对于反映论的肯

定。我们已经指出，作为主体和客体有机统一的实践观，是把物质客体看作主体改造的对象和认识的对象，实践的源泉作用就在于为主体反映客体提供必需的客体信息，认识的内容来自客体。它所肯定的是认识主体只有在探测或变革客体的实践活动中才能反映客体。这不是对于反映论的明确肯定吗？可见，认识的实践源泉观并不因旧唯物主义反映论的直观性、消极性而否定“反映论”本身，而是克服其直观性，继承其合理的基本内核。毛泽东同志在谈论认识的形成过程时说：“社会的人们投身于变革在某一发展阶段内的某一客观过程的实践中（……），由于客观过程的反映和主观能动性的作用，使得人们的认识由感性的推移到了理性的”。[①]显然，这也是把反映论内在地包含在认识的实践源泉观中的。这如何能同法兰克福学派否定反映论的观点相“印证”呢？

其次，法兰克福学派颠倒主体和客体的关系，把客体精神化。阿道尔诺把客体说成是“一个术语上的面罩”，说它的“物质方面”在认识中“被精神化了”，而“主体的首要性看来是没有疑问的”。这就否定了物质客体的客观实在性，否定了客体的首要性，否定了物质世界的优先存在，从而就颠倒了主体和客体的本来关系。

但认识的实践源泉观始终是以承认客体的首要性，承认物质客体的客观实在性和优先地位为前提的。无限的物质世界早在人类产生之前就已客观存在，万事万物并不具有天生的客体属性，只是当人类在地球上出现之后，才有了潜在的客体属性。任何客观事物只有当它构成主体的现实的实践对象和认识对象，才具有现实的客体属性，才成为与主体相对立的现实客体。所以，客观事物的客体属性是由主体的实践活动规定的，不是主体的现实对象的客观事物，虽仍在主体之外独立存在，但不能称之为客体。这丝毫没有否定作为客体的物质事物的实在性、独立性，也就没有把物质客体精神化了。反之，客体也规定主体。因为区别于动物的人总是社会实践的人，总有现实的对象与人相对立，因此人总是现实的主体。沿着这条唯物主义的思想路线来理解主体和客体的“相

① 《毛泽东选集》第1卷，第282页，北京：人民出版社1951年版。着重号为引者所加。

互规定”，这本身就已肯定了客体在主客体关系中的优先地位。主体和客体在相互作用中，处于不同的地位，起着不同的作用：作为物质世界一部分的客体是基础方面，而作为有意识能动的主体是主动方面。物质客体是主体人赖以存在和发展的基础，制约着主体，是主体活动的客观依据。但主体并不是消极的，它是改造客体和反映客体的主动者，对客体的改造和反映具有选择性和指向性。主体能够依据客体的客观规律驾驭实践和认识活动的方向。我们认为，这是对于主体和客体关系既辩证又唯物的理解。而这种理解是同法兰克福学派的唯心主义的“实践观”根本不同的。在这个问题上，认识的实践源泉观又如何同法兰克福学派的观点相“印证”呢？

最后，法兰克福学派在本体论中以“实践”取代“物质”，把“实践”看作唯物主义世界观的出发点，否认物质是认识的本原。施密特说：“不是物质的抽象，而是社会实践的具体性，才是唯物主义理论的真正对象和出发点”。

但“实践是认识的源泉”这一命题本身就是以承认物质是世界的本原，物质第一性，意识第二性为前提的。认识的实践源泉观是一个认识论问题，不是本体论问题。在认识论范围内，在主体与客体的关系上，主张客体是主体的基础，肯定物质客体的客观实在性和优先地位；在认识与物质对象的关系上，主张认识是物质对象的能动反映；在认识与实践的关系上，主张物质性的实践派生出主观性的认识。这一系列的根本性的回答，正是本体论中的物质第一性，意识第二性在认识论中的具体的生动的体现。

“褚文”认为，主张“实践是认识的源泉”，这就否定了“物质是认识的本原”，也就脱离了“物质第一性、意识第二性”的指导。必须指出，“认识的本原”与“认识的源泉”是两个不同的概念，不能混为一谈。“认识的本原”是个本体论问题，而“认识的源泉”是个认识论问题，二者是一般与个别的关系。本体论所要回答的是整个世界的本原问题，即物质和意识何者为第一性的问题。然而，“物质第一性，意识第二性”的一般关系，贯穿于并表现为马克思主义哲学各个组成部分的具体关系。在历史观中就表现为社会存在决定社会意识，在认识论中就表现为实践决定认识、实践是认识的源泉，等等。“褚文”以为认识的本原是物质，认识的源泉也应该是物质，那就是把一般与个别相混同，把本体论与认识论相混同。在这个问题上，认识的实践源泉观又如何同“西方马克思主义”相“印证”呢？

总之，认识的实践源泉观与所谓“西方马克思主义”具有根本不同的性质。“褚文”关于与“西方马克思主义”相“印证”的轻率议论，不但是无的放矢的，而且对于认识源泉观的深入讨论也是无益的。

（本文发表于《青海社会科学》1985年第6期）

毛泽东在认识源泉观上的新贡献

认识源泉观是一切认识论的首要问题，马克思主义认识论区别于其它认识论，首先就表现在认识源泉观上。马克思主义的认识源泉观是实践的认识源泉观，它认定，只有社会实践才是人类认识的真正源泉。毛泽东的认识源泉观是马克思主义认识源泉观的直接继承，但在新的历史条件下，又增添了新的内容，表现了新的特色，为推进马克思主义认识源泉观的发展作出了新的贡献。本文试图对毛泽东的这一贡献作些探讨，不当之处请同志们指正。

毛泽东对于“实践是认识的源泉”的深入阐发，归纳起来，主要有以下几个方面：

其一、规定了实践概念的内涵，区分了实践的不同内容及其在认识源泉中的地位。

毛泽东经常是在“变革客观世界”的意义上使用实践概念的。这体现在他的如下一些提法里：“亲身参加变革现实、变革某种或某些事物的实践”、“亲身参加变革现实的实践”、“不论是关于变革某一自然过程的实践，或变革某一社会过程的实践”、“改造世界的实践过程”等等。这是把实践看作人们变革客观世界的活动。但毛泽东的实践概念的涵义不限于此。在毛泽东看来，“人的社会实践，不限于生产活动一种形式，还有多种其他的形式，阶级斗争，政治生活，科学和技术的活动，总之社会实际生活的一切领域都是社会的人所参加的。”[①]毛泽东还在更一般的意义上规定“实践”的内涵。他指出：“无论何人要认识什么事

① 毛泽东：《实践论》，以下凡引此书者，不再注明出处。

物，除了同那个事物接触，即生活于（实践于）那个事物的环境中，是没有法子解决的。”显然，在毛泽东看来，凡是主体接触客体的物质活动，便都是实践活动。这样的“实践”，就不单指变革客观世界的物质活动，还包括一切没有改变客体形态、没有引起客体变化的物质活动，如为了认识的目的，人的感官接触客观对象的实际活动，即目视、鼻嗅、耳听、舌尝、手摸等实际活动，以及天文观察、科学考察、军事侦察等活动。这样，依据毛泽东对于实践概念的运用，给实践概念下一个定义，那就是：实践是主体接触、变革客体的物质活动。毛泽东正是把这样的实践看作认识的唯一源泉的。

可见，人们习惯于把实践仅仅定义为“改造”客观世界的活动，便是不全面的。而有的同志以这种片面的实践概念为依据，以“耳闻目睹”不是实践但也能获得认识为例证，认为客观事物本身也是认识的源泉，否认实践是认识的唯一源泉，那是对实践概念的误解。

毛泽东同志还进而具体分析了实践的不同内容，区分了基本的实践活动和非基本的实践活动，从而也就区分了基本的认识源泉和非基本的认识源泉。

毛泽东依据唯物史观的基本原理，把改造客观世界的物质生产活动、阶级斗争和科学实验这三项实践从所有的人类实践中划分出来，肯定这三项实践是人类基本的实践活动，其中物质生产活动是最基本的实践活动。在《实践论》中，毛泽东就已把这三项实践单提出来。一九六三年，毛泽东更明确地指出：“阶级斗争、生产斗争和科学实验，是建设社会主义强大国家的三项伟大革命运动”[①]，而且早在《实践论》中，毛泽东就肯定了生产活动是最基本的实践活动，是决定其他一切活动的东西。由此毛泽东也就合乎逻辑地认定生产斗争、阶级斗争和科学实验这三项实践是认识的基本源泉，其中生产实践则是认识的最基本的源泉，从而也就正确地区分了实践的不同内容在认识源泉中所处的不同地位。

---

①见《人民日报》1964年7月14日。

其二、揭示了实践之所以成为认识源泉的内在依据。

为什么实践能够成为认识的源泉？其内在的根据是什么？毛泽东认为，实践成为认识源泉的内在根据在于实践自身的内在矛盾及其运动。毛泽东曾经给实践作了这样的规定："做或行动是主观见之于客观的东西"[①]，这就肯定了主观和客观的关系是实践的内在矛盾。主观和客观作为实践的内在矛盾也就是主体和客体的矛盾。毛泽东认为，正是由于主体和客体的交互作用，才导致认识的产生和发展。他说："社会的人们投身于变革某一发展阶段内的某一客观过程的实践中（……），由于客观过程的反映和主观能动性的作用，使得人们的认识由感性的推移到了理性的，造成了大体上相应于该客观过程的法则性的思想、理论、计划或方案"。"客观过程的反映和主观能动性的作用"，这就是主体和客体的交互作用，这就是实践之所以成为认识源泉的原因、根据或内在机制，因为只有作为主体与客体交互作用的实践"才能触到那种或那些事物的现象，也只有在亲自参加变革现实的实践的斗争中，才能暴露那种或那些事物的本质而理解它们。这是任何人实际上走着的认识过程，不过有些人故意歪曲地说些反对的话罢了。"可见，不参加实践，不造成主体和客体的交互作用，单独客体或单独主体，就既不能"触到""事物的现象"，更不能"暴露"事物的本质，当然谈不上认识的发生了。

主体与客体的交互作用具有双重性质，一是物质性的交互作用，一是精神性的交互作用。前者是实践活动，后者是认识活动。作为"物质性的交互作用"的实践是作为"精神性的交互作用"的认识的基础、源泉。在主体与客体的交互作用（无论是物质性的还是精神性的）中，作为实践对象和认识对象的客体是基础方面，而作为具有能动性、指向性的主体是主导方面。因此，凡是主体与客体的物质性的交互作用，就是马克思主义所说的实践活动（不论它是主体对客体的"接触"活动还是"改造"活动），而在这种实践观中，就已经包含了对客体的基础地位和主体的主导作用的肯定。有一种观点既主张"主体和客体的相互作用是

---

① 《毛泽东选集》第2卷，第477页，北京：人民出版社1991年版。

认识的源泉”，却又认为实践只是认识源泉的基本方面，不是认识源泉的全部。这恐怕是出于对马克思主义实践观的误解。应该说，肯定“主体和客体的相互作用是认识的源泉”，就必须承认实践是认识的源泉。但要加以净化，即只有主体和客体的物质性的相互作用，才是认识的源泉。

其三、辩证地解决了直接经验与间接经验的关系。

毛泽东肯定实践是认识的唯一源泉，但并不否认间接经验也是人们知识（认识）的一个来源。

毛泽东认为，就人类个体而言，存在着两部分的知识：“一个人的知识，不外直接经验的和间接经验的两部分。”所谓直接经验的知识，就是亲身参加实践所获得的知识。毛泽东也叫它为“亲知”。所谓间接经验的知识，就是从前人或外人那里得来的知识。毛泽东指出，虽然“真正亲知的是天下实践着的人”，“你要有知识，你就得参加变革现实的实践”，“一切真知都是从直接经验发源的”，“但人不能事事直接经验”。“事实上多数的知识都是间接经验的东西。”然而，间接经验不是知识的源泉，知识的源泉仍然是实践。因为“在我为间接经验者，在人则仍为直接经验。因此，就知识的总体说来，无论何种知识都是不能离开直接经验的”，“离开实践的认识是不可能的。”这就是说，直接经验和间接经验对于人的认识来说，是源和流的关系。间接经验只是流，而直接经验才是源。所以，归根到底，实践是认识的唯一源泉。

有的同志认为，把实践说成是认识的“唯一”源泉，似乎有“绝对化”之嫌。其实，实践作为认识源泉的“唯一性”，是有它的特定的含义的。第一，它是在主体、客体、主体与客体的交互作用（物质性）这三者选择上的“唯一性”。说实践是认识的唯一源泉，就是说，单独的主体或单独的客体都不是认识的源泉，只有主体与客体的物质性的交互作用，即只有实践才是认识的源泉。第二，它是就实践作为一切知识的“最终”来源意义上的“唯一性”。人们的知识既来自直接经验，也来自间接经验，但最终都来自实践。实践是一切知识的最终来源，最终来源只有一个，所以实践是认识的唯一源泉。第三，它是语义上的“唯一性”。一种现象的“来源”可以有多个，但“源泉”却只能有一个。“源泉”这概念本已包含着“唯一性”的内涵。所以承认实践是认识的源泉，事实上就已承认实践是认识的唯一源泉。“唯一”在这里只起强调作用。

其四、以“实践是认识的源泉”为必要的中介环节，构造了马克思主义认识论的理论体系。

毛泽东以前的经典作家马克思、恩格斯、列宁等已经为建立马克思主义认识论的理论体系提供了一些基本的原理、观点、原则，但是还没有一个人以理论体系的形式对马克思主义认识论作过系统的阐述。毛泽东在《实践论》和其它著作中，第一次系统地阐述了马克思主义认识论的基本内容，创立了一个比较完整的认识论理论体系。

实践既是认识过程的现实起点，也是认识论理论体系的逻辑起点。毛泽东在《实践论》中正是以“实践”为逻辑起点，首先确定了实践是认识的源泉，然后以“实践是认识的源泉”为逻辑中介，展开了他的整个认识论理论体系。这个理论体系可以区分为三个紧密相联的、逐层递进的层次：（1）一个具体认识的辩证发展过程：“实践——认识——实践”；（2）一个具体认识过程的反复性，即“实践——认识——实践”这一过程的反复性；（3）具体认识过程无限推移的无穷性，即“实践——认识——实践”这一辩证过程的上升趋势的无限循环。后一层次的逻辑推演依赖于前一层次。在第一层次的逻辑进程中，“实践”、“认识”、“实践”是三个先后出现的关节性规定。前一个“实践”是这个具体认识过程的逻辑起点，从“实践”过渡到“认识”，必须经过“实践是认识源泉”这一规定。因为只有确定实践是认识的源泉，才能在逻辑上从作为起点的“实践”过渡到“认识”环节。然后“认识”环节才能展开自身——从感性认识到理性认识，再到新的“实践”——以完成它的第一层次的逻辑发展。可见，“实践是认识源泉”这一规定是从逻辑起点“实践”推进到“认识”环节的必经的逻辑中介，是构成毛泽东的认识论体系“第一层次”的有机环节。既然如此，那么“实践是认识源泉”这一规定也就内在地包含于扬弃了“第一层次”的“第二层次”和

“第三层次”之中。毛泽东最后用简洁的笔墨勾画出了他的认识论体系的整个骨架，对他的认识论体系作了一个精辟的概括：“通过实践而发现真理，又通过实践而证实真理和发展真理。从感性认识而能动地发展到理性认识，又从理性认识而能动地指导革命实践，改造主观世界和客观世界。实践、认识、再实践、再认识，这种形式，循环往复以至无穷，而实践和认识之每一循环的内容，都比较地进到了高一级的程度。这就是辩证唯物论的全部认识论，这就是辩证唯物论的知行统一观”。

这就是毛泽东展现在我们面前的含有丰富内容的认识论体系。这个理论体系本身却是一个由抽象到具体的严格的逻辑推演的结果。这一整个逻辑演进过程都是以实践为逻辑起点，以“实践是认识源泉”为必经的逻辑中介而发掘、生发出来的。可见，“实践是认识源泉”是构成整个毛泽东认识论体系的不可缺少的逻辑环节。否定实践是认识的源泉，那就无异于否定整个毛泽东认识论体系，也就是否定整个马克思主义认识论体系。

此外，毛泽东还多次从认识论、群众路线、调查研究这三者一致的意义上阐述了马克思主义的认识源泉观。一九六二年毛泽东指出：“制定一整套的具体方针、政策和办法，必须通过从群众中来的方法，通过作系统的周密的调查研究的方法，对工作中的成功经验和失败经验，作历史的考察，才能找出客观事物所固有的而不是人们主观臆造的规律，才能制定适合情况的各种条例。”[①]一九六四年，毛泽东说：“我们的干部中，自以为是的很不少。其原因之一，是不懂得马克思的认识论。因此，不厌其烦地宣传这种认识论，是非常必要的。简单地说，就是从群众中来，到群众中去。下决心长期下去蹲点，就能听到群众的呼声，就能从实践中逐步地认识客观真理，变为主观真理，然后再回到实践中去，看是不是行得通。如果行不通，则必须重新向群众的实践请教。”[②]可见，在毛泽东那里，马克思主义的认识论、群众路线、调查研究溶为一体；“实践”、“群众”、“调查研究”作为认识的源泉，亦溶为一体。

① 《毛泽东著作选读》（下册），第832页，北京：人民出版社1986年版。

② 转引自《人民日报》1979年12月25日。

这是毛泽东基于自身的实践活动，对于马克思主义的实践观深刻理解的产物。马克思指出："社会生活在本质上是实践的。"[①]在马克思主义看来，实践是社会的实践，实践的主体不是"抽象的（孤立的）人类个体"，而是广大的从事着"改变世界"的人民群众。虽然有的具体实践活动的主体也以个人的形式出现（如近代实验科学家的个人实践活动），但任何个人都是社会的人，任何个人的实践活动都只是整个社会的实践活动的一部分，不能脱离社会实践而孤立。因此，在实质上，实践的主体是群众，实践是群众的实践，是"千百万人民的革命实践"[②]所以，马克思主义肯定实践是认识的源泉，就是肯定群众的实践是认识的源泉。群众既是实践的主体，同时也是认识的主体。群众改造客观世界，同时也认识客观世界，形成改造客观世界的丰富经验。这样，总结群众直接从实践中获得的经验，"从群众中来"，也就成为主体亲身实践，从实践中获得亲知的另一种形式。而要总结群众改造和认识客观世界的丰富经验，就必须"迈开你的双脚，到你的工作范围的各部分各地方去走走，学个孔夫子的'每事问'"[③]。也就是到群众中去，进行调查研究。只有通过亲身的调查研究，才能亲身同实践着的群众接触，才能深入于实践之中，因而才能获得真知。可见，"实践"、"群众"、和"调查研究"，有着天然的内在一致性，认识"从实践中来"、"从群众中来"以及"从调查研究中来"是一脉相承的，其基础都在于实践，在于实践是认识的发源地。然而这三者又有所区别。认识"从实践中来"是认识"从群众中来"和"从调查研究中来"的理论基础，而认识"从群众中来"和"从调查研究中来"则是实践的认识源泉观在实际工作中的具体运用，是认识"从实践中来"在群众路线和认识方法上的具体化、通俗化。这就揭示了马克思主义的认识论同党的群众路线和工作方法的联系。毛泽东之所以能够把这些潜在于马克思主义的"实践的认识源泉观"中的深刻内涵加以发掘，而制定出他的独创性的认识源泉观，其根

---

① 《马克思恩格斯选集》第1卷，第60页，北京：人民出版社1995年版。

② 《毛泽东选集》第2卷，第656页，北京：人民出版社1991年版。

③ 《毛泽东著作选读》上册，第49页，北京：人民出版社1986年版。

本原因在于他是从自身的实践中，即从中国的长期复杂艰苦的革命实践中来理解、运用马克思主义的。毛泽东的一生同中国共产党和中国人民长期的革命斗争息息相关。他对于脱离中国革命具体实践的“左”右倾机会主义，以及只会背诵马列主义词句和照搬外国经验的教条主义给中国革命造成的严重危害，有切肤之感。经历了胜利和失败的反复比较的毛泽东同志，深切地认识到只有立足于中国革命的具体实践，把马克思主义普遍原理同中国革命的具体实践相结合，才能制定出合乎中国革命规律的路线、方针和政策；深切地感到要正确地认识中国革命的具体情况，就必须深入群众的实践之中，去做周密的系统的调查研究。一九四一年毛泽东同志还说：“我现在还痛感有周密研究中国事情和国际事情的必要”[①]。正是从这种实践感受和实践需要中，才产生出了毛泽东同志的独创的认识源泉观。可见，毛泽东思想是“马克思列宁主义普遍真理和中国革命具体实践相结合的产物”，毛泽东的独具特色的认识源泉观也是这一“结合”的产物。

（本文发表于《晋阳学刊》1984年第5期）

① 《毛泽东选集》第3卷，第791页，北京：人民出版社1991年版。

论主体因素对于认识的能动作用

深入揭示认识主体在认识中的能动作用，这对于我国哲学界来说，还是一个新问题。可喜的是，近几年来许多同志在这方面做了大量卓有成效的研究，发表了许多令人耳目一新的见解，开创了我国认识论研究的新局面。但也应看到，前段的研究偏重于揭示主体内在的精神因素的能动作用，而忽视了主体外在的物质因素的作用。即使是对于精神因素能动作用的揭示也往往是抬高某一方面的作用而否定其它方面的作用，把主体在认识中的能动作用归结为选择、建构或创造等。有的甚至夸大认识主体的能动性而偏离了反映论。本文试图在他人研究的基础上，较全面地揭示主体因素对于认识的能动作用，并表达笔者的拙见，不当之处，欢迎指正。

我认为，对认识发生能动作用的主体因素应包括主体内在的精神因素和主体外在的物质因素。前者即主体的“认识结构”，后者即主体的“操作结构”。主体的内在认识结构和外在操作结构在认识活动中的作用，说明认识主体对于认识具有重要的作用，这种作用是认识得以形成和发展的必要条件。但对于认识主体能动作用的充分肯定，不应导致对于反映论的否定，因为主体因素的能动作用正是以“反映”为其基础、为其本质的。

一、主体的操作结构及其对认识的作用

所谓主体的操作结构，就是在认识过程中，认识主体同认识工具、认识客体的组合方式。也就是认识主体从何种认识角度，运用何种认识

工具，以何种方式作用于何种认识客体所形成的特定的主体——工具——客体之间的运作关系。主体的操作结构是一种物质性的结构，它实际上是构成认识活动基础的实践活动本身的内在结构。主体的认识活动必须凭借主体的操作结构，离开了主体的操作结构，也就没有主体的认识活动。

主体的操作结构是一种动态系统，不同的认识过程存在着不同的操作结构。操作结构的变化取决于操作结构中构成要素的变化，而操作要素的变化又取决于认识主体的不同选择。认识的主体、工具和客体，是构成操作结构的三要素。认识主体出于不同的认识目的，对于操作要素的每一不同选择，都会改变操作的整体结构，从而都会导致不同的认识结果。

主体对于认识角度的选择 这一点实际上就是主体对于自我在操作结构中所处状态的选择。主体在认识活动中，总是以一定的空间角度或存在状态（静止的或运动的）同客体建立一定的认识关系，主体又总是从他所处的空间角度或存在状态去观察客体的。物理学告诉我们，主体为了表达客体的位置和描述客体的运动情况，必须选择一定的参照系。主体对于参照系的选择，说到底也就是主体对于认识角度的选择。因为主体把某物选定为参照系，就意味着主体是从作为参照系的某物所处的角度或存在状态去观察客体的。主体认识同一客体的角度或参照系不同，主体便同客体的不同侧面或不同状态构成认识关系，主体所反映的便是客体的不同侧面或不同状态，因而主体所获得的关于同一客体的认识就不同。据说“和氏璧”，“侧而视之色碧，正而视之色白”。观察角度不同，所看到的颜色就不同。这在认识论上，就是主体对于客体的认识，因认识的角度不同而不同。在宏观领域里，对于物体运动情况的观察，由于选择的参照系不同，作出的判断就不同。地面上的一座大楼，如果以地面为参照系，它处于静止状态；而以太阳为参照系，它则处于运动之中。

主体对于认识工具的选择 认识工具是主体与客体联系的中介环节，是主体对客体作用的传导体。在操作结构中直接作用于客体的是认识工具。因此，认识工具的运用和选择给予认识以重要的影响。认识工具的重要作用可分述为二：第一，认识工具的运用，使客体的深层属性得以暴露，从而使认识得以深入。主体仅凭自身感官直观客体，只能获得客体自然流露的信息，只能认识客体的表层性质。为了暴露客体的深层属性，认识客体的本质和规律，就必须凭借一定的认识工具。为什么工具的运用就能暴露客体的深层本质？其奥妙就在于，事物的属性只有在物与物的相互作用中才能表现出来，而工具的运用就是有意识地创设这种“相互作用”。主体依据认识的目的，选择一定的工具，作用于认识的客体，使工具同客体之间发生机械的、物理的、化学的、生物的或社会的相互作用。在这种相互作用中，客体就暴露出它的机械的、物理的、化学的、生物的或社会的属性，才使得主体能够获取客体深层属性的信息。第二，认识工具的改变，必然引起操作结构的重建，导致认识产生不同的结果。这是因为现实认识活动中的操作结构都是具体的，都是由一定的主体运用一定的工具，作用于客体的一定层面而结成的一定的操作关系。认识的客体是一个由不同的层次、不同的方面有机构成的统一体。一定的认识工具并不是同客体的一切层次、一切方面都发生相互作用，它只同客体的特定层面发生作用，因而只同客体的特定层面相联结。所以，一旦认识工具变换，就意味着认识工具所作用的客体的层面也发生了改变，整个操作结构就随之改变。不同的操作结构必然产生不同的操作效应，因而必然导致不同的认识结果。主体对于认识工具的变换可区分为横向更换（同一功能水平上的更换）和纵向更新（不同功能水平上的更新）两种情况。无论哪一种都会引起操作结构的重建，都会导致不同的认识。前者导致不同侧面的认识，后者导致更深层次的认识。如果我们用光电效应仪去观察微观客体，主体、仪器和微观客体就形成一种客观的操作关系，这时微观客体就呈现颗粒状的特征；反之，如果用衍射效应仪去观察，它们就形成另一种客观的操作关系，这时微观客体就呈现波动性的特征。这是认识工具因横向更换而导致不同侧面的认识。我们要认识物体的内部结构，如果我们用场离子显微镜进行观察，我们可以看到直径只有0.3埃大小的原子。但我们无法进一步了解原子内部的结构。要深入了解原子内部的结构，就必须换之以高能加速器及其相关的一系列测量仪器。这是认识工具因纵向更新而导致更深层次的认识。

主体对于认识客体的选择　主体对于认识客体的选择也是主体能动性的表现，我们在下文论述认识结构时也将涉及这个问题。我们在这里所要说明的是，认识客体的不同选择，对于操作结构和主体能动性发挥程度的影响作用以及对于认识内容的决定作用。

在操作结构中，认识客体的选择是根本性的选择。这是因为，认识客体的选择，规定着认识工具的选择，影响着主体和工具同客体相互作用的密切程度，决定着认识的不同内容。在认识活动中，认识工具的选择不是任意的，根本上它取决于客体的性质和特点。测量气温，要用温度计；测定风向，要用风向仪；对于低速简单物体的计量，我们只要扳着手指头计算就行了；而面对超高速领域的计算，就非用计算机不可。至于认识客体的选择对于认识内容的决定作用，这是显而易见的。因为认识是主体对客体的反映，认识的客体是认识内容的客观来源，认识的客体不同，认识的内容当然就会不同。

在这里需要着重指出的是，由于主体所选择的不同类型的认识客体具有不同的特性，这就决定了认识主体、工具与客体之间的相互联系、相互作用的密切程度有很大的不同，因而主体能动性发挥的程度就有很大的不同。自然科学的发展表明，人类的认识越是从宏观进入微观，操作结构诸要素之间的联系就越是密不可分，主体能动性的作用就越是显著。在主体对宏观低速客体的认识活动中，主体可以直观客体，主体对于宏观客体的感性认识可以来自主体对客体的直接观测。在主体、测量仪器与宏观客体的相互作用中，客体可以独立存在，可以同测量仪器、主体分割开来。虽然主体也必须通过测量仪器与客体的相互作用去认识客体，虽然这种作用也会引起宏观客体某种状态的变化，但主体所面对的认识客体却是客体本身的状态。因此，在宏观低速领域，认识的直接客体就是作为认识对象的客观事物本身，直接客体的属性和状态不依赖于测量仪器和认识的主体。但在微观高速领域，微观客体不是作为宏观的主体人所能直接感知的，要认识微观客体就必须借助测量仪器的中介作用，把微观客体的运动转化为宏观效应。然而在这个转化过程中，微观客体和测量仪器之间就发生了不可控制的相互作用，微观客体的状态受到了测量仪器的不可避免的干扰。正如科学家玻尔所指出的："以追踪基本粒子的运动为目的的任何测量，都会对现象的进程引起一种不可避免的干涉"[①]。微观客体受到干扰后呈现的效应状态才是微观认识的直接客体。但这种直接的认识客体已经不是微观客体的本来状态。所以，进入微观认识过程的直接的认识客体不是未受干扰的微观客体的本来状态，而是微观客体与测量仪器和主体相互作用的产物。这就是海森伯所指出的："我们所观测的不是自然的本身，而是由我们用来探索问题的方法所揭示的自然"[②]。如果说未受干扰的微观客体本身不依赖于测量仪器和主体而独立，那么微观认识的直接客体却包含着微观客体与测量仪器和主体的不可分割的联系，而且不可分割地包含着主体的活动和作用。在这里，主体与客体的区别不像宏观认识那么明确。微观认识的这一特殊性并不否定微观客体的客观性，而是表明，主体的能动作用在微观认识中表现得更加明显，更加突出。同时也表明，人类认识愈益深入，就愈益证明辩证唯物主义认识论关于"实践是认识的源泉"原理的正确性。

以上为了具体说明操作结构三要素对于认识作用的特点，我们把三要素分别从操作结构中抽取出来加以研究。但在现实的认识活动中，这三个要素是相互联系，相互影响，构成操作结构系统的整体，其中任何一个要素脱离了系统整体都不能孤立地发生作用。三个要素有机联系，相互作用，形成操作结构的整体功能，即总体作用。基于以上分析，关于操作结构对于认识的总体作用，可以概括为：总体的操作结构从客体的不同层面，以直接的或间接的状态（如微观客体的效应状态）为主体提供现实的认识对象，从而为主体进一步的思维加工提供必要的客体信息。可见，操作结构对认识的能动作用是基础性的。实际上，主体的操

① 湘潭大学自然辩证法研究室编：《科学家哲学文选》上册，第121页，1982年版（内刊）。
② 海森伯：《物理学与哲学》，第24页，北京：商务印书馆1981年版。

作结构及其运作，就是对于认识起着基础作用的实践活动的内在机制，离开了主体的操作结构，就没有主体的认识。

二、主体的认识结构及其对认识的作用

什么是主体的认识结构？就肯定“认识结构”存在的各哲学派别可以接受的观点看来，所谓主体的认识结构，是指先在于人脑之中的影响主体认识活动的精神性的认识格局。

然而对于这个问题，哲学史上有两种极端的观点。一种是以洛克的“白纸说”为代表的旧唯物主义的看法。洛克认为，心灵“是一张白纸，上面没有任何记号，没有任何观念。”[①]洛克以“白纸说”反对唯心主义的“天赋观念论”，坚持了唯物主义的反映论，但他绝对地否认了人脑在认识中有某种先在的认识结构。另一种是唯心主义的看法。从笛卡尔的“天赋观念”、莱布尼茨的“有纹路的大理石”到康德的“先验的认识形式”，都不同程度地肯定人脑中存在着某种“认识结构”，但他们都认定这种“认识结构”是“天赋”的，而且都夸大了“认识结构”的认识作用，把它说成是理性认识的唯一源泉。

那么在辩证唯物主义认识论看来，在人脑中是否存在着某种先在的“认识结构”？辩证唯物主义的经典作家虽然没有明确地提出“认识结构”这一概念，但在他们的论述中却包含有肯定“认识结构”的思想。例如，恩格斯肯定个人头脑中存在着“获得性遗传”的经验，这种“经验”来自“历代祖先的经验”“积累起来的遗传”，所以“数学公理对于每个八岁的小孩都似乎是不证自明的”[②]。列宁也指出：范畴是“认识世界的过程中的一些小阶段，是帮助我们认识和掌握自然现象之网的网上纽结”[③]。上述恩格斯、列宁所肯定的人脑中“获得性遗传”的经

① 北京大学哲学系外国哲学史教研室编译：《十六–十八世纪西欧各国哲学》，第240页，北京：三联书店1958年版。

② 《马克思恩格斯选集》第3卷，第564–565页，北京：人民出版社1972年版。

③ 列宁：《哲学笔记》，第90页，北京：人民出版社1974年版。

验、认识自然现象的“网上纽结”等等，无疑都是对于“认识结构”客观存在的肯定。此外，众所周知，辩证唯物主义认识论明确肯定，人的认识是受“立场、观点、方法”制约和规范的。可见，肯定主体的认识结构及其对认识的能动作用，构成辩证唯物主义认识论的固有的重要内容。后人所应当做的，是随着时代的发展不断地加以丰富和发展。

现代心理学、科学认识论不但已用大量实验事实、科学研究的实证材料为认识结构的存在提供证明，而且正在从不同的角度揭示认识结构的内在构成及其认识功能。那么在辩证唯物主义认识论看来，究竟什么是主体的认识结构？认识结构对于认识的作用怎样？

所谓主体的认识结构，就是以人脑神经结构为载体的、源于社会实践的、影响着主体认识活动的、由诸主观因素有机构成的认识格局。这种“认识格局”不是看得见摸得着的物质性的实体，而是一种我们依据认识的事实推知其存在的精神性结构；不是先天的与生俱来的，而是实践活动的结构和人类已有知识在主体脑中的积淀。在认识结构中，既有理性因素，又有非理性因素；既有经常更新的零碎经验、具体知识，又有相对稳定的概念逻辑系统。总之，主体的认识结构是一个系统，是一个以主体的概念逻辑网络为其基本架构的、由主体所拥有的各种主观因素有机构成的观念集合体。

虽然认识结构的内容十分丰富，但依性质和功能的不同，可以对其进行分类。我们认为，认识结构的构成有三大要素，即**知识要素**、**意志要素**和**情感要素**。知识要素是指作为认识成果的一系列认知因素，包括经验知识、科学知识、哲学知识、逻辑思维的形式和方法等。意志和情感都是认识结构中的心理因素。意志是人自觉地确定目的并支配其行动以实现预定目的的心理状态。情感要素包括情绪因素。情绪和情感是主体对于客观事物的态度的心理反映，是主体感受客观事物的意义而产生的心理体验。由知识、意志、情感三要素有机构成的，以知识要素为基本内容的认识结构对于主体认识的形成和发展起着重要的作用。

知识要素本身也有其结构，我们称之为“认知结构”。“认知结构”是认识结构里的子结构，相当于皮亚杰的“认知图式”。关于“认知图式”对认识的能动作用，发生认识论的创始人皮亚杰做了大量的研究，提出了许多合理性的见解，对于我们分析认知结构的认识作用有重要的借鉴意义。

皮亚杰认为，认知图式的主要机能是同化和顺应。“刺激输入的过滤或改变叫作同化；内部图式的改变，以适应现实，叫作顺应。”①他认为，认识是主体与客体的相互作用，客体信息的输入总要经过主体认知图式的过滤、整合才能为主体所认识。主体把客体纳入主体的认知图式之中，用主体已有的图式，即已有的知识、理论结构去解释客体的性质，以达到对客体的认识，这就是“同化”。当已有的认知图式无法解释新的客体，主体就必须提出新的概念、新的理论，即必须修改原有的图式或重构新的图式以适应新的客体，这就是“顺应”。经过顺应，认知图式更新了，主体的认识就达到了一个新的水平。皮亚杰认为，客观事物只有经过认知图式的中介才能为我们所认识。②主体认识客体的过程就是主体的认知图式对客体同化和顺应的过程，主体的认知图式对于客体的同化作用和顺应作用构成认识活动的不可分割的内在机制。

依据认知结构的实际功能，我们可以把认知结构对于认识的作用归纳为四种。第一种作用是选择。认知结构的同化机制的第一个功能是过滤。客体的刺激是多层面的，由于主体有其特定的认识目的和认知结构，所以认识结构不是同化所有的刺激，而是有所同化，有所排斥。这就是认知结构的选择作用。马克思曾经指出：“贩卖矿物的商人只看到矿物的商业价值，而看不到矿物的美和特性；他没有矿物学的感觉。”③

认知结构的第二种作用是理解。主体对客体的观察、认识，总是以主体的认知结构为中介的，即总是以一定的世界观、知识、理论为前提、规范的。认知结构同化客体信息，就是用已有的知识结构去说明、解释客体的性质，也就是借助主体的认知结构去理解客体；而且只有凭

① 皮亚杰等：《儿童心理学》，第7页，北京：商务印书馆1980年版。

② 参阅皮亚杰：《发生认识论原理》，第90页，北京：商务印书馆1981年版。

③ 马克思：《1844年经济学-哲学手稿》（刘丕坤译），第80页，北京：人民出版社1979年版。

借主体已有的知识、理论，才能理解客体，从而才能认识客体。玻恩曾经指出："你通过高功率显微镜所看到的东西，你借助于望远镜、分光镜，或者各种各样电子放大仪器所观察到的东西，如果没有理论就不能理解；它必须加以解释。"[①]理解作用是主体调动认知结构的各种因素，或者对观察事实作简单的认知，将观察事实纳入已有的知识、概念；或者以观察的事实为依据，形成新的概念，使感性认识上升为理性认识。正因为理解是认知结构的一种重要作用，所以不同主体的认知结构不同，即理论水平、思维方法等不同，对同一客体的理解就不同，因而认识的结果就不同。

认知结构的第三种作用是创新。创新是通过顺应，更新认知结构实现的。主体的认知结构具有自我调节的能力。当原有的认知结构不能容纳由实践提供的客体新信息，原有的认知结构对于新问题的理解已无能为力，这时主体就会以客体的新信息为依据，以原有的认知结构为基础，修改原有的认知结构或重建新的认识结构。如果实践证明，新的认知结构能够合理地解释新的事实，那么认识就获得了突破，理论就得到了创新。如果认知结构需要更新却不加以变更，认识上的创新就不可能。恩格斯曾指出：普利斯特和舍勒在实验中已经析出了氧气，但是却不知道析出的是什么，"他们为'既有的'燃素说'范畴所束缚'。这种本来可以推翻全部燃素说观点并使化学发生革命的元素，在他们手里没有能结出果实。"[②]相反，如果面对新的认识难题，而能开拓新的思路，提出新的概念，构造新的假说，那么在科学认识中就可能导致哥白尼式的革命。达尔文的进化论、马克思的唯物史观、罗巴切夫斯基及黎曼等人的非欧几何学、爱因斯坦的相对论、薛定谔等人的量子力学等划时代的理论的创立，都是这方面的很好例证。

认知结构的第四种作用是预见。预见就是超前认识。超前认识包括两种情况：一是在思维中对于"理想客体"的创造。这种"理想客体"是合乎主体需要的观念性的非现存的。"理想客体"付诸实践就变成了

① 玻恩：《我的一生和我的观点》，第97页，北京：商务印书馆1979年版。

② 《马克思恩格斯选集》第2卷，第279页，北京：人民出版社1972年版。

主体所需要的价值物。二是对客观事物发展的前景作出预测。能动的反映论区别于直观的反映论，不但表现为主体能够透过事物的现象反映事物的本质，而且表现在主体能够依据事物的现状预知事物的未来。所以“超前认识”是主体能动性的重要表现。超前认识的形成是客体性质与主体认知结构相互作用的结果，主体认知结构的参与是一个必要的因素。一方面，“理想客体”的构成，必须依据客体的性质和主体的需要；事物发展前景的预见，则要依据对事物本质及其发展规律的深刻认识；另一方面，这两种“超前认识”的形成，都要依赖于认知结构中相关因素的参与，而且认知结构的不同，必然要影响超前认识结果的不同。不同的人设计同一种产品、同一项工程，其结果是会很不相同的。这显然同他们不同的专业技术水平、审美观念等密切相关。对于事物发展前景的科学预见，尤其对于世界历史发展趋势的科学预见，并不是每个人都能做到的。因为科学的预见，不仅要有丰富的实践经验，而且要有较高的知识素养、理论水平和洞察能力。只有伟大的头脑，才能作出伟大的预见。

意志要素在认识活动中的作用，表现为主体自觉地确定认识的目的，并依据确定的目的，支配自己的行动，克服障碍以实现认识的目的。所以意志对认识的作用主要是调节作用。意志的调节作用包括主体外部实践操作程序的调节和内部思维操作程序的调节。在外部，主体要根据认识的目的选择认识的客体，要根据认识的目的和客体的特点选择认识的工具和观测的参照系，根据操作的程序把认识的主体、工具和客体组合成恰当的操作结构，这要依赖意志的调节。在内部，主体要根据客体的特点调动认识结构中的各种因素参与对客体的认识，包括已有知识、概念的运用，情感的控制等，也要依赖意志的调节。显然离开了意志的调节作用，就没有正常的有秩序的认识活动，就无法实现主体的认识目的。主体在认识过程中必定要遇到各种阻碍认识目的实现的困难和障碍。克服困难清除障碍，需要主体自然力和情感的发挥，而这两方面都受制于意志的调节和控制。意志的坚强或脆弱，自制力的持久或短暂，直接决定着拼搏精神的发挥程度和情绪的高低冷热的控制状况，因而关系到认识结果的成败。马克思指出："在科学道路上没有平坦的大道，只有不畏劳苦沿着陡峭山路攀登的人，才有希望达到光辉的顶点。"①马克思在这里充分肯定了意志在认识中的重要作用。

情感要素对认识的作用主要是为认识活动的进行提供动力。情感的动力作用表现为激活和唤起主体中的认知要素和意志要素，使其处于工作状态，发动和维持认知要素和意志要素完成其加工信息、形成感性认识和理性认识的功能。情感结构包括基于主体需要而产生的欲望以及由欲望的能否满足而产生的相应情绪和情感。情绪和情感由于具有肯定的、积极的和否定的、消极的两极性，作为动力便有正向动力与负向动力的区别。积极的情感可提高主体的活动能力，如愉快的情绪驱使主体积极地行动；消极的情绪则会降低主体的活动能力，如悲伤、消沉会削弱主体活动的积极性。当消极情感出现的时候，只有把它转化为积极情感，才能将负向动力转化为正向动力。可见，主体的情感要素是推动主体的认识活动以保证认识目的实现的不可缺少的重要因素，没有情感的动力作用，就没有主体的认识。正如列宁所指出的："没有'人的感情'，就从来没有也不可能有人对于真理的追求。"②

总之，由知识、意志、情感诸要素有机构成的认识结构对于认识的形成和发展起着选择、理解、创新、预见、调节和动力的作用。这进一步表明，主体的能动作用是造成认识发生和发展的必要条件。

三、主体因素的能动作用与认识的客观性

正如上述，主体因素对于认识有着重要的能动作用。那么肯定这一点是否就要否定主体认识的客观性及其反映本质？

在哲学史上，夸大主观因素对于认识的作用，把认识局限在主体的感觉、精神之内，否定认识是客观事物本身性质的反映，这种唯心主义认识论思潮绵延不绝。随着现代科学研究进入宇观、微观高速领域，认

① 马克思：《资本论》第1卷，第24页，北京：人民出版社2004年版。

② 《列宁全集》第20卷，第255页，北京：人民出版社1989年版。

识的主体性更加突出，主体因素对于认识的能动作用更加显著，这就为这种思潮提供了新的借口。某些科学哲学家认为，既然在微观领域，认识的客体已经不是微观客体本身，而是微观客体与测量仪器相互作用的效应状态，那么人们所认识的就不是微观客体的本来面目。近几年，国内也有人认为，随着认识中主体因素的增强，“按照客观事物的本来面目去反映事物”的“古老理想”已经破灭了；肯定主体因素对认识的作用与“反映事物的本来面目”是完全不相容的。以上观点是错误的，是同人类认识的事实相违背的。

第一，人类认识的实践早已证明客观世界是可知的。随着主体能动性的增强，人类不是愈益离开而是日益接近对于客观世界本来面目的认识。辩证唯物主义从世界万物的本质和规律的客观实在性出发，肯定世界的可知性和人的能知性。人类的一切科学，之所以生生不息，就是以世界的可知性为根据的。为了人类的生存和发展而揭示客观世界的本来面目，这是人类世代不懈追求的坚定目标。如果说客观事物是不可认识的，那么一切科学的存在就失去了根据，人类的一切科学活动就失去了意义。就是说，科学的存在和不断发展的这一事实本身就证明了客观事物的本来面目是可以认识的。恩格斯在批判不可知论时曾机智地指出：“在有论证之前，已经有了行动……在人类的才智发明这个困难以前很久，人类的行动已经解决了这个困难。”[①]随着人类认识向客观事物内部的深入，主体能动性对于客体的干扰的确愈益增强，然而实践不容置疑地告诉我们，科学家们借助高能加速器等认识工具打出了原子内部的种种微粒子，展示了微观客体的种种状态，以及以此为基础的关于原子结构和运动规律的认识，显然要比古代“原子论”对于物质结构的猜测更接近事物的本来面目。人类以对于宇观、微观客体的认识成果为指导，造出了遨游太空的航天飞机、成功地利用了原子内部巨大的能量、发明了神通广大的电子计算机、遗传工程技术的应用正在展现无比光明的前景等等，这一切事实难道不是有力地证明了主体的能动性愈益深入事物

① 《马克思恩格斯选集》第3卷，第386页，北京：人民出版社1972年版。

的内部，认识的客观性就愈高，对于事物的本来面目的认识就愈深刻、愈全面?

第二，主体的活动和作用对于客体的“干扰”，不但不是使认识偏离客体，反而是在更大程度上提供认识客体的可能。在微观领域，由于测量仪器的使用，会使被测量的微观客体受到不可避免的干扰。这种“干扰”使得主体所面对的认识对象不是微观客体本身，而是由于这种“干扰”所显示的状态。有的人由此产生了对于微观认识客观性的怀疑。但这种所谓“干扰”，实质上是主体自觉地通过实践的操作活动，运用必要的认识工具变革客体，使客体与认识工具发生相互作用的过程。所以这种“干扰”不仅发生在微观认识领域，而且不同程度地存在于包括宏观认识在内的一切人类认识领域。这种“干扰”的必要性是由人的肉体感官的局限性所决定的。主体仅凭肉体感官只能直观客体的表面现象，而且只能获得客体自然流露的有限的信息。主体只有运用一定的认识工具变革客体，干扰客体的自然状态，使客体在同主体及认识工具的相互作用中暴露其种种属性，才能深刻、全面地认识客体的内在本质。这种“干扰”的目的在于从更深层次上为主体提供反映的客体，在更大程度上为主体认识客体的本来面目提供可能性。没有这种主体活动的干扰作用，要认识客体的本来面目是不可能的。经典物理学中的各种类型的实验，都是以各种形式对于宏观客体进行“干扰”的，没有这种实验“干扰”，就没有对宏观客体的性质和运动规律的认识。作为宏观物体的人不能直接感知微观粒子，因此更要借助测量仪器对微观客体进行人为的干扰，使粒子的微观状态转化为宏观效应，才能为宏观主体所反映。微观认识的这种“干扰”，比宏观认识更大，主体因素的作用更突出，但结果是认识更深入了，更接近于客观事物的本来面目。至于微观认识的直接对象不是微观客体本身而是“干扰”后的效应状态这一点，也不影响认识的客观性。因为这种由微观客体与测量仪器相互作用所产生的效应状态，是客观存在的，不依主体的愿望为转移，而且这种客观存在的效应状态是微观客体的固有性质的一种曲折表现，主体运用科学理论对其进行客观的分析所获得的认识，就是对于微观客体本来性质的客观反映。不抱偏见的科学家并不因为微观认识过程包含有不可分离的主体因素而怀疑认识结果的客观性。著名科学家海森伯就说过："量子论并不包含有真正的主观特性，它并不引进物理学家的精神作为原子事件的一部分。"[①]可见，主体的活动和作用对于客体的干扰，不但不是认识客体的障碍，反而是认识客体本来面目的必要条件，是认识走向客体本来面目的必经桥梁。

第三，主体的认识结构对于客体的同化作用也不能成为否定认识客观性的理由。相反，认识只有通过认识结构的同化中介，才能日渐反映客体的本来面目。我们在上文已经指出，不借助任何观念、理论的"纯观察"是没有的。主体对客体的任何观察、认识都是以一定的世界观、知识、理论为指导、为规范的，都要运用一定的逻辑思维方法的，即都要经过主体认识结构的同化。那么这一点是否就如唯心主义所认为的那样，注定了主体的认识要偏离客体的本来面目而失去客观性？回答是否定的。因为一般说来，认识结构的基本部分是带有公理、定理性质的概念逻辑系统，即经过实践反复验证的历史地积淀于主体头脑中的正确的概念、观点、命题、原则、定律、理论、思维规则、思维方法等主观因素系统。依据客体的实际和类别，以认识结构中相应的原则、理论为指导，正确地运用思维规则和方法，所获得的认识就能正确地反映客体的本来性质。理解这个问题的关键在于，作为认识的指导或规范的原则、理论等具有相对的普适性，只要它所同化的客体属于它的适用范围，那么它本身已经是对于所同化的客体的一般性质的反映；而认识中运用的思维规则和方法，本来就是客观事物的结构经由实践活动的结构在主体思维中的内化，只要在认识中正确地运用思维规则和方法，就只能有助于揭示客体的本来面目。正如恩格斯指出的："如果我们有正确的前提，并且把思维规则正确地运用于这些前提，那么结果必定与现实相符"。[②]当然，认识结构的同化作用也可能使认识偏离客体的本来面目，导致错误的认识。造成错误认识的原因主要有两种：其一，不正确地应

① 海森伯：《物理学与哲学》，第22页，北京：商务印书馆1981年版。

② 《马克思恩格斯全集》第20卷，第661页，北京：人民出版社1971年版。

用已有的正确的知识、理论，把本来是正确的知识、理论不顾其相对性而应用于它的适用范围之外。如试图应用经典物理学理论去解释微观客体的运动规律。其二，主体的认识结构中包含有错误的观念，如阶级的偏见、非科学的世界观、各种谬见。用这类错误的观念去同化客体，就会导致对客体本来面目的歪曲，使得认识失去客观性。然而人类的认识不是一次完成的，这类认识对于客体本来面目的偏离或歪曲只是暂时的。在主体与客体的相互作用中，错误的认识终将被社会实践所鉴别，客体对于主体的优先地位和主体认识对于客体本来面目的坚定追求，终将迫使错误的认识纠正其错误，或者迫使主体的认识结构重新建构，以顺应变化了的客体性质。可见，导致认识偏离客体本来面目的原因，不能一般地归结为认识结构的同化作用，而在于认识结构的错误应用。实质上，认识结构对于认识的作用是积极的，因为认识结构的同化或顺应作用是主体认识客体的必要条件。客体只有纳入主体的认识结构才能被认识，客体的本质和规律只有纳入一定的概念逻辑系统才能被说明或被抽象。任何客体的被归纳或被演绎都是以一定的原则或理论为前提的，这几乎是逻辑学上的常识。客体的本来面目正是在客体的刺激与主体的认识结构的相互作用中逐步被揭示的。主体变革客体的实践活动为主体提供客体的信息，主体的认识结构同化客体的信息而认识了客体的性质。当新的客体信息不能纳入主体已有的认识结构，不能为已有的认识结构所同化的时候，客体的优先性就会迫使主体修改原有的认识结构或创建新的认识结构以顺应新的客体。新的认识结构一旦建立，就在新的认识水平上对客体进行新的同化。由此就使认识日益接近客体的本来面目。

综上所述，作为能动反映论的辩证唯物主义认识论充分肯定主体因素对于认识具有重要的影响作用。但是肯定主体因素的能动作用，却不能因此而否定客体是认识内容的客观来源，不能否定认识的客观性，从而不能否定认识的反映本质。

（本文发表于《社会科学战线》1990年第2期）

感性认识与理性认识的本质区别

我们肯定感性认识和理性认识是人类认识的两种基本形式，感性认识和理性认识构成基于实践的具体认识过程中前后相续的两个阶段。然而，关于这两种认识的本质区别，至今哲学界尚未确定一个统一的合乎实际的界限。下面两种观点是有代表性的：一种认为，“感性认识与理性认识的区别不在于用不用概念、判断、推理，而在于感性认识没有抓住事物的全体、本质和内部规律性，而理性认识则进入了对事物的全体、本质和内部规律性的认识。”[①]另一种认为，“感性认识和理性认识的原则区别，或者根本标志，就是概念、判断的运用。认识是否抓住了事物的全体、本质和和内部规律，不能作为区别感性认识和理性认识的标志，而是区别抽象概念和具体（理性的）概念的标志。”[②]这两种对立的观点为我们提出两个问题：一、感性认识是否也运用概念、判断等思维形式？二、理性认识是否都反映事物的全体、本质和内部规律？弄清这两个问题是我们正确地揭示感性认识和理性认识本质区别的前提。下面我们就循着这条线索展开对于这个“本质区别”的探讨。

一、感性认识是否也运用概念、判断、推理

“这朵玫瑰花是红的”——这个判断是感性认识还是理性认识？说它是感性认识吧，可它运用了概念，而且它本身就是个判断，就是说它采取了思维形式；说它是理性认识吧，可它反映的明明是感性的内容。

① 李步楼：《感性认识和理性认识的区别》，《光明日报》1981年4月9日。
② 张世珊：《也谈感性认识和理性认识的区别》，《光明日报》1981年7月30日。

这种犹豫不决的口气，其实是囿于这样一种似乎是理所当然的观念：感性认识是纯粹的感觉、知觉、表象，其中没有也不能有任何概念等思维形式。然而这是不对的。

应该说，人类的感性认识也有概念、判断和推理参与其中。我们就以上面这个判断来说，它是个单称判断；判断中的主词“这朵玫瑰花”是个别事物，谓词“红”无疑是个概念。但概念“红”反映的只是对象外部的一种颜色，这就是说，这个判断所反映的只是个别事物外部的个别感性特征。显然，它虽是个判断，却是一种感性认识[①]。以这个判断为前提，可以作出这样一种推理：“这朵玫瑰花是红的，红是一种颜色，所以这朵玫瑰花有颜色。”这里的中项“红”，正如上述，包含的只是感性内容，而结论反映的也只是个别事物的外表特征，所以这个推理也是感性认识。仅此即可证明，在感性认识里也运用概念、判断和推理，概念等思维形式也反映对象的感性内容。

如果无法否定上述的结论，那么就应当修正历来的关于概念的定义——“概念是反映事物本质属性的思维形式。”[②]按照这个定义，认定只在理性认识中才有用概念等思维形式，便是合乎逻辑的。然而它并不能概括“概念”的实际内涵和外延。虽然大量的概念反映的是事物内在的本质属性，但也有许多概念概括的却是事物外在的现象属性——外部性质（如红、黄、明、暗、圆、扁、粗、细、冷、热、香、臭等）和外部关系（如高、低、上、下、左、右、前、后等）。概念都是概括，都是对象共性的概括。但由于概括的属性深浅程度不同，概念可分为如下两类：概括现象属性的，可称之为“感性概念”；概括本质属性的，可称之为“理性概念”。这样，就不能说概念只为理性认识所专有。

实际上，在认识活动中，形成感性概念、并运用感性概念作感性的判断和推理，这是认识及其思维形式发展的必经阶段。在实践活动中，人们总要首先对认识对象的形形色色的现象进行分析、比较、归纳，借助语词从中概括并确定对象的种种外部现象属性，形成种种相应的概

① 见列宁：《哲学笔记》，第311页，北京：人民出版社1974年版。

② 见《普通逻辑》（高校文科教科书），第16页，上海：人民出版社1982年版。

念。这时的概念只反映对象的现象属性，所以只是感性概念。感性概念的特点是：形式是思维的、普遍的，内容是感性的、个别的。黑格尔曾经揭示过的感性“表象”的特点，正是我们在这里称之为“感性概念”的特点。黑格尔说：认识中的感性表象“形式虽属于思想，而内容则与思想不相干。譬如，当我说，忿怒、玫瑰、希望等词时，这些词所包含的内容，都是我的感觉所熟习的，但我用普遍的方式，用思想的形式，把这些内容说出来。这样一来，我就排斥了许多个别的情况，只用普遍的语言来表达那个内容，但是那个内容却仍然是感性的。”“所以在表象里……内容是感性的，而形式却属于思维”[①]。黑格尔在这里不但指出了感性概念（如“忿怒、玫瑰”等）在内容和形式上的特点，而且指出了感性概念是感性概括的结果。形成感性概念以后，用感性概念去断定认识对象，这就是感性的判断。如，人类在观察月蚀现象时，得出“月球失光”这一感性概念后，用这一感性概念去说明月蚀就得到“月蚀是月球失光”这一感性判断。以判断为前提，以感性概念为中项，进行推理，就得到感性推理。如“月蚀是月球失光，月球失光是自然现象，所以月蚀是自然现象。”感性的判断和推理显然都是认识的进一步发展，但它们同感性概念一样，反映的都只是对象的外部现象，因此都是感性认识。黑格尔对判断和推理作了分类，认为判断和推理在内容上是由低级向高级发展的——判断由质的判断、反思的判断、必然的判断向概念的判断发展；推理（推论）由质的推论、反思的推论向必然的推论发展。根据黑格尔对于“质的判断”和“质的推论”的特征的描述，可以断定，黑格尔所说的“质的判断”和“质的推论”就相当于我们所说的“感性判断”和“感性推理”。比如关于判断，黑格尔指出：“判断的进展”，“最初”还只是对主词作出“感性的普遍性”的规定，高级的判断则能抓住“概念式的普遍性”。又说，像“这墙是绿色的”，“这火炉是热的”这类判断，就是质的判断，这类判断的“内容只形成一种抽象的

① 黑格尔：《小逻辑》，第82–83页，北京：商务印书馆1980年版。

质，要决定它是否有这质，只须有直接的知觉即可足用。”[①]列宁也这样说过：“质和感觉是同一个东西。最先的和最初的东西就是感觉，而在感觉中不可避免地也会有质”[②]所以黑格尔所说的“质的判断”和“质的推论”就是感性认识中的判断和推理。恩格斯对于黑格尔的这种分类的“合理内核”作了充分肯定的评价，他说：黑格尔的“这种分类法的内在真理和内在必然性……是明明白白的。这类分类法不但根据思维规律而且还根据自然规律”[③]。所以我们有理由说，在感性认识中确实存在着感性的判断和推理。在感性的概念、判断、推理的基础上，认识主体对感性认识作进一步的分析、综合，认识就会发生飞跃，从对象的外在形象进入内在本质，这时才产生反映对象本质的理性概念和理性的判断、推理。如认识从“月蚀是月球失光”发展到“月蚀是地球运行在月球和太阳之间”，“月蚀”这一概念就实现了由感性概念到理性概念的飞跃。在前者，“月蚀”只反映对象的现象，在后者，“月蚀”则已把握了月蚀的原因、根据，即把握的月蚀的本质，“月球失光”正是由此本质派生的现象。同时，后者作为判断也已是理性判断。以此为前提，便可展开理性推理。这样，认识便实现了由感性认识向理性认识的飞跃。可见，在感性认识中也运用概念、判断和推理，这并不是主观想象，而是人类认识过程中的客观事实，是认识中思维形式发展的必经阶段。

一般认为，概念等思维形式只同理性内容相结合，然而在人的感性认识中，思维形式却同感性内容相结合。这似乎是一种奇特的反常现象，然而这正是人的感性认识区别于动物的感性直观的主要特征。动物的感性直观是建立在生理的第一信号系统之上，而人的感性认识总有第二信号系统——语言的参与。人类学研究成果表明，从“前人”质变为“真人”（真正意义的人），就是从“非纯粹”的意识和初级的语言质变为人的意识和语言。这就是说，从人成为人起，人的认识便同语言和思

① 黑格尔：《小逻辑》，第343、344页，北京：商务印书馆1980年版。着重号为引者所加。

② 列宁：《哲学笔记》，第356页，北京：人民出版社1974年版。

③ 恩格斯：《自然辩证法》，第186页，北京：人民出版社1955年版。

维纠缠在一起。语言作为思维的外壳积累着人类世代认识的成果，并实现着人类意识的世代遗传。人类世代延续中的每一个体主体在社会中都要承受这种遗传的人类意识——语言、概念、范畴等。个体主体从这种人类意识的“获得性遗传”[①]中就取得了“先在”（不是康德的“先验”）的概念、范畴、语言等，并以此为认识工具（思维形式），在感性认识活动中，去理解、确定新的情况，形成感性概念；在理性认识活动中，去揭示对象的本质，产生新的概念——理性概念。因此，人的初级的感性认识也不同于动物的感觉，人的感性认识总是以语词、概念等为存在形式。所以黑格尔说：“人只要一开口说话，在他的话中就包含着概念；概念是不可抑制的，在意识中再现的东西总是包含着普遍性”。列宁引述了黑格尔的这段话，并评价说：“非常正确而且重要。”列宁还指出：“任何词（言语）都已经是在概括。”[②]然而，这种借语词的普遍形式而存在的感性概念，其内容只涉及个别事物的现象属性，因此它的内容就只是感性的、个别的。此外，动物的感觉直观是消极被动的，而人的感性认识同理性认识一样，是积极主动的。造成这一区别的一个重要原因也在于人在感性认识中运用了概念等思维形式。所以，区别感性认识和理性认识，不在于是否有思维，即是否运用了概念、判断和推理。

二、理性认识是否都把握了事物的本质

认为理性认识都把握了事物的本质，这是不符合人类认识的实际过程的。

下面仅举一例，以资说明：

> 有一次，爱因斯坦的一位朋友问他：“光究竟是什么呢？是波还是粒子？要知道两者不能并存……不是这个，就是那

① 恩格斯：《自然辩证法》，第224页，北京：人民出版社1955年版。

② 列宁：《哲学笔记》，第290、303页，北京：人民出版社1974年版。

个。”爱因斯坦反问道：“不是这个，就是那个？为什么不可以既是这个，又是那个呢？光既是波，又是微粒；是连续的，又是不连续的，自然界喜欢矛盾”。[①]

在爱因斯坦于1905年提出光的量子说，揭示了光的真正本质是波粒二重性之前，关于光的本质是微粒还是波的争论一直进行着。这场“非此即彼”的争论持续了两个多世纪。微粒说和波动说无疑都是对于光的理性认识，然而两者都没有达到本质的认识。

可见，认识并不是一进入理性认识阶段就抓住了事物的本质。人的认识过程总是由片面到全面，由抽象到具体。理性认识同样也要经历这样一个过程。认识在获得浑沌的感性表象后，为了认识对象（类事物或作为类事物的个体）的本质，首先必须将感性表象加以分析，从对象的不同侧面逐个地抽象出内在的各种共同属性，即内在的各种本质属性。因此，透过感性现象“割取”对象内在的各本质属性，这是理性认识起始的必经阶段。正如恩格斯所说的：“我们要是不知道这些细节，就看不清总画面。为了认识这些细节，我们不得不把它们从自然的或历史的联系中抽出来，从它们的特性、它们的特殊的原因和结果等等方面来逐个地加以研究。”[②]或如列宁所说的：“如果不把不间断的东西割断，不使活生生的东西简单化、粗糙化，不加以割碎，不使之僵化，那么我们就不能想象、表达、测量、描述运动。”[③]认识为了获得对象某一方面的本质属性，必须撇开个别的、特殊的、差异的东西，只顾及、抽取其中的共同之点，并规定之为概念。因此，反映对象本质属性的概念（抽象概念）是不包含个别的一般，是不包含特殊的普遍。这种概念自身只是没有差别的同一，而对于其它概念，却只有没有同一的差别。所以，这一阶段的认识，是孤立片面的，贫乏肤浅的，还没有揭示本质属性之间的内在联系，因而还没有达到本质的认识。在确定对象的诸多本质属性

① 陈扬炯：《哲学漫谈》，第39–40页，北京：中国青年出版社1980年版。

② 《马克思恩格斯选集》第3卷，第60页，北京：人民出版社1972年版。

③ 列宁：《哲学笔记》，第285页，北京：人民出版社1974年版。

之后，认识的深入，要求将意识到的各别属性加以综合，从总体上揭示本质之间的内在联系，寻找对象的表现为多样现象、诸多本质属性及其联系的内在根据，洞察导致对象发展变化的内在矛盾，从而达到了对象本质的认识，形成反映对象本质的具体概念。这时在认识主体的心目中，对象的各别本质属性已不是隔离孤立的，而是对象总体联系中的有机构成因素；主体对于对象的认识也已不是停留在片面的肤浅的水平上，而是站在对象本质的高度上，把握了对象的整体。到这个阶段上，我们才能说，理性认识“抓住了事物的全体、本质和内部规律”。然而，由于客体在时空是有限与无限的统一，主体的认识能力也是有限与无限的统一，因此，主体对于客体对象本质的认识是逐步加深的，即由初级本质的认识向二级、三级本质认识的深入发展。认识的这种深入，似乎是“离开”对象，因为它超脱感性具体而走向抽象，实质上却是愈益接近对象，因为它是对象具体在思维中的再现。当人类揭示了原子量是决定元素化学性质的根据的时候，表明人类对元素的认识达到了初步本质的认识。尔后由于电子的发现进而揭示出原子内部核电荷数是决定元素的化学性质及元素系统性质存在周期性变化的更深刻的根据的时候，人类对元素的认识就进入了更深刻的本质。上述应是理性认识发展的实际过程——由反映事物本质属性的低级阶段发展到反映事物本质的高级阶段，这是理性认识这个大阶段里的两个次阶段。

确定理性认识的两个次阶段涉及两个基本的概念，这就是“本质属性”和“本质”，因而区别这两个概念是必要的。这个区别之所以必要，还因为某些论著往往混淆这两个概念的特定含义。为区别这两个概念，须从“属性”谈起。“属性”是类事物的共同之点，反映事物属性的概念是通过分析，将相似的性质、关系加以归类，排除其差异，抽取其共性的结果。“属性”有外在属性和内在属性之分：外在属性即现象属性，或如恩格斯所说的，是依靠主体感官“经验到的属性”、“所感知的属性”[①]；内在属性不同于外在属性。外在属性具有偶然性、易逝

① 恩格斯：《自然辩证法》，第194页，北京：人民出版社1955年版。

性。某物即使失去某一外在属性，仍不失其为某物。内在属性则不然，它稳固、扎实，内在地为事物所固有。所以某物失去某一内在属性，便失去其为某物。内在属性具有本质的特征，(列宁说过，本质是“扎实”、“稳固”的)，这是一方面；另一方面，内在属性是现实事物本质的一个方面。由于这两方面的理由，我们把“内在属性”称为“本质属性”。但不应把“本质属性”与“本质”相混淆。事物的本质属性和本质都是内在的、一般的（普遍的)。但这是两种不同的“一般”。黑格尔说过：“每个人都知道一般，但却不知道作为本质的一般。”列宁加以引述，并批注道：“**注意**：作为‘本质’的‘一般’”[①]列宁还指出：“任何一般都是个别的（一部分，或一方面，或本质)。”[②]可见，列宁肯定有作为个别事物“一方面”的一般，也有作为个别事物“本质”的一般。前者即是我们所说的“本质属性”的一般，后者即是“本质”的一般。“本质属性”是舍去了差别的抽象的普遍性，是抽象的同一性。“本质”“是个体事物的根据和基础，根本和实体”，“是贯穿于一切特殊性之内，并包括一切特殊性于其中的东西”，是包含着差别的具体的同一性[③]。显然，“本质属性”与“本质”是两个概念，是有区别的。而且哲学大师们对于这两个概念的使用也是有区别有分寸的。黑格尔曾经说过：“吸引和排斥一样地是物质的本质属性。”恩格斯则由此引申出这样一个说法：“物质的本质是吸引和排斥。”[④]比较这两个说法，“本质属性”与“本质”的区别是明确的：从单独、并列的角度考察“吸引”与“排斥”，两者都是物质的本质属性；只有两者的联结、统一，才是物质的本质。所以，不可将“本质属性”与“本质”相混同，否则就不但无以区分理性认识的两个阶段，而且在实践中就会误把真理的某一片面当作具体真理而招致失误。

把理性认识区分为上述两个阶段，在哲学史上是由黑格尔首先明确

① 列宁：《哲学笔记》，第297页，北京：人民出版社1974年版。
② 列宁：《哲学笔记》，第409页，北京：人民出版社1974年版。
③ 见黑格尔：《小逻辑》，第350–351页，北京：商务印书馆1980年版。
④ 恩格斯：《自然辩证法》，第291、204页，北京：人民出版社1955年版。

提出的。黑格尔把反映事物本质属性的认识叫做“知性”认识，而把反映事物本质、全体、内在规律的认识称为“理性”认识。认为“知性”是坚执这固定规定性的抽象思维，而“理性”才是辩证的具体的思维，只有“理性”思维才能把握多样性的同一，才能把握具体真理。但他也肯定“必须首先承认理智（即知性——引者）思维的权利和优点”，认为“认识起始于”知性阶段①。

马克思和恩格斯扬弃了黑格尔的上述思想，并增添了新的内容。恩格斯肯定黑格尔把理性认识区别为“知性”和“理性”“是有一定意思的”，并指出：“依据这个区别，只有辩证的思维才是合理的”。②马克思把黑格尔的“知性——理性”的理性认识安置在感性认识之上，完整地提出了基于实践的认识过程的两个阶段三个环节。马克思指出：“具体之所以具体，因为它是许多规定的综合，因而是多样性的统一。因此它在思维中表现为综合的过程，表现为结果，而不是表现为起点，虽然它是现实中的起点，因而也是直观和表象的起点。在第一条道路上，完整的表象蒸发为抽象的规定；在第二条道路上，抽象的规定在思维行程中导致具体的再现。”③马克思告诉我们，人们的认识经历这样一个过程：完整的表象——抽象的规定——思维具体。这个过程也就是：感性具体——理性抽象——理性具体。这是两个阶段三个环节。其中“感性具体”环节属于感性认识阶段，后两个环节属于理性认识阶段。

总之，把认识区分为两个阶段三个环节，更能反映人类认识发展的实际过程，从而也表明，认为理性认识都把握了事物的全体、本质和内部规律的观点，没有概括理性认识中的“理性抽象”环节的性质，因而“是否把握事物的全体、本质和内部规律”也就不能成为感性认识与理性认识的本质区别。

那么，感性认识与理性认识的本质区别究竟是什么？

---

① 见黑格尔：《小逻辑》，第173–184页，北京：商务印书馆1980年版。
② 《马克思恩格斯选集》第3卷，第545页，北京：人民出版社1972年版。
③ 《马克思恩格斯选集》第2卷，第103页，北京：人民出版社1972年版。

三、感性认识与理性认识的本质区别

要确定感性认识与理性认识的本质区别，必须作合乎实际的合理的抽象。内容决定形式，因此作为感性认识与理性认识的本质的区别，不应到“概念、判断、推理”这种思维形式中去寻找，而应求之于这两种认识的内容。在认识的内容上，作为本质区别的东西，应该是既为理性认识阶段中的两种认识（理性抽象和理性具体）所共有，又是能将感性认识与理性认识区别开来的东西。这应是我们在这个问题上进行合理抽象的准则。

在内容上，合乎这个抽象准则的最明显的区别就是：感性认识是对象外在的反映，理性认识是对象内在的反映。然而这个区别是抽象的、不具体的，因而是不甚深刻的。更深刻的区别，即真正本质的区别应该包含在这个抽象的区别之中。因此为求得更深刻的区别，应当从这个“外在”与“内在”的区别入手，深入理性认识的内容之中，确定两种理性认识共有的更深刻的普遍规定。

任何事物都是内在与外在、现象与本质的统一。本质是外在现象的根据，现象是内在本质的外在表现。“本质是扬弃了的有”[①]，即本质是直接存在（有）的扬弃。人的认识扬弃了直接的“表层”现象，就进入了间接的“底层”本质。事物的现实的本质是事物的诸多本质属性的内在联系，是不同本质属性的对立统一。因此，现实事物的本质属性并不能脱离本质而独立，它作为本质总体的构成因素而随同本质一起同属本质层次。但就认识运动而言，由于受制于认识规律，理性对于事物本质的认识必然经历由低级到高级两个阶段——从确定事物本质属性的理性抽象，到揭示事物本质的理性具体。这就是说，理性抽象的内容反映的也是事物的本质层次，虽然它尚未达到事物的本质；而理性具体则以理性抽象为基础把握了事物的本质。由此可见，理性抽象和理性具体有一

① 黑格尔：《大逻辑》（下卷），第8页，北京：商务印书馆1966年版。

个实质的共同之点，那就是都以事物内在的本质层次为对象，反映的都是事物本质的东西。至此，我们只要用一个概念给这一内在的“共同之点”予以规定，便是我们所要寻找的两种理性认识共有的更深刻的普遍规定，便是整个理性认识区别于感性认识的本质规定。我想，黑格尔已为这一“本质规定”提供了一个合适的概念，那就是“本质性”。黑格尔曾经指出：“思想是能够表达事物的本质性的”。[①]黑格尔在这里所说的正是所有“思想”（包括理性抽象和理性具体）的本质共性，因为不但反映事物本质的理性具体是对于事物的内在本质性的认识，而且反映事物本质属性的理性抽象也是对于事物的内在本质性的认识。鉴于以上论述，我认为，是否反映了事物的内在本质性，就是感性认识与理性认识的本质区别。感性认识反映的是事物的外在现象，理性认识反映的是事物的内在本质性。

正因为这一区别是感性认识与理性认识的本质区别，所以也就成为这两种认识的其它区别的根据。换言之，这一本质区别作为根据，统摄着感性认识与理性认识的其它区别，其它区别都要从这一本质区别获得解释。

在认识方式上，因为感性认识反映的是外在现象，所以感性认识主要依靠感性直观；因为理性认识反映的是内在本质性，所以理性认识主要借助抽象思维。

在认识阶段性上，反映事物外在现象的感性认识是认识的低级阶段，而反映事物内在本质性的理性认识则是认识的高级阶段。

在认识特点上，因为外在现象是直接的存在，内在本质性隐藏于现象背后，是间接的存在，所以感性认识具有直接性，理性认识具有间接性；因为个体事物的外在现象是个别性的，而事物的内在本质性是普遍性的，所以感性认识具有个别性，理性认识具有普遍性；因为外在现象是易变的、偶然的，内在本质性是稳定的、扎实的，所以感性认识具有多变性，理性认识具有稳定性。如此等等，一切区别皆决于这一本质

① 黑格尔：《小逻辑》，第79页，北京：商务印书馆1980年版。

区别。

本文的主旨是确定感性认识与理性认识的本质区别，故未论及两者的同一，但这并不意味着两者是绝对对立的。实际上，两者的区别是同一中的区别。感性认识和理性认识是基于实践的同一认识过程的两个相互渗透、相互过渡的阶段。

（本文发表于《学术月刊》1984年第3期）

正确的感性认识是真理吗

"真理是客观事物及其规律在人的意识里的正确反映。"新修订的高校哲学教学大纲，几本全国通用的高校哲学教科书及《辞海》都持这种看法。我认为，这个定义是不确切的，因为这一真理定义逻辑地包含着对"正确的感性认识也是真理"的肯定。有的哲学教科书就明确地说："真理不仅指正确的理性认识，也指正确的感性认识。"正确的感性认识是真理吗？这一问题涉及真理观的一系列理论问题，实有讨论之必要。

一、真理具体性原理的启示

要从根本上说明"正确的感性认识是真理"的虚假性，从而准确地把握真理的内涵，就必须明确真理的对象。那么真理的对象是什么？这一问题的答案就包含在真理的具体性原理之中。

列宁指出："辩证法的基本原理是：没有抽象的真理，真理总是具体的。"[①]这一基本原理明白无误地告诉我们：只要是真理，便是具体的；反之，没有具体性的认识，即使是正确的认识，也不能称之为真理。

什么是真理的具体性？马克思指出："具体之所以具体，因为它是许多规定的综合，因而是多样性的统一。"[②]真理反映的是客观对象的整体，是客观对象的一切现象、属性、关系（包括内部关系和外部关系）的统一。这个"统一"不是外在的机械的相加，而是内在的有机的总体

① 《列宁选集》第1卷，第507页。北京：人民出版社1972年版。

② 《马克思恩格斯选集》第2卷，第103页，北京：人民出版社1972年版。

上的统一。只有把握了客观对象“多样性统一”的、从而把握了对象整体的正确认识，才是具体的、全面的，才是真理。片面的规定性不是真理，黑格尔正确地指出了这一点：“片面的规定性是没有真理可言的。”①

那么认识怎样才能把握对象事物的“多样性统一”，怎样才能把握对象的整体？认识只有把握了对象事物的本质，而不能只是停留在事物的现象之上，才能达到这个目的。这是因为，事物的现象只是事物的表面的东西，只有事物的本质才是内在的深刻的；事物的本质本身就凝结着事物自身的多样性统一，就统摄着事物的整体。事物的本质不是同事物的现象、属性相脱离的某种抽象的“实体”，而是蕴含于事物的现象、属性之中的一种关系、一种内在联系。事物的本质作为事物自身的内在联系，是贯穿于事物自身诸现象、诸属性中的深刻的同一的东西，是差别中的同一、特殊中的普遍。因而本质规定着、支配着事物自身的一切现象、一切属性，统摄着事物整体；事物的每一现象、属性只是事物本质的一个规定、一个环节或一个表现。本质统摄着包括现象在内的事物整体；只有透过事物的现象，把握了现象背后的本质，才能把握对象事物的整体，才能达到真理的认识。由此就可得出：真理的对象是事物的整体，而就其实质，则是事物的本质。

确定了真理的对象，就必然得出结论：只有反映了事物的本质或规律的理性认识才是真理，而感性认识即使是正确的，也没有资格接受“真理”的美名。因为“感性认识是属于思维之片面的、现象的、外部联系的东西”②，感性认识至多只能达到“感性具体”，但“感性具体”只反映对象的现象一面，是片面的，实质上仍是抽象的。所以马克思说：“感性具体”只是“浑沌的关于整体的表象”③。浑沌的表象如何能成为真理？

有的同志为了证明真理的对象不但是事物的本质，而且是单独的现

① 列宁：《哲学笔记》，第140页，北京：人民出版社1974年版。
② 《毛泽东选集》第1卷，第275页，北京：人民出版社1951年版。
③ 《马克思恩格斯选集》第2卷，第103页，北京：人民出版社1972年版。

象本身，引了列宁《哲学笔记》里记下的这样一句话："真理是对象和认识的一致=‘真理的有名的规定’"[①]，然后推论说："对客观事物本质规律的正确认识是真理，同样对客观事物现象的正确认识也是真理"[②]。应该说，这个"真理的有名规定"原则上是正确的，但我认为，辩证唯物主义反映论不应从这一真理规定里得出"正确反映现象的感性认识也是真理"的结论。因为在"真理是对象和认识的一致"这一规定里的"对象"一词，按逻辑应指对象整体。也就是说，这个规定实际上说的是"真理是对象整体和认识的一致"。如果认识只是同"对象"中的现象一致，那并没有实现"对象和认识的一致"，它只实现认识同"对象"中的部分内容（现象）相一致。只有当认识同"对象"中的本质相一致，才真正实现了"对象和认识的一致"。实际上列宁已经给我们指明了正确理解这一真理规定的关键。列宁在记下这条"真理的有名规定"之后，紧接着就指出："因此，问题全部都是在于‘客观的逻各斯、世界的合理性’。"[③]这就明确告诉我们，认识只有揭示了对象的本质、规律，才真正是"对象和认识的一致"。

总之，坚持真理的具体性原理，就必须肯定真理的对象是事物的本质，就必须肯定只有把握了事物本质的理性认识才是真理。

否认"正确的感性认识"是真理，这是否意味着把它同"真理"绝对对立起来？或者说："正确的感性认识"同"真理"究竟是何关系？这个问题可以从"真理是过程"的原理中得到回答。

二、真理形成于认识过程的高级阶段

列宁指出："真理是个过程。"[④]又说："真理不是在开端，而是在终点，更确切些说，是在继续中。真理不是最初的印象"[⑤]。这就是说，

① 列宁：《哲学笔记》，第322页，北京：人民出版社1974年版。
② 安起民：《真理应包括正确的感性认识》，《学术月刊》1982年第8期。
③ 列宁：《哲学笔记》，第322页，北京：人民出版社1974年版。
④ 列宁：《哲学笔记》，第215页，北京：人民出版社1974年版。
⑤ 列宁：《哲学笔记》，第182页，北京：人民出版社1974年版。

真理的形成是一个过程，真理不是产生于一个具体认识过程的开头，而是形成于这个过程的终点，即形成于认识过程的高级阶段。显然，从“真理是过程”的原理中，必然得出否定感性认识（不管正确与否）是真理的结论。但是，我们认为更重要的还不在于简单地得出否定的结论，而在于应当从真理形成的实际过程中揭示“正确的感性认识”与“真理”的真实关系。

为了获得一个具体事物的真理，从总体上说，须在实践的基础上，由感性认识发展到理性认识。这个过程遵循着“具体——抽象——具体”的思维规律，也就是如马克思所指出的：“在第一条道路上，完整的表象蒸发为抽象的规定；在第二条道路上，抽象的规定在思维行程中导致具体的再现。”①同这一思维规律相对应，真理的形成过程依低级到高级要经历如下三个环节：感性具体——理性抽象——理性具体。“感性具体”属于感性认识阶段，后两个环节属于理性认识阶段。

实践中的主体对于客体的认识，开始于感觉，从感觉发展为知觉、表象，即达到感性具体，这是感性认识。“感性具体”虽然也是一种“具体”，但它只是“一个浑沌的关于整体的表象”②，它是表面的、肤浅的、不清晰的，因为它只反映事物的现象、外部联系，尚未深入客体的内在本质，未形成概念。所以，“感性具体”即使是对客体的正确反映，也不是真理。主体在取得客体的“感性具体”之后，为了获得关于客体的本质认识，首先必须对“感性具体”加以分析，即在思维中对客体进行分解，以找出客体的各个侧面、方面、部分或关系的本质属性，并规定之为不同的概念。这时认识处于“理性抽象”环节。由于“理性抽象”的概念只反映客体的某一本质属性，只反映客体本质的某一个方面，并不反映不同本质属性之间的联系，还没有从总体上把握客体，所以“理性抽象”也还不是真理，而只有片面的真理。随着认识的深入，主体运用综合法，把已经分析出来的客体的各各本质属性联系起来，从总体上、从运动上加以考察。确定不同本质属性之间的关系和地位，揭示其中的内在联系，寻找客体之所以如

① 《马克思恩格斯选集》第2卷，第103页，北京：人民出版社1972年版。

② 《马克思恩格斯选集》第2卷，第103页，北京：人民出版社1972年版。

此的内在根据。一旦达到这一目的，也就揭示了客体的本质。这时，认识才把握了客体整体，认识才达到“理性具体”，从而才达到真理。

这个关于真理形成过程的描述当然是就纯粹形态而言的，实际的过程要复杂得多。但不管怎样，真理的形成在总体上总要经历“感性具体——理性抽象——理性具体”这样一个否定之否定过程。理性抽象是对于感性具体的“割裂”，它从完整的感性表象中抽取出各个孤立的规定（概念），这是第一次否定，即理性抽象对于感性具体的否定。然而这一否定本身又包含着自身的否定，因为理性的抽象对于感性具体的否定只是走向理性具体的一个步骤，它离开了具体（感性），却又孕育着回到具体（理性）的必然趋势。理性具体是对各个孤立自存的抽象规定在总体上的把握，在理性具体中，本来是孤立片面的抽象规定变成了整体联系中的有机构成部分，抽象上升为具体。这是第二次否定，即理性具体对于感性具体的否定之否定。这个作为终点的具体好像是对于作为起点具体的复归，但实际上理性具体高于感性具体，理性具体已经实现了在本质高度上对于客体整体的把握，已经达到了对于客体的真理认识。

既然“感性具体——理性抽象——理性具体”是一个否定之否定过程，那么与这一过程相对应，“正确的感性认识”、“抽象的概念（片面的真理）”及“真理”就是处于否定之否定关系中的三种认识，而这一点就规定了这三者的辩证关系。这三种认识构成了一个真理形成的过程系统，构成了这个过程系统中由浅入深的三个层次，随着这三个层次的逐级展开，主体的认识就由客体的表层进入内层，再由内层进入作为客体核心的本质。在真理的过程系统中，“正确的感性认识”是这个过程的起点，是真理的基础和前提，是作为真理的否定之否定过程系统的不可缺少的第一个层次。但“正确的感性认识”毕竟不是真理，它须通过“抽象的概念”这一中介层次，经二度扬弃后才形成真理。“抽象概念”是对“正确的感性认识”的扬弃，它舍弃了感性认识的感性内容，又汲取了其中一般的本质性的东西。但每一抽象概念只是对于客体的本质属性的反映，只抓住本质的某一方面，所以“抽象的概念”只有片面的真理。而这种非完整性本身就决定了自身也必然被完整性的真理所扬弃。真理扬弃了抽象概念——片面真理的孤立性、单一性，同时又把它包含于自身，成为自身的一个有机规定。可见，“抽象的概念”——对于客体来说是片面真理的认识，也是认识形成真理的必经层次。理性认识总是从片面走向全面，从抽象走向具体，没有片面、抽象，就没有全面、具体，但只有“全面、具体”的真理才是认识的直接目的。这样，真理作为过程系统，并作为过程系统的终点，经过两次扬弃，“它不仅没有因其辩证的前进运动而丧失了什么，丢下了什么，而且还带有一切收获物，使自己的内部不断丰富和充实起来”[①]。这样，不但“正确的感性认识”，而且反映客体本质属性的“抽象概念”，都以扬弃的形式包含在真理之中。真理以扬弃的形式包含感性认识和抽象概念，而又高于感性认识和抽象概念。这就是“正确的感性认识”和“抽象概念”同“真理”的真实关系。

我以为只有这样来理解真理，才既不把正确的感性认识和抽象的概念看成真理，又不把二者同真理割裂开来。也只有这样来理解真理，才能在真理的界说上，既同唯物主义的经验论、唯理论划清界限，又同主、客观唯心主义划清界限。

到此，可以给真理下一个定义了：真理是人们正确反映客观事物的本质和规律的理性认识。这一定义不但正确地确定了真理的内涵：真理的对象是客观事物的本质、规律，真理就是对客观事物的本质和规律的正确反映；而且正确地指明了真理的外延：反映事物现象的感性认识不是真理，只是反映事物本质的某一方面的理性认识（抽象概念）也不是真理，只有正确反映事物本质和规律的理性认识才是真理。

三、科学界说真理的意义

真理就是对于客观事物的本质和规律的正确反映。肯定这一真理本质，就可以从新的角度来认识真理的基本属性，使真理的基本属性得到合理的说明；并为真理的理论体系确定一个合理的逻辑起点，使辩证唯

① 列宁：《哲学笔记》，第250页，北京：人民出版社1974年版。

物主义真理观成为前后一贯的理论系统。

真理的基本属性应该有三个，即真理的客观性、具体性、绝对相对统一性。事物的本质规定事物的属性。既然真理的本质是“对于客观事物的本质和规律的正确反映”，那么真理的基本属性就为这一真理本质所规定，真理的本质就成为说明真理的基本属性的理论根据。

为什么真理具有客观性？我认为应当从真理本身的内容来回答：因为真理本身的内容具有必然性、普遍性，所以真理具有客观性。真理客观性应包含这样两个相互联系的理由：（1）真理本身具有不依人的意志为转移的必然性、普遍性；（2）真理同不依人的意志为转移的客观事物的本质和规律相符合。

关于真理的具体性，已如上述，由于真理是对于客观事物的本质和规律的反映，本质和规律是“多样性的统一”，真理也是“多样性的统一”，因而真理是具体的。这里要指出的是，我们的教科书只是把客观性、绝对性和相对性看作真理的基本属性，而把“具体性”排除于真理的基本属性之外，有的根本不谈真理的具体性，有的即使谈到，也不是作为基本属性来强调的。我认为，“具体性”是真理的一个重要的基本属性。真理的具体性是构成真理体系的不可缺少的一环。

真理的绝对相对统一性也只有从真理的本质加以说明才能抓住问题的实质。反映客观事物的本质和规律的真理是具体的。而真理的具体性本身就是绝对与相对的统一。真理的具体性就是“多样性的统一”，也就是个性与共性的统一。真理作为客观对象本质的反映，是对存在于对象诸多现象中的共性的概括，它不是停留于有限的、偶然的、个别的现象之上，而是对于现象的有限性、偶然性、个别性的超越，因此真理是无限的、必然的、普遍的，包含有稳定的、永久存在的、不能为尔后的认识发展所推翻的内容，所以真理具有绝对性。正如恩格斯所说的：“对自然界的一切真实的认识都是对永恒的东西、无限的东西的认识，因而这种认识在本质上是绝对的。”[①]同时真理的具体性又包含着个性，

① 恩格斯：《自然辩证法》，第195页，北京：人民出版社1955年版。

就是说，真理所反映的本质是具有个性的本质，是由具体事物的个性、特殊性所规定的本质，因此真理总是主体在一定条件下对于有限事物的一定层次的本质的反映，所以真理又是有限的、有条件的，具有相对性，这样，真理的本质又规定了真理的绝对相对统一性。

上述真理的诸多基本属性并不是并列的，互不相干的，而是存在着内在的有着前后顺序的逻辑演进关系。因为真理是对于客观事物的本质和规律的正确反映，真理本身就具有必然性、普遍性，所以真理具有客观性。既然真理是客观的，是具有必然性、普遍性的认识，而真理的必然性和普遍性正如他所正确反映的客观事物的必然性、普遍性一样，是统摄着偶然的必然，是支配着特殊的普遍，是“多样性的统一”，那么真理就是具体的。既然真理是具体的，真理的具体性本身就是个性与共性、相对与绝对的统一，那么真理就既是绝对的，又是相对的。在这个逻辑演进中，我们看到，作为逻辑起点的就是“真理的本质”。这一逻辑演进系列如用简式表示，那就是：

真理的本质 ——→ 真理的客观性 ——→ 真理的具体性 ——→ 真理的 { 绝对性 / 相对性 }

我们可以把这一逻辑系列看成是真理观体系的基轴线，由此展开，那就是辩证唯物主义真理观的理论体系。如果把“正确的感性认识”看作真理，那是无法合乎逻辑地演化出这样一个系列来的。

（本文发表于《江淮论坛》1985年第2期）

论认识的本质及其内涵

近几年来，在关于认识之本质的讨论中，出现了一种否定“认识的本质是反映”的思潮。这种思潮歪曲认识的本质，曲解辩证唯物主义认识论的“反映”范畴，宣称辩证唯物主义反映论已经过时。因此，深入地探究反映何以是认识的本质，全面地揭示辩证唯物主义“反映”范畴的真实内涵，这对于澄清在认识本质问题上的是非，维护辩证唯物主义反映论的科学性，是十分必要的。

对于认识本质的正确规定，既不能凭主观想象，也不能从既定的却又是片面的观点出发，去随意选择有利于规定的例证，而应当基于对认识及其内在联系作实事求是的全面分析。

什么是事物的本质？事物的本质是事物的根本性质，是事物内在构成要素之间的稳定联系。这种作为本质的内在联系是决定事物外在的种种属性和现象的内在根据。因此，事物的本质是隐藏在事物内部的统摄着事物外在属性和现象的最一般的规定，事物的属性和现象可以依据其本质获得合理的说明。那么如何寻找和确定事物的本质？毛泽东指出：“每一物质的运动形式所具有的特殊的本质，为它自己的特殊的矛盾所规定”，“事物发展过程的根本矛盾”规定“过程的本质”①。毛泽东在这里对于事物的本质与事物内在根本矛盾之间的关系的揭示，既是关于事物本质的世界观，又是我们确定事物本质的方法论。他告诉我们，事物的本质是由事物的根本矛盾所规定的，因此我们要确定认识的本质，就必须从认识活动的根本矛盾入手，深入地分析矛盾双方的相互作用，

① 《毛泽东选集》第1卷，第297、302页，北京：人民出版社1951年版。

并从双向作用的总体上确定矛盾双方的基本关系，进而依此对认识的本质做出规定。

那么认识活动的根本矛盾是什么？人们惯常认为实践和认识的矛盾是认识的根本矛盾。其实贯穿于实践活动和认识活动中的更深刻的矛盾是主体和客体的矛盾。实践和认识都是主体和客体的相互作用所引发的人的两种基本活动，是主体和客体之间的两种基本关系。主体和客体的相互作用，具有双重性质，包含双重关系。主体借助物质工具改造或探测客体，客体为主体提供价值物或转化为客体信息刺激主体的感官，这是主客体间的物质性的相互作用，是一种实践关系；客体为主体提供表现客体属性的客体信息，主体则接收并思维加工客体信息，这是主客体间的精神性的相互作用，是一种认识关系。可见，任何一种人的活动，即任何一种主客体间的相互作用都包含有物质性的实践活动和精神性的认识活动。但由于人的活动的主要目的，即直接目的的不同，人的活动性质在总体上就或者是实践活动，或者是认识活动。在实践活动中，主体认识客体是为了有效地改造客体，在这里，认识是实践的前提，认识服务于实践；在认识活动中，主体探测、改造客体是为了使主体对客体的认识成为可能，在这里，实践是认识的基础，实践服务于认识。总之，主体和客体构成实践和认识之内在矛盾的两极。作为“活动”，实践和认识是由主体和客体的相互作用发动的。作为“关系”，实践和认识是由主体和客体的相互作用建立的。所以无论是实践活动还是认识活动，其根本矛盾都是主体和客体的矛盾。而在认识活动中，主体和客体的矛盾实质上是主观和客观的矛盾，因为认识运动所要解决的矛盾在根本上是主观和客观的矛盾。但主观和客观的矛盾作为一种属性矛盾，是以认识主体和认识客体为载体的，而且主观和客观的矛盾运动和矛盾解决，必须借助认识主体和认识客体的相互作用，所以认识主体和认识客体的矛盾是主观和客观的矛盾之实体表现，主观和客观的矛盾作为实体存在，直接就是认识主体和认识客体的矛盾。可见，主观和客观、主体和客体的矛盾是认识活动中较之认识和实践的矛盾更为内在的矛盾，因而是认识活动的根本矛盾。这正如列宁指出的，“观念（列宁说应读作

“认识”——笔者注）也包含着极强烈的矛盾……人永远产生（思想和客体的这个矛盾）和永远克服这个矛盾”[①]。

认识活动中的主体和客体的相互作用，尽管会出现种种偏差、失误，会呈现一系列的偶然性，但在根本上，它不是杂乱无章的，而是有其内在基本规律的。贯穿于认识活动中的基本规律，就是认识主体在认识活动中的“价值取向”。这种“价值取向”是一种客观地存在于主客体之间的带有指向性的稳定的联系，即“出发于主体的实践需要，指向或力图揭示客体的本质和规律”这样一种联系。这种带有指向性的客观联系贯穿于认识活动的始终，支配着主体的认识活动，制约着主体和客体的相互作用。认识活动中的作为规律发生作用的“价值取向”表现为认识的直接目的——主体对于客体的本质和规律的揭示，因此“认识的直接目的”就作为规律支配着主体的认识活动。马克思在谈到劳动的“目的”在劳动中的作用时指出：劳动的目的是劳动者所知道的，“是作为规律决定着他的活动的方式和方法的。他必须使他的意志服从这个目的。”[②]在认识活动中，正是作为规律的认识目的决定了根本矛盾的双方——主体和客体、主观和客观对于认识的不同作用，决定了认识活动的基本趋势，规定了认识主体和认识客体相互作用的基本性质，从而规定了认识的本质。

认识的价值取向规律决定了认识客体和认识主体在认识活动中的不同地位和作用。既然认识的目的在于揭示客体的本质和规律，那么认识的客体就成为认识的客观对象。作为认识对象的客体以其自身的现象刺激主体的感官，并作为客体信息通过主体的感官和传入神经“移入”人脑，从而成为认识内容的客观来源。在主客体的认识关系中，客体的优先地位使客体具有“移入”人脑的必然性，但客体作为信息“移入”人脑的实现，必须借助主体的能动作用。而且认识的目的不在于感知客体的表面现象，而在于透过现象把握其内在本质，因此，为了实现认识的目的，具有意识的活生生的主体势必要充分发挥其能动性。从主体对于

① 列宁：《哲学笔记》，第208页，北京：人民出版社1974年版。

② 马克思：《资本论》第1卷，第208页，北京：人民出版社2004年版。

认识对象的选择、主体通过实践为认识提供客体的信息、主体借助自身的认识结构“同化”客体的信息，到主体以客体的本质和主体的需要为依据在思维中创造“理想客体”等等都是主体能动作用的表现。可以说，没有主体的能动作用，就不可能实现认识的目的。然而受制于认识的价值取向规律，主体的能动作用只是实现认识目的、达到揭示客体本质和规律的手段。可见，在认识主体和认识客体的相互作用中，客体的作用在于为认识提供客观对象和客观内容，主体的作用在于为认识确定现实的对象，为认识提供主观形式，并使认识实现其目的成为可能。由此，在作为认识的根本矛盾的主客体之间就形成了这样一种基本的运动趋势：主体力求揭示客体的本质，主观力图符合客观。而在认识活动的总体上，就贯串着这样一种基本的关系：主体以观念形态愈益再现客体的本质。这一基于主体和客体的相互作用所形成的认识活动的内在基本关系就规定了认识的本质：认识是主体能动地以一定的观念形态从一定的层面上再现客体及其本质。辩证唯物主义认识论就把这一认识本质称之为“反映”。因为反映的本质特征是，在反映者和被反映者的相互作用中，反映者以一定的形态表现被反映者的某种性质。恩格斯指出：“一切观念都来自经验，都是现实的反映——正确的或歪曲的反映。”①列宁也指出：“概念（认识）在存在中（在直接的现象中）揭露本质（因果律、同一、差别等等）——整个人类认识（全部科学）的真正的一般进程就是如此。”②恩格斯和列宁所揭示的正是人类认识的“反映”本质。

对于认识本质的回答，辩证唯物主义与唯心主义、旧唯物主义有原则的区别。唯心主义重视主体因素在认识中的作用，但它却“抽象地发展了”主体的能动性，夸大了精神的能动作用，以至于认为人类认识是精神的自我认识——或者是主观精神的自我认识（即“主观自生”），或者是所谓“客观精神”的自我认识。这就把人的认识看作是精神的产物，完全否定了认识的物质对象和物质来源，否定了认识的反映本质，

① 《马克思恩格斯全集》第20卷，第661页，北京：人民出版社1971年版。

② 列宁：《哲学笔记》，第355页，北京：人民出版社1974年版。

从而从根本上歪曲了认识的本质。的确，主体因素（包括主观因素）对于认识的形成具有重要的作用，但能否因此就把主体的能动性看作认识的本质？不能。因为正如上述，在认识活动中，主体的能动作用在根本上只是达到把握客体的本质这一认识目的的必要手段或必要条件。显然“手段”、“条件”不能成为事物的本质。唯心主义认识论的失误在于夸大认识的主体性，否定认识的客观性而歪曲认识的本质。国内有人认为“认识的主体性是认识的本质属性”[①]，这重蹈的是唯心主义认识论的覆辙。旧唯物主义的认识论（如欧洲哲学史上的流射说、影像说、蜡块说、白板说等）肯定认识的本质是“反映”，从而揭示了认识本质的基本方面。但它所了解的“反映”，只是一种机械的直观的反映。它只看到客体的作用和反映的客观性，而否认了反映本身的主体能动性，因此旧唯物主义的“反映”范畴并不是对于现实认识的反映性质的正确反映，因而是片面的。旧唯物主义认识论的失误在于夸大认识的客体性，否定认识的主体性而歪曲认识的本质。唯心主义和旧唯物主义在对待认识的本质问题上，异曲同工。

否定“认识的本质是反映”的同志断言，“反映论”与“肯定认识中的主体因素是不相容的”，因此任何“反映论”都应当抛弃[②]。这是把机械反映论与一般反映论相混同，把旧唯物主义的非科学的“反映”范畴与认识活动中现实的反映关系相混同。然而旧唯物主义对于“反映”范畴的曲解并不妨碍我们赋予“反映”范畴以与现实认识的反映本质相一致的内涵，即并不妨碍我们从辩证唯物主义的意义上来使用“反映”范畴。这正如费尔吧哈因将庸俗唯物主义等同于一般唯物主义而拒绝把自己的哲学称为“唯物主义”，并不妨碍马克思主义从辩证的意义上来使用“唯物主义”范畴一样。事实上，现实的反映决不是如旧唯物主义所理解的和我们的一些同志所误解的那样，只是主体被动地直观客体，只是主观对客观的机械的“摹写”。为了澄清是非，也为了进一步论证“反映”作为认识的本质规定的科学性，必须进一步揭示辩证唯物主义

① 见《哲学研究》1987年第1期汪信砚《认识的主体性与非经典认识论论纲》一文。

② 见《哲学研究》1987年第1期汪信砚《认识的主体性与非经典认识论论纲》一文。

“反映”范畴的内涵。

上述表明，辩证唯物主义的“反映”范畴是一个规定认识本质的属性范畴。“反映”作为认识的本质，是认识主体和认识客体相互作用的表现，因此“反映”范畴又是一个规定认识过程中主体和客体的基本关系的关系范畴。既然反映是主体和客体之间的一种关系，那么反映本身就包含着客体作用和主体作用，是客体作用和主体作用的统一。从而作为认识本质的反映，就既不能只有客体一方的单面规定性，也不能只有主体一方的单面规定性，而是具有认识主体和认识客体的相互作用所形成的一系列整体规定性。因而规定认识本质的“反映”范畴也就包含有丰富的内涵。

“反映”包含有下列基本的规定性：

第一，**反映的客观性**。反映是主体对于客体固有属性、本质的揭示，是主观对于客观的接近，因此反映具有客观性。反映的客观性表现为反映对象的客观实在性、反映活动的客观制约性和反映内容的客观真理性。

A、肯定认识是反映，就意味着肯定认识对象的客观实在性，即肯定认识的对象归根到底是物质存在。反映论之所以认为认识是反映，在对象问题上，就是认为认识是源于物质的意识对于物质的反观。在这里，唯物主义的认识论和唯物主义的本体论是一致的。在具体的认识活动中，作为反映对象的直接客体虽然也可以是思想客体（如科学学研究者直接面对的是自然科学家认识自然的思想成果），但在根本上，这类思想客体也是源于物质客体的。就人类认识的总体而言，人类认识的反映对象也只能是物质客体。所以肯定认识是反映，就是肯定意识的对象是物质、人类认识的对象是物质世界。唯心主义认识论之所以不是反映论，重要原因之一就在于它否认认识的物质对象，而把精神的东西（主观感觉或“客观精神”）视为主体认识的对象。

B、反映活动的客观制约性，是指反映活动不是一种随心所欲的行为，主体的反映活动要受到客体性质、客观规律的制约。反映活动必须遵循认识的价值取向规律，即认识主体必须根据认识的直接目的去确定认识的对象，并根据认识对象的性质、状态（自然的、社会的、精神的，或宏观的、微观的）去确定认识的方式、认识的手段等等。所以马克思说，活动的目的“作为规律决定着他的活动的方式和方法的。他必须使他的意志服从这个目的”①。可见，肯定认识是反映，就意味着肯定认识活动势必受到它的反映对象和认识规律的支配，而不是人脑的“自由创造”。

C、反映内容的客观真理性，包含两层相互联系的含义：一指认识内容的客观来源，即来源于作为认识对象的客观事物；二指主体的认识能够同客体相符合，即能够反映对象事物的本来面目，获得真理性的认识。肯定认识的本质是反映，就意味着肯定认识内容的客观来源，肯定认识能够反映客体的本来面目。所以反映论也是可知论。正因为“反映”本身包含着对反映内容客观性的肯定，所以今天有的同志就以所谓“微观认识”不能反映客体的本来面目为“理由”，宣称“反映论”已经过时，应代之以“重构论”等等。他们说，在微观高速领域，主体反映的客体不是微观客体（如微粒子）本身，而是由主体和测量仪器对微观粒子进行“干扰”所产生的宏观效应状态。由于在宏观效应中加入了不可分割的主体因素，所以微观认识不可能反映微观客体的本来面目。我们认为，反映不仅是宏观认识的本质，也是微观认识的本质，因为不但宏观认识是对于宏观客体的本来面目的反映，而且微观认识也仍然是对微观客体的本来面目的反映。对于这个问题的详细说明需要专文，限于篇幅，在这里我只想简单地指出，微观认识虽然具有不同于宏观认识的特点，这就是由于主体的宏观感官不能直接观察到微观客体本身，主体必须利用实验仪器对微观客体进行“干扰”，使粒子的微观状态转化为主体可以直接感知的宏观效应状态，这表明主体在在微观认识中的能动作用更为突出。但微观认识和宏观认识实质上具有相同的认识机制，遵循着相同的认识规律。微观认识中的主体借助工具对于微观客体的所谓“干扰”，同样发生在宏观领域。在宏观认识中，主体虽然可以直接感知

① 马克思：《资本论》第1卷，第208页，北京：人民出版社2004年版。

（或借助观察工具感知）宏观客体，但对于宏观客体的本质的认识，仍然必须借助认识工具变革（或曰“干扰”）客体，使其发生种种宏观反应（或“效应”）。主体便从分析这种宏观反应中认识宏观客体的种种属性，进而把握客体的本质。微观认识中发生的情形同宏观认识没有实质性的差别。作为微观认识的直接对象的宏观效应，实际上是微观客体在主体借助认识工具的作用（“干扰”）所呈现的一种宏观状态，这种宏观状态不过是微观客体固有属性的宏观表现。主体和工具的作用只是使微观客体的固有属性得以呈现的必要手段。主体正是通过“宏观效应”的分析、综合而获得对于微观客体本身性质的认识。所以微观认识的真正客体仍然是微观客体本身，微观认识仍然是对微观客体本来面目的反映。人类在实践中以微观认识的成果为指导，成功地利用了原子内部巨大的能量，发明并应用了神通广大的电子计算机等等，就是对于这个结论的最好证明。总之，认识是反映，反映具有客观性。

第二，**反映的能动性**。反映的主体是人，而人是有自觉能动性的，因此反映必然具有能动性。具体说来，反映的能动性主要表现为反映的中介性、反映的选择性和反映的创造性。

A、反映的中介性。所谓反映的中介性，是指主体对客体的反映，必须以某物为手段，必须通过某种中间环节。这根本上是因为，人的反映不同于动物，他不限于对客体表面现象的直接感受，而是要进而把握客体的内在本质。为此，主体的反映必须借助中介物。反映的中介物包括主体外在的实践活动和内在的认识结构。主体为了反映客体，首先必须借助外在的物质性的认识工具（包括主体的四肢五官）作用于客体——或者探测客体，或者变革客体，这就是主体外在的实践活动。实践活动的作用在于使物质性的认识工具与客体发生物与物之间的机械的、物理的、化学的、生物的或社会的反应，以暴露客体固有的种种属性，从而使主体反映客体的内在本质成为可能。这就是说，离开了实践的中介作用，主体就无法反映客体的内在本质。反映不仅要以主体外在的实践活动为中介，而且总要借助主体内在的认识结构。所谓主体的认识结构，是指先在（不是“先天”）于主体人脑之中的影响主体认识活动的诸主观因素有机构成的认识格式。知识、意志、情感是构成认识结构的三大要素。其中对认识起主要作用的是知识要素。知识要素本身也有其结构，我们称之为“认知结构”，这是认识结构中的子结构。认知结构的构成因素包括经验知识、科学知识、哲学知识（世界观）以及逻辑思维的形式和方法等。这种“认知结构”相当于瑞士心理学家皮亚杰所说的“认知图式”。他认为，“认知图式”有不同的发展水平，最初可以追溯到儿童的由遗传获得的本能动作的图式。认知图式的重要功能是“同化”。所谓“同化”就是主体把客体的刺激纳入主体的认知图式中，用主体已有的图式，即已有的知识、理论结构去理解客体的信息，以达到对客体的认识。皮亚杰认定，客观事物只有经过认知图式的中介，才能为主体所认识。[①]的确，主体总要把自身已有的知识结构、价值观念，或立场、观点、方法，作为一个出发点去观察、理解客体。关于这个问题，毛泽东曾通俗地说道：“凡人（包括共产党员）都只能根据自己的见闻即经验作为说话，做事，打主意，定计划的出发点或方法论，故注意吸收新的经验甚为重要，未见未闻的，连梦也不会做”[②]正因为主体对客体的反映必须以主体的认识结构为中介，所以主体反映的深度同主体认识结构的水平密切相关。黑格尔指出：“是什么样头脑从事研究现实，这对于经验具有巨大的意义。伟大的头脑作出伟大的经验，在五光十色的现象中看出有意义的东西。”[③]可见，主体对客体的反映必须凭借中介手段，中介性是反映的题中应有之义。反映的中介性表明反映不是简单的直观，而是积极能动的。

B、反映的选择性。反映是有意识能思维并抱有一定认识目的的主体人的反映，这就决定了主体的反映具有选择性。反映的选择性主要表现为对认识对象的选择、对认识工具的选择和对客体信息的选择。主体总是为了满足自身的一定需要，因而总是为了一定的目的而去认识客观事物的，因此主体对于认识对象总是有所选择的。凡是进入认识过程，

① 参阅皮亚杰：《发生认识论原理》，第90页，北京：商务印书馆1981年版。
② 《毛泽东书信选集》，第186页，北京：人民出版社1983年版。
③ 恩格斯：《自然辩证法》，第169页，北京：人民出版社1955年版。

成为反映对象的客体，总是主体所需要的。对于认识对象的选择，还包括对于认识客体的一定层面的选择。对于同一客体，由于认识的直接目的的不同，就会选择不同的层面作为认识的现实对象。同是把人作为认识客体，生理学研究的是人的生理面，社会学研究的是人的社会面，哲学则研究人的总体。认识工具的选择对于认识目的的实现，具有重要的作用。自然科学实验中由于实验装置的巧妙选择而导致伟大发现的事例屡见不鲜。对于认识工具的选择，虽然是主体能动性的运用，但它不是随意的，而是受制于认识的价值取向，即受制于主体需要和客体性质的统一。主体对于由实践所提供的客体信息，也不是“来者不拒”地全盘接收。主体以认知结构为中介，对客体信息有一个“去粗取精，去伪存真”的选择功夫。按照皮亚杰的说法，主体的认知图式对于客体刺激的同化，具有选择的功能。认知图式只能同化那些符合主体需要、与图式相适应的刺激，而排除其它与主体图式不相适应的刺激。可见，选择性是反映本身固有的功能，也是反映的能动性的重要表现。

C、反映的创造性。反映不仅能反映现存事物的现象和本质，而且能反映那根据于现存事物但尚未成为现实的新事物。后者表明反映具有创造性。反映的创造性主要表现有二：一是对现存事物发展的前景作出预见。作为对未来事物的创造性预见，必须依据于现存事物运动的客观规律。马克思主义对于人类社会发展的共产主义前景的预见，今天的未来学对于生态环境、人类生存、科学技术等发展前景的种种合理性的预测，都是创造性的反映。在预见中，虽然主体的思维能动性起着重要的作用，但科学的预见决不是“主观自生”的，而是严格地依据于客观事物的本质和发展规律的。因此预见本质上是对于客体发展规律的反映。二是在思维中对于“理想客体”的创造。“理想客体”是观念性的非现实的存在，当它付诸实践就变成了主体所需要的现实价值物。人区别于动物的一个本质特征是，人并不屈服于自然界现状的限制，而是能够透过实践创造出丰富多彩的非天然的价值物。这种价值物在成为现实之前，首先必须作为“理想客体”观念地存在于实践主体的头脑中，并作为实践目的支配着主体实践的过程。这种观念形态的“理想客体”也不是人脑的“自由创作”。因为“理想客体”的创造必须依据于客体的性质和主体的需要，因而是客体性质和主体需要的统一所构成的客观的价值关系的反映。总之，主体认识的创造活动，不论是对于事物前景的预见，还是对于“理想客体”的创造，本质上都是主体对于客体的反映。换言之，反映具有创造性。“创造性”也是反映具有能动性的重要表现。

第三，**反映的层次性**。反映是主体对客体的反映。作为客体的客观事物不是没有结构的单一的实体，而是包含着现象和本质的有着复杂结构的统一体。马克思指出：“如果事物的表现形式和事物的本质会直接合而为一，一切科学就都成为多余的了。”[①]这表明事物的现象和本质是构成客观事物的有区别的两大层次。而本质本身还有“不甚深刻的本质”与“更深刻的本质”之分。现象显现于外，本质隐藏于内。这是客体方面的层次性。另一方面，主体的认识也具有层次性。列宁说：“人的思想由现象到本质，由所谓初级的本质到二级的本质，这样不断地加深下去，以至于无穷。”[②]作为认识活动结果的认识，包含有两大层次，即感性认识和理性认识。在感性认识中还可区分为感觉、知觉和表象三个小层次，而在理性认识中也可再区分为理性抽象和理性具体两个小层次。主体认识的层次——感性认识和理性认识与客体本身的层次——现象和本质之间，存在着相符的对应关系，这种对应关系就是主客体之间的反映关系。因而“反映关系”也就区分为感性的反映关系和理性的反映关系两大层次。所以反映作为主客体之间的反映关系也就具有层次性。哲学史上唯物主义的经验论（或“唯经验论”）和唯理论，实质上是以不同的形式都否定了反映的层次性，都是认识论上的形而上学。辩证唯物主义者肯定反映的层次性，就既肯定了反映的客观性和能动性，同时也就肯定了反映的辩证性。

第四，**反映的过程性**。肯定反映的过程性是同机械反映论的认识一次完成论直接对立的。列宁指出：“认识是人对自然界的反映。但是，

① 《马克思恩格斯全集》第25卷，第923页，北京：人民出版社1974年版。
② 列宁：《哲学笔记》，第278页，北京：人民出版社1974年版。

这并不是简单的、直接的、完全的反映”，“思想和客体的一致是一个过程”[①]。反映的过程性是由客体结构的复杂性、客体发展的无限性与主体认识能力的有限性共同决定的。就主体对于一个具体事物的反映而言，既然客体具有从现象到本质的层次性，主体又不能直观客体的本质，那么对于具体事物的反映就有一个在实践的基础上，从对于客体现象的感性反映上升到对客体本质的理性反映的过程。在理性反映中，又包含着“一系列的抽象过程，即概念、规律等等的构成、形成过程”[②]。获得理性认识后，还必须把理性认识应用于实践以检验其真理性。在总体上，这是一个从实践到认识，又从认识到实践的过程。由于认识过程充满着诸如需要与现实、认识与实践、主观与客观等矛盾，所以这样一个具体的认识过程又往往要经过多次的反复，才能完成。就认识过程的推移而言，由于客观世界的发展是无限的，人类实践的需要又会不断地提出新的认识课题，主体又不能穷尽对客观世界的认识，这就决定了人类对于客观世界的反映是一个由低级到高级的无穷的推进过程。

总之，反映本身具有客观性、能动性、层次性和过程性等固有的规定性。其中“客观性”偏重于表现客体的决定作用，但反映的客观性又不能离开主体的能动作用，反而是包含着主体的能动作用。“能动性”则偏重于表现主体的能动作用，但反映的能动性也不能离开客体的决定作用，反而是服从于客体的决定作用。可见，反映的客观性和能动性都是主体和客体共同作用的结果。至于反映的层次性和过程性，作为主体和客体共同作用的结果，就更是毋庸置疑的。所以反映的客观性、能动性、层次性、和过程性都是认识主体和认识客体相互作用所形成的反映的整体规定性。从而我们又可以把反映的诸多规定性归结为客体性和主体性的统一。

综上所述，认识的本质是主体对客体的反映。反映是其内在的诸多规定性的统一，是客体性和主体性的统一；辩证唯物主义的“反映”范

① 列宁：《哲学笔记》，第194、208页，北京：人民出版社1974年版。

② 列宁：《哲学笔记》，第194页，北京：人民出版社1974年版。

畴因此也就具有丰富的内涵。旧唯物主义把认识的本质视为排斥主体性的“反映”，这是片面的；唯心主义把认识的本质归结为主体性而否认认识的客观性，这是错误的；今天有些同志把“反映”混同于直观的反映而拒绝承认认识的反映本质，这也是错误的。

（本文发表于《学习与探索》1991年第1期）

价值哲学论

价值问题的哲学探讨

价值问题在我国哲学界正在引起人们的重视。自从马克思主义诞生以来，亿万人民之所以为实现共产主义制度而坚持奋斗，首先就是基于对共产主义的价值的认识。可见，对于价值问题的研究具有十分重要的实践意义。然而，用马克思主义观点研究价值问题，在国内还只是刚刚开始，无疑应当加强这方面的工作。本文试图从哲学角度探讨价值的一般性质。

一、价值的实质

价值现象可以成为不同学科的研究对象，作为哲学研究对象的价值不同于作为人类劳动凝结的商品的“价值”，但却可以相当于商品的或物的“使用价值”。不过经济学中的“使用价值”概念，涉及的对象比较狭窄：它只涉及物质存在物（主要是商品）在经济上的使用价值，而且只在直接的意义上考察物、商品对于主体的经济生活和经济运动的使用价值。而哲学上的价值却是一个涉及广泛范围的普遍概念，它以自然物、社会物和精神物的价值现象作为自己的研究对象，而且并不限于直接价值。虽然如此，马克思主义政治经济学关于“使用价值”的思想对于我们探讨价值问题仍有重要的启发和指导意义。

什么是物的“价值”？马克思在《资本论》中指出：“物的有用性使物成为使用价值。”在这句话的后面，马克思引注了英国资产阶级经济学家约翰·洛克的一句话：“任何物的自然 worth［价值］都在于它能满足必要的需要，或者给人类生活带来方便。”[1]因此，价值就是客体对于主体的有用性，是客体的一种满足主体需要的属性。一块石片，因为它坚利，所以才成为原始人手里切割兽肉的石刀；河床里滚圆的卵石，不能成为石刀，但却可以满足原始人追求“投击物”的需要。进一步的考察使我们认识到，客体的作为能满足主体需要的自身属性，并不是客体自身的某一孤立的单个属性，而是客体自身的诸属性的集合。这是因为“每一种这样的物都是许多属性的总和”[2]，不但客体的属性不能离开构成客体的特定质料而孤立，而且同一客体的诸属性总是相联结而存在。所以，能满足主体某种需要的，实际上是客体的某种自身属性的集合。一块石片之所以具有刀具的价值，不但因为它有利刃，还因为它具有坚硬性。只有利刃而不坚硬，或只有坚硬性而无利刃，都没有刀具的价值。同一客体自身诸属性可能有不同的集合，因而就可能因为能满足主体的不同需要而具有不同的价值。一块具有石刀价值的石片，如果具有足够的重量，那么这块不但坚硬而且有足够重量的石片，就能满足主体打砸野兽的需要，因而就具有“投击物”的价值。在这种“集合”下，石片的利刃属性便失去了它的有用性（起码是可有可无），而石片的重量属性却参与了客体的价值作用。可见，能满足主体某种需要，因而使得客体具有某种价值的，是客体的某种自身属性的集合，它可能是客体自身的诸多物理属性的集合，也可能是客体的物理属性与自身的化学属性、生物属性或社会属性的集合。

总之，一个客体具有价值，是因为它的自身属性能满足主体的需要。因此，所谓价值，也就是客体的自身属性满足主体需要的肯定性，是主体需要对于客体自身属性的肯定关系。这种肯定关系，也就是主客体间的价值关系。在这种价值关系中，客体的自身属性成为主体需要的价值对象，而主体的需要则成为客体自身属性的价值确证。这样看来，价值不是一个实体范畴，而是一个关系范畴。所以马克思指出：“‘价

① 《马克思恩格斯全集》第23卷，第48页，北京：人民出版社1972年版。
② 《马克思恩格斯全集》第23卷，第48页，北京：人民出版社1972年版。

值' 这个普遍的概念是从人们对待满足他们需要的外界物的关系中产生的”[1]。

既然价值是一个关系范畴，那么价值就只是存在于主、客体的关系之中，或者说，客体的自身属性只是在同主体需要的联系中才表现为价值。价值既不存在于单独的客体之中，也不存在于单独的主体之中。**从客体方面看**，客体的自身属性虽然是价值的承担者，但它本身并不就是价值。“价值”这一概念本来就内涵着“主体需要”的意义，因而不跟主体的特定需要相联系，某物本身便无所谓“价值”，我们也无法确定它有何价值。作为客体的“劳动力”本身有何价值？有创造财富的价值吗？有作为商品用于交换的价值吗？有创造“剩余价值”的价值吗？不与社会主体的特定需要相联系，我们无法回答其中的任何一个问题。只有当我们用“人类的需要”来评价“劳动力”时，我们才说劳动力具有创造财富的价值。只是当“劳动力”在资本主义制度下同资本家的剥削需要相联系，我们才能说劳动力是商品，有交换的价值，还能创造剩余价值。这就是说，我们说某物有某价值，那就意味着我们已经在心目中或在实践上将某物纳入了主体的需要系统。可见，不与主体需要相联系的事物本身，并不存在价值的有无问题。英国资产阶级经济学家尼古拉·巴尔本把物的价值看作是物本身固有的，他说：“物都有内在的长处<这是巴尔本用来表示使用价值的专门用语>，这种长处在任何地方都是一样的，如磁石吸铁的长处就是如此。”针对巴尔本的这一观点，马克思纠正他说：“磁石吸铁的属性只是在通过它发现了磁极性以后才成为有用的。”[2]马克思的观点是明确的，即磁石的吸铁属性并不就是价值，它只是在合乎人类需要的运用中才成为价值。相反，如果认为价值为一般存在物本身所具有，甚至认为价值是一切存在物本身的固有属性，那就会导出如下论调：一切事物生来就是为人的需要而存在。那就难以同神学目的论划清界限。

从主体方面看，价值也不是单纯主体的产物。可以说，价值问题起

① 《马克思恩格斯全集》第19卷，第406页，北京：人民出版社1963年版。
② 《马克思恩格斯全集》第23卷，第48页，北京：人民出版社1972年版。

因于主体的需要，但主体的需要本身不就是价值。主体需要必然产生追求满足的主体欲望，但这种欲望的满足不能反求于主体需要本身，只能超出“主体需要”，由主体需要之外的客体来提供。因此，价值的产生也就是主体需要的对象化。可见，不能把价值看作只存在于主体之中，更不能认为价值只是主体的随意愿望，否则就会否定价值的客观基础，使价值主观化，从而滑入主观唯心主义的价值观。

马克思关于商品使用价值的源泉问题的论述对于我们理解价值的实质，是有普遍指导意义的。马克思既肯定劳动（劳动力为主体的需要在生理上的耗费）是“使用价值的创造者”，同时又指出：“劳动并不是它所生产的使用价值即物质财富的唯一源泉。”使用价值“是自然物质和劳动这两种要素的结合”，“正像威廉·配第所说，劳动是财富之父，土地是财富之母。”[①]对于价值，我们也可以说，单独的客体自身属性或单独的主体需要都不构成价值，只有两者的统一，才构成主体与客体的价值关系，才构成价值。这个作为客体属性和主体需要相统一的价值，既是客体属性的人化、主体化，又是主体需要的对象化、客体化。价值是客体性与主体性的统一，是客体自身属性与主体需要的同一，这就是价值的实质。

自从法国哲学家拉皮埃（1869—1927）提出“价值论”、“价值哲学”的术语以来，资产阶级哲学家服务于资产阶级的利益，纷纷致力于价值的哲学研究，对价值的实质或本性作了种种唯心主义的歪曲。主观唯心主义否定价值的客观基础，把价值归结为主观属性，认为价值以人的主观爱好、欲望、利益、志趣为转移。在实用主义者杜威看来，价值是那种导致取得预期目的和设定目的的东西，并无客观依据，而是主观“愿望”、“需要”和“兴趣”的满足[②]。美国新实在论者R·B·培里则认为，“价值是依存于意识的”，“价值是欲望的函项”[③]，即价值只存在于人的欲望中。存在主义者萨特也离开价值的客观基础，把主体的“自

① 《马克思恩格斯全集》第19卷，第56、57页，北京：人民出版社1963年版。
② 见《哲学译丛》1980年第1期，第69页。
③ ［美］霍特尔等：《新实在论》，第146页，北京：商务印书馆1980年版。

由选择”看作价值的“唯一源泉”[①]。客观唯心主义则使价值脱离现实世界，把价值说成是某种超现实的类似柏拉图之“理念”的规范或理想，是最高的存在——上帝的产物。现象学的代表人物M·舍勒尔认为，价值其中包括善和恶，乃是客体具有的客观性质。但同时又认为价值不属于时空和现存世界，而存在于时空以外的“本质王国”[②]。他的所谓“本质王国”，实为“上帝”的同义语。新托马斯主义的主要人物波亨斯基说：“价值虽然以存在为基础，但是作为价值，只存在于评价的主体之中。”在“主体”与“客体”之间，波亨斯基选择了“主体”，认为价值存在于“精神性”的主体之中，这正表明了新托马斯主义的价值观同主观唯心主义的相通之处。但在他的心目中，主体并不是价值的最终归宿，主体的存在本身也只是对于上帝存在的“分有”。[③]可见，不管是主观唯心主义价值观，还是客观唯心主义价值观，都是对于价值实质的歪曲。它们的手法都是割裂主体和客体的统一关系，进而否定价值的客观性，把价值精神化。主观唯心主义把价值主观化，把价值埋入人的心中；客观唯心主义则把价值神化，把价值甩到天上。

二、价值的存在形态

我们说，价值是物的有用性，是客体性和主体性的统一，那么“价值”是否虚无缥缈，不可捉摸呢？价值就是客体的自身属性与主体需要的统一体，这个“统一体”不是不可捉摸的，它以**价值物**的形态存在着。

所谓“价值物”，是已被主体确定为具有价值的物。换言之，一切具有价值性的存在物都是价值物。价值物之所以是价值的存在形态，首先是因为价值不能离开它的物的承担者而独立。前面已经指出，价值是

① 洪谦主编：《西方现代资产阶级哲学论著选辑》，第398页，北京：商务印书馆1964年版。

② 见《哲学译丛》1980年第1期，第69页。

③ 洪谦主编：《西方现代资产阶级哲学论著选辑》，第443、442页，北京：商务印书馆1964年版。

物满足主体需要的属性，一个物的自身属性能满足主体的需要，它便表现为有用性，即表现为价值属性。因此，物的价值属性就其基质而言，就是物的自身属性。区别只在于，物的自身属性是在物的自身因素的联系中或物物联系中表现出来的属性，而物的价值属性则是在物自身属性与主体需要的联系中表现出来的属性。物（自身属性的总和）是价值属性的承担者，是价值属性的载体。没有这个作为价值载体的物，就没有价值。可见，价值只能存在于价值物之中。由于价值同价值物的关系是那样的密切，因此我们有时甚至可以把价值与价值物等同看待。马克思在谈到使用价值与商品体的关系时说过：物的“有用性不是悬在空中的。它决定于商品体的属性，离开了商品体就不存在。因此，商品体本身，例如铁、小麦、金刚石等等，就是使用价值，或财物。”[①]商品体是使用价值的存在形态，正是在这个意义上，马克思说商品体就是使用价值。同理，价值物是价值的存在形态，也正是在这个意义上，我们在实际生活中才把价值与价值物等同看待。比如，我们利用辣椒的食用价值，并不是吃它的“可食性”，而是吃它的整个感性个体。

其次是因为价值物本身就凝结着客体自身属性与主体需要的同一。宇宙间的一切事物不都是价值物，只有那些纳入了人类价值活动范围的并已被主体确认为具有价值的物，才是价值物。在这个范围之外的尚未被人类价值活动问津的存在物，暂时还不是价值物。所以价值物是人类价值活动的产物。人类的价值活动包括“价值实践活动”和“价值认识活动”，相应地，价值物就包括“人造价值物”和“天然价值物”。“价值实践活动”是主体改造客体，以创造价值物为直接目的的实践活动。如以生产生活资料和生产资料为直接目的的物质生产活动，以创建新的社会制度为直接目的的社会革命活动，以及以创造精神价值物（文艺作品、政治法律理论以及价值意义上的哲学理论等）为直接目的的精神生产活动，等等。由这类价值实践活动所产生的价值物，我们称之为“人造价值物”。因为这类价值物在形态或性质上已经不同于价值实践的客

① 《马克思恩格斯全集》第23卷，第48页，北京：人民出版社1972年版。

体，是对价值实践客体进行价值改造的结果。“价值认识活动”是主体认识客体以确定客体价值属性的活动，也就是主体对客体的评价活动。价值认识以实践为基础，价值认识的结果都要对客体价值的有无作出断定，即都要实现对客体价值状况的无知到有知的转化。其中被断定为具有价值的客体就成为价值物。像这种经由价值认识活动而确认的价值物就是价值认识活动的产物。这类价值物我们称之为“天然价值物”（如作为价值物的空气、处女地、地下矿藏等），因为这类价值物“不是由于劳动而对人有用”[①]，而是天然存在又经价值确认的价值物。既然一切价值物都是人类价值活动的产物，那么一切价值物便都打上了主体需要的印迹，都以这样那样的形式蕴含着主体的需要。人造价值物包含着“主体需要”是明显的。人造价值物作为价值实践过程的结果，是实践主体改造了实践客体的产物，是以改变了的形态或性质从实践客体转变而来的。虽然，“人在生产中只能像自然本身那样发挥作用”，即只能遵循客体自身运动的规律来改造客体，但这个转变过程毕竟是主体需要的贯彻，最后作为结果，主体便以适合自身需要的形态或性质创造出人造价值物。正如马克思所指出的：“劳动过程……是制造使用价值的有目的的活动，是为了人类需要而占有自然界”，这个过程的“产品是使用价值，是经过形式变化的而适合人的需要的自然物质。”[②]所以，人造价值物是主体追求价值目的的实现，是主体需要的物化。天然价值物从作为价值认识客体的天然存在物变成价值物，虽然没有改变客体的形态或性质，只是主体在实践的基础上对客体的价值认识过程，然而价值物作为这一过程的产物（结果）仍然包含主体需要的因素。这是因为主体对客体的价值认识过程，就是主体以自身的特定需要为标尺，对客体进行利用、试验、分析、比较、鉴定的过程，就是以主体的需要为“过滤器”对客体进行“过滤”的过程。一旦某一天然存在物被主体确认为适合主体的某种需要，即确认为“价值物”，便意味着它的自身属性已表现为价值属性，它的自身属性已同主体的需要建立了肯定关系。这就是

① 《马克思恩格斯全集》第23卷，第54页，北京：人民出版社1972年版。

② 《马克思恩格斯全集》第23卷，第208、205页，北京：人民出版社1972年版。

说，从天然存在物到天然价值物，虽然天然存在物自身的性质、形态没有变，但它同主体的关系却发生了变化。作为天然存在物，它存在于主体需要之外，同主体需要没有联系；作为天然价值物，它已被主体需要“过滤”，已同主体需要结下不解之缘，主体需要已在它身上找到自我满足的归宿。可见，不管是人造价值物还是天然价值物，都是客体自身属性与主体需要的凝结，“价值物”以感性具体的形态凝结着客体自身属性与主体需要的同一关系。

总之，价值和价值物上述两个方面的关系都肯定了：价值存在于价值物之中，价值物是价值的感性存在形态；价值是价值物的本质属性，价值物是价值的感性表现；没有价值物就没有价值，反之，没有价值，虽然物还存在，但它并不是价值物。了解了价值与价值物的关系，就便于我们进一步考察价值的属性。

三、价值的属性

作为客体自身属性与主体需要的统一体的价值，有它本身的整体属性，这些属性规定了价值之为价值。

价值的第一个属性是它的**功用性**。这是价值的根本属性。如上所述，价值即有用，无功用则无价值。某物因为对人说来具有某种功用，所以它才具有价值，才是价值物。否则，就不成其为价值物。

价值的第二个重要属性是它的**客观性**。价值不是物的单纯的固有属性，但却是价值物的客观属性。“价值”不是如唯心主义所说的，是人们的主观愿望、爱好或兴趣，而是一种客观性的现象。如果说客体的自身属性和主体需要是构成价值的两个要素的话，那么这两个要素都是客观的。客体的自身属性是客体自身固有的，它存在于主观意识之外，因而是客观的。关于主体需要，人们往往把它混同于主观欲望，因而把主体需要误认为主观意识的东西。其实，主体需要是主体欲望背后的一种客观实在的动因，主体欲望只是主体需要的意识反映。人的需要是人维持自身存在和发展的生理机能以及由此派生出来的人的其它实在的需求。如人的生理需要（饮食男女、自卫等）、精神需要（读书、娱乐等）、社会交往的需要和劳动（“自由自觉的活动”）的需要等。这些作为人的需要，都是客观实在的，是来自人的一种不可压抑的内在的物质力量。这种物质力量潜在对象性，追求对象化。作为有意识的主体意识到这种物质性的“追求”，就是主体的欲望。在马克思、恩格斯看来，“需要”也是一种客观因素，是一种物质存在。马克思说过：“饥饿是一种自然的需要；因此，为了得到满足，得到温饱，它需要在它之外的自然界、在它之外的对象。饥饿是我的身体对于存在于我的身体之外的、为了保存自己、表现自己的本质所不可缺少的对象的公开表露的需要。”[①]在这里，马克思肯定“需要”是一种“自然”的、“客观”的因素。恩格斯在批判“唯心主义的世界观”时说：“人们已经习惯于以他们的思维而不是以他们的需要来解释他们的行为（当然，这些需要是反映在头脑中，是被意识到的）。”[②]显然，恩格斯是把“需要”看作同“思维”、“意识”相对立的物质因素。也正是因为“需要”是一个物质因素，经典作家才把“需要和生产方式”一起看做是推动社会历史过程的决定因素[③]。既然客体的自身属性和主体的需要都是客观的，那么由客体自身属性与主体需要相适合所构成的价值关系也就是客观的。所以，价值是价值物的一种客观属性，价值具有客观性。

价值的客观性还表现在价值物的价值是客观存在的，是有客观标准的。一个物有无价值，有何价值，不取决于人们的主观愿望，而取决于客观存在的物的自身属性是否适合、在哪些方面适合客观存在的主体需要。资本主义制度并不因为资产阶级的欺骗性宣传而变得对无产阶级有价值，社会主义制度也并不因为反动势力的恶意诽谤而丧失对广大人民的价值。价值物的价值是客观存在的，是有客观标准的。这个客观标准就是实践检验。人为编造的假价值终会被实践所澄清，而暂时被掩盖的真价值终会被实践所确证。真理、新生事物的价值起初往往被反动势力

① 马克思：《1844年经济学—哲学手稿》，第121页，北京：人民出版社1979年版。

② 《马克思恩格斯全集》第20卷，第516–517页，北京：人民出版社1971年版。

③ 《马克思恩格斯选集》第1卷，第34页，北京：人民出版社1972年版。

所歪曲，但历史的实践一定会擦去蒙盖她的灰尘，使她放射出灿烂夺目的价值光辉。正如为捍卫真理而献身的布鲁诺在临刑前所宣告的："火并不能把我征服，未来的世界会了解我，知道我的价值的。"

第三，价值具有**社会性**。价值物的价值属性不是它的自然属性，而是社会属性。价值之所以具有社会性的理由，要从价值的起源去寻找。一般存在物无所谓价值问题，只有当它进入社会领域，即进入社会关系领域，并且同主体（人的个体、群体或人类）的需要建立了同一关系后，才具有价值，即它的自身属性才表现为价值属性。所以马克思说，价值是从人们对待满足他们需要的外界物的关系中产生的。这就是说，价值是从客体的自身属性满足主体需要的价值关系中产生的，价值物的价值属性是由这种"价值关系"规定的。我们知道，人是"社会的存在物"，是"一切社会关系的总和"，因此，人的需要不同于动物的纯粹自然的生理需要，人的需要是社会需要，具有社会性。既然人都是社会的人，只有在社会中，在同其他人的社会关系中才能存在，才能发展，那么人的种种需要也就只能在社会关系中存在，在社会关系中获得满足。即使是人的饮食男女之类的生理需要，也是被联结于社会联系中的人的需要，也是打上社会性烙印的。正如马克思所指出的："饮食男女等等也是真正人类的机能（不是动物的机能——笔者）"，这些机能是不能同其他人类社会活动割裂开来的[①]。既然主体的需要是一种社会需要，那么由主体需要追求对象化所建立起来的"价值关系"就是一种社会性的关系，作为主体的社会需要的对象化的"价值"也就具有社会性。此外，主体与客体之间的价值关系是在社会实践中建立的，因而为"价值关系"所肯定的客体的价值属性就是社会实践的产物。

在阶级社会里，价值的社会性还表现在价值的阶级性问题上。价值的阶级性问题，即价值与阶级性的关系问题，是一个复杂的问题，有着不同的类型，要作具体分析。价值与阶级性的关系区分为不同的类型，其根据仍然存在于价值的实质之中。即存在于客体自身属性与主体需要

① 马克思：《1844经济学—哲学手稿》，第48页，北京：人民出版社1979年版。

的统一之中。由于客体自身属性和主体需要各自与阶级性有不同的关系，作为两者的统一的价值与阶级性的关系便表现为不同的类型。归结起来，大致有以下三种：

A类，没有阶级性的价值。作为没有阶级性的客体自身属性与没有阶级性的主体需要的统一的价值，就属于这一类。就是说，如果价值物的自身属性没有阶级性，它所满足的主体需要也没有阶级性，那么这类价值物的价值就没有阶级性。物质生活资料的价值就属于这类没有阶级性的价值。

B类，有阶级性的价值。作为有阶级性的客体自身属性与有阶级性的主体需要的统一的价值，就属于这一类。就是说，如果价值物的自身属性有阶级性，它所满足的主体需要也是特定阶级的需要，那么这类价值物的价值就有阶级性。这类价值如阶级社会里社会制度的价值、国家政权的价值、意识形态的价值等。这类价值物只满足特定阶级的需要，它的价值只对特定阶级才是价值，所以有阶级性。

C类，有双重性质的价值。所谓有“双重性质”的价值，就是同一价值物，因其自身属性能满足不同性质的主体需要，便具有不同性质的价值——就其能满足人类共同需要而言，它没有阶级性；就其能满足阶级需要而言，它有阶级性。生产资料、武器、自然科学知识等在阶级社会中的价值便属于这类价值。就各个阶级都需要生产资料、武器、自然科学知识，都需要在自己的价值活动中利用这些价值物而言，这些价值物的价值没有阶级性。就各个阶级利用这些价值物以满足自身特殊的阶级需要而言，这些价值物的价值又有阶级性——同一价值物在不同的阶级手里，有不同的价值。

第四，价值具有**历史性**。价值是历史的，没有永恒的价值。每一个具体的价值都是客体的特定属性与主体的特定需要的具体统一。世界上的一切事物、现象都处在不断的产生、发展和消灭之中，因而每一客体及其属性和每一主体的需要也是处在不断的产生、发展和消灭之中。随着客体及其属性或主体需要的改变，客体属性与主体需要之间原有的“具体统一”就会解体，新的“具体统一”就会出现。同这一过程相伴随，原有的价值就会丧失，新的价值就会产生。所以，客体自身属性与主体需要的统一是具体的历史的统一。因而每一具体价值的存在都是一个历史的过程，都有一个从产生到消失的过程。一个具体价值，或者会由于价值物自身的消亡而消失，或者会由于不能满足主体新的需要而丧失。没有一种价值是永恒的。剥削阶级宣扬剥削制度的永恒价值，那只是他们的一厢情愿，只是维护其阶级私利的骗人鬼话。

价值是历史的，还因为价值体系是一个历史的发展过程。价值是一个体系，是一个由多种多样的具体价值有机构成的发展着的体系。价值体系的发展过程是同人类社会实践的发展过程相适应的。价值并不是从来就有的，只是在人类出现以后，由于人类需要的对象化，才产生客体满足主体需要的价值现象，随着人类世代实践活动的深入和扩展，人类在深度上从宏观到微观，在广度上，从宏观到超宏观，发现和利用着愈益增多的新的价值，无限的物质世界也就不断地为人类的价值体系增添着新的价值物，使这个价值体系越来越复杂、膨胀，并且循着一定的规律发展着。在总趋势上，价值体系的发展过程是旧价值消失，新价值产生，新价值取代旧价值的过程。新价值取代旧价值是一个辩证的否定过程，它不是完全抛弃旧价值，而是以扬弃的形式把旧价值包含于自身。这样新价值就"不仅没有因其辩证的前进运动而丧失了什么，丢下了什么，而且还带着一切收获物，使自己的内部不断丰富和充实起来。"[①]从以往一切机械工具到现代的电子机器人，从历史上一切思想体系到马克思主义思想体系，从过去的一切社会制度到今天的社会主义制度等等，后者的价值都以扬弃的形式包含并超过前者的价值。所以人类的价值体系就必然是一个由简单到复杂、由低级到高级的历史发展过程。在将来的共产主义时代里，人类一定会创造出一个最绚丽多彩的、最适合人的全面发展的价值体系。

（本文发表于《哲学研究》1983年第8期。《哲学研究》编辑部在回

① 列宁：《哲学笔记》，第250页，北京：人民出版社1974年版。

信中说："大作文字思想都清楚，有一定质量"。《国内哲学动态》1984年第6期对本文作了专文介绍。就作者所知，本文是新中国成立之后从哲学上专题论述价值本身问题的第一篇论文，由此引发了我国哲学界关于哲学价值观的一系列讨论。本文被评为省级社会科学优秀成果二等奖）

关于哲学价值观的论辩

郝孚逸同志的《从价值理论的探讨谈学习和运用马克思主义》（简称《探讨》）和郝晓光同志的《价值是使用价值和交换价值的扬弃——论商品价值的哲学意义》（简称《扬弃》，二文均载于《湖北社会科学》1987年第3期）对包括笔者在内的一批同志所持的哲学价值观作出了全盘的否定。然而通观《探讨》和《扬弃》全文，原来两文的全部立论是置于一个歪曲和一个误解之上的。第一，把我们所主张的哲学意义上的价值概念歪曲为物品的“使用价值”。第二，把马克思主义的商品价值概念误认为哲学意义上的普遍价值概念。虽然是“歪曲”加“误解”，但它却表明，当前人们对于马克思主义的哲学价值观存在着多么大的分歧！本文旨在澄清其“歪曲”和“误解”，着重阐述笔者对于马克思主义哲学价值观的看法。不当之处，请二郝同志批评。

一、我的哲学价值概念

两文一再地把笔者（以及其他同志）的哲学价值概念说成就是物品的“使用价值”概念。说我们这些人“把使用价值说成价值”，“把价值归结为使用价值”等等。而事实上，包括笔者在内，我们既没有把哲学价值概念混同于商品价值概念，也没有等同于“使用价值”概念。二郝同志对于拙作《价值问题的哲学探讨》（《哲学研究》1983年第8期）中的一句话特别感兴趣，多处加以直接或间接的引用。这句话就是：“作为哲学研究对象的价值，不同于作为人类劳动凝结的商品的‘价值’，但却可以相当于商品的或物的‘使用价值’。”他们不顾起码的修辞常识，不顾上下文的本意，一再地用这句话来“证明”所谓笔者把哲学价值概念等同于物品的使用价值概念。不客气地说，这是肆意歪曲。因为我的那篇文章对于哲学价值概念与使用价值概念的区别本是明显的，只要尊重原意，是不会发生这种误解的：第一，这句话中关于哲学价值概念与使用价值概念的关系，我使用的是“相当于”，而不是“等同于”。“相当于”即既有同又有异，这本是常识。第二，紧接这句话之后，我还进一步对于这两个概念的“异”作了这样的补充说明：“不过经济学中‘使用价值’概念，涉及的对象比较狭窄：它只涉及物质存在物（主要是商品）在经济上的使用价值，而且只在直接的意义上考察物、商品对于主体的经济生活和经济运动的使用价值。而哲学上的价值却是一个涉及广泛范围的普遍概念，它以自然物、社会物和精神物的价值现象作为自己的研究对象，而且并不限于直接价值。”仅此两点，读者便能辨明孰是孰非。

为了澄清是非，更为了从正面展示笔者的观点，简要地重申和阐述笔者对于哲学价值概念的理解是必要的。

大千世界，事物无限多样，现象无限复杂。从自然界分化而来的人类，为了自身生存和发展的需要，反求于自然界，向自然界寻找满足。在长期的向自然界索取的斗争中，人们发现复杂多样的自然物具有一种满足人的吃、喝、住、穿等生存需要的性质。但是，“世界不会满足人，人决心以自己的行动来改变世界”（列宁语）。人的多样或多层次的需要，无法从天然物中获得满足。于是，“人通过自己的活动按照对自己有用的方式来改变自然物质的形态”（马克思语），也按照对自己有用的方式来改变社会关系、改变人类自身的思想。这样，不但天然物，而且人化物——人类的一切实践活动的产物——物质产品、社会产品（如社会制度）、精神产品便都具有满足人需要的属性。由于客观事物的这种“满足人需要”的属性（或性质），对于人的生存和发展至关重要，因此，几千年来，人们就怀着珍惜的心情用一个携带着崇敬情感的字眼来称呼它，这就是“价值”。

人们能够将一种现象同其它现象区别开来并予以命名，不等于就认识了这种现象的实质。长期以来许多哲学家都试图回答“价值”是什么，但至今仍众说纷纭。笔者认为，从哲学上看，价值的实质就是对人的有用性。不管天地间多样的事物具有怎样多样的特殊价值，因为它们都能满足人的特定的需要，便都是对人的一种有用性（有的同志称之为“意义”。但只要是对人的意义，说到底便都是对人的这样那样的有用性。“有用性”这一词较之“意义”具有通俗性、明确性的优点）。所以，我给“价值”下了这样一个定义：“价值就是客体对于主体的有用性，是客体的一种满足主体需要的属性。”

我们说价值是客体的一种属性，这是就客体是价值的承担者而言的。当我们说“房屋的价值”、“人的价值”的时候，不可以为房屋本身、人本身就有价值。价值属性不是物自身固有的属性，因为物不是生来为满足人的需要而存在的。在人类出现之前，大自然万千事物本身不存在一个价值问题。价值既不为物本身所固有，也不为客体所独有。单独的客体具有自身的属性，但客体的自身属性不就是价值属性。只有当客体实际地纳入了主体的需要系统，表明它具有满足主体一定需要的性质，才显示客体具有特定的价值，没有主体需要，就没有价值。单独的主体也不构成价值。不能认为价值是单独的主体需要的产物，更不能认为价值就是主体的愿望。可以说，价值问题起因于主体需要，但只有当主体的需要在客体身上寻得了满足的对象，才产生了客体的价值。价值是主体需要的对象化，没有作为对象的客体及其自身属性，就没有价值。因此价值是一种关系，是一种客体的自身属性满足主体需要的价值关系。“有用性”——“价值”本身就蕴涵着“某物能满足某人需要”的关系，因而就蕴涵着客体与主体的价值关系。客体与主体及其价值关系是“有用性”——“价值”的涵项。所以，价值也就是客体的自身属性满足主体需要的肯定性，是主体需要对于客体自身属性的肯定关系。价值关系中的客体和主体是构成价值的两个不可或缺的基本因素。但二者在价值中的地位和作用却有所不同。客体的自身属性（或属性的集合）构成价值的基质、基础，主体的客观需要决定价值的有无和类型。总之，价值是客体与主体间价值关系的产物，是客体的自身属性与主体需要的同一，是客体对主体的有用性。

正因为“有用性”是价值的实质内容，所以我在拙作《价值问题的哲学探讨》中指出：“价值的第一个属性是它的功用性。这是价值的根本属性”，“价值即有用，无功用则无价值”。然而《扬弃》的作者却断然宣称：“‘价值即有用，无功用则无价值’和‘功用性是价值的根本属性’的观点是错误的。”这对于他自己来说是对的，因为他心目中的“价值”是商品价值。可是我讲的是哲学上的“价值”！本来是互不相干的两个概念，他却要做这种违背同一律的简单的指责，这于讨论的进展有何益处？

二郝同志之所以把哲学价值概念误解为“使用价值”，还在于他们认为“有用性即使用价值”。读者从上文关于哲学价值概念的阐述中可以看出，作为哲学价值概念的“有用性”不同于物品的“使用价值”。使用价值是有用性，但有用性不等于使用价值。马克思指出：“商品的使用价值为商品学这门学科提供材料”，“使用价值”作为“交换价值的物质承担者”为政治经济学所研究[①]。这就是说，商品或物品的使用价值只是商品学、政治经济学、技术学或其它自然科学的研究对象，它只是一个具体学科的范畴。而“有用性”则是一切物在与一切人（个人或集体）构成的价值关系中所表现的共同属性，它是价值哲学研究的对象，是一个具有普适性的哲学范畴。“使用价值”也是一种价值关系，但是处于这种价值关系两极的“物”和“人的需要”都是有限的、特殊的。“使用价值”只是部分存在物与个人的部分需要的关系。因此，作为“使用价值”的价值关系是一种特殊的价值关系。而“有用性”中客体和主体，是两个普遍概念。这里的“客体”可以包括一切客观存在物（自然物、社会物、精神物等），“主体”包括一切个人和个人的集合体（集体、阶级、政党、社会、人类等）以及一切主体的任何层次的需要。任何一种客体满足任何一种主体需要的关系中都包含着共同的“有用性”。所以，作为“有用性”的价值关系是一种普遍的价值关系。可

① 《马克思恩格斯全集》第23卷，第48页，北京：人民出版社1972年版。

见，“使用价值”与“有用性”的关系，因而“使用价值”概念与哲学“价值”概念的关系，是特殊与普遍、个别与一般的关系。哲学意义上的“价值”不等于“使用价值”，却等于“使用价值”这一语词中的“价值”。正如“人”不等于“白人”，却等于“白人”这一语词中的“人”。这就表明，作为个别而存在的“使用价值”中包含着“价值一般”；作为“价值一般”的哲学价值概念不等于“使用价值”概念。

二、商品价值论不是哲学意义上的价值论

二郝同志否定哲学价值概念的根本“理由”是：在马克思主义的理论体系中，商品价值论就是哲学意义上的价值论，除此之外，不能有其它的哲学价值论。他们明确宣称：“商品价值就是马克思主义哲学意义上的价值，商品价值学说就是马克思主义的价值学说。”，“除了商品价值概念，马克思主义的价值学说中不存在其它的价值概念。”

这是一个明显的不应有的误解！每一位具有马克思主义常识的人都不会同意。

我们所说的“哲学意义上的价值论”是什么意思？所谓“哲学意义上的价值论”，就是从哲学高度上研究的价值论。这种“价值论”是一种哲学，是马克思主义哲学体系的构成部分。所以，“哲学意义上的价值概念”，就是说，这里的“价值”是一个哲学概念，是哲学这门区别于具体科学的一般科学的概念。作为哲学概念的概念，其基本特征是：相对于具体科学而言，哲学概念是普遍概念，具体科学的概念是特殊概念。哲学概念超越具体科学的界限，具有更大的普适性。而具体科学的概念只适用于本学科的范围，只在本学科内具有普遍性。一旦超出本学科的界限，便是特殊性的东西了。“价值”的哲学概念具有超越具体价值领域的普适性，它不局限于某一特定领域，而是对于各个领域中客观事物对人的“有用性”的概括；反过来对于人类各个领域的价值活动提供方法论指导。

显然，“商品价值论”不具有这样的“哲学意义”。

首先，商品价值论的研究对象只限于商品及其价值。这一点连二郝同志自己也没有否认。《探讨》说："价值研究的基本对象"是"商品"。既然商品价值论的研究对象是具体的商品，那就表明，商品价值概念不是一个哲学范畴，而是一个经济学范畴。有马克思的话为证，他们明确地指出：商品"价值"是一个"经济学范畴"，是一个"经济范畴"[①]。同时也表明，商品价值论只属于具体科学的范畴，是具体科学——政治经济学的内容。事实上，商品及其价值历来是政治经济学研究的对象。不仅马克思主义政治经济学，在这之前的古典政治经济学，庸俗政治经济学都曾着力于商品价值的研究。试图对商品价值的实质作出说明。马克思的历史功绩在于他第一次用明确的语言科学地揭示了商品价值的真实内涵，指出：商品价值"是无差别的人类劳动的单纯凝结"[②]。并以商品价值论为逻辑前提，引出剩余价值论，进而构造了马克思主义的整个政治经济学理论体系，从而为科学社会主义的创立奠定了政治经济学基础。可见，商品价值论只是马克思主义政治经济学的一个构成部分。而马克思主义政治经济学与马克思主义哲学、科学社会主义一起构成了马克思主义科学理论体系的三大部分。包括商品价值论在内的马克思主义政治经济学不是马克思主义哲学，这是众所周知的。

其次，商品价值概念不具有哲学的普适性，不能用它来解释大量的非商品的价值现象。商品价值只为商品所具有，而只有处于交换中的劳动产品才是商品。马克思不承认任何非商品的事物具有商品价值。因此，商品价值论只能解释商品现象，超出这一领域，它便无能为力了。在范围广阔的、丰富多彩的人类社会生活中，成为商品的事物是十分有限的。在人类漫长的社会历史中，商品现象的存在是极为短暂的。不但人类社会历史之初，曾经长期不存在商品，而且未来的共产主义社会，商品亦将不复存在。就是在生产商品的社会历史中，成为商品的事物也只是所有事物的一部分。然而，不仅商品，而且在商品之外的纳入人类历史实践系统的各种事物，从不同方面、在不同程度上都能满足人的多

① 《马克思恩格斯全集》第19卷，第406、417页，北京：人民出版社1963年版。
② 《马克思恩格斯全集》第23卷，第51页，北京：人民出版社1972年版。

种多样的需要，即都具有价值。对于这类超出商品价值概念外延的日益增多的满足人需要的价值现象，无法也不能用商品价值概念加以解释。天然物、劳动产品（包括商品）对人有这样那样的使用价值，这种“使用价值”可以用商品价值概念加以解释吗？马克思说：在商品价值中，“不包含任何一个使用价值的原子。”[①]不同的社会制度对于劳动人民具有不同的价值，或者成为人们苦难的根源，或者成为人们幸福的保证。这种社会制度的价值可以用商品价值概念加以解释吗？要知道，社会制度既不是劳动产品，更不用于交换。同一个人作为价值客体，对于不同的价值主体，被要求有不同的价值。妻子（丈夫）希望他（她）成为一个好丈夫（好妻子），同事希望他（她）是一位表里如一、乐于助人的好朋友，国家要求他（她）是一位遵纪守法、多作贡献的好公民。这种“人的价值”是可以用商品价值概念加以解释的吗？至于精神领域中的真、善、美价值，即知识价值、道德价值、审美价值，就更具复杂性，这些问题也决不是凭借商品价值论所能解答的。相反，所有这一切价值现象都是一个“有用性”问题，都是客体的不同属性与主体的不同需要之间的价值关系问题。因此，可以而且只能用哲学价值论加以解释。

再次，如果一定要坚持用商品价值论去看待、推论事物的价值，就会得出错误的甚至是荒谬的结论。用商品价值论去看待事物的价值，就是用商品价值的眼光去衡量事物的价值。商品价值是抽象的社会劳动的凝结，“在商品体的价值对象性中连一个自然物质原子也没有。因此，每一个商品不管你怎样颠来倒去，它作为价值物总是不可捉摸的。”[②]商品价值只是在商品的交换关系这种社会关系中才能表现出来，才能为人所捉摸。商品价值在商品交换中表现为商品所值，即表现为商品的交换价值。而商品的交换价值最终表现为特殊的商品——货币（或货币的符号——纸币）。如果用这种商品价值的眼光去看待人的价值，那么：

第一，只能推出两个自相否定的然而又都是错误的结论：要么所有的人都是商品，要么不是所有的人都有价值。因为从商品价值的观点看

① 《马克思恩格斯全集》第23卷，第50页，北京：人民出版社1972年版。

② 《马克思恩格斯全集》第23卷，第61页，北京：人民出版社1972年版。

来，只有商品才有价值，价值只能为商品所具有。所以，如果肯定所有的人都有价值，就必须肯定所有的人，即任何社会的人都是商品。但事实上并不是任何社会的人都是商品。如果承认并非所有的人都是商品，就必须承认并非所有的人都有价值。但事实上所有的人都有价值。这就表明，商品价值论与现实“人的价值”非同一理，也就证明不能用商品价值论来说明人的价值。在这个问题上，《扬弃》的言论是十分玄奥的。它说：“商品并不是在任何历史时期都有价值……到了共产主义社会，极大丰富的物质条件不再要求商品价值来表现人的社会关系，‘各取所需’的商品如同空气一样，失去了表现人的社会关系的价值。”在共产主义社会里，商品存在着，但商品的价值消失了。这是什么妙论！我们暂且不管未来共产主义社会不用于交换的产品是不是“商品”，我们只想问问：既然在共产主义社会里，“商品”的价值消失了，那么人的价值是否也消失了？如果回答“消失了”，那么这只能是无知的蠢话。在马克思主义看来，在未来的共产主义社会里，人类将由必然王国进入自由王国，人的价值不但不会消失，反而将达到最完善最崇高的境界。如果回答“没有消失”，那么应当用什么“主义”去说明这种非商品价值的空前完善的人的价值？这说明他们所坚持的逻辑前提——用商品价值论去解释非商品价值的价值现象——是不科学的。

第二，就会从商品交换的角度去看待人的价值，就会用商品价值的表现形态——货币——金钱去衡量人的价值；在社会主义条件下，就会把人们的工资以至于金钱上的收入看成人之价值大小的标准。这是把商品价值论看成哲学价值论所必然得出的结论。关于什么是人的价值，虽然“二文”没有作出前后一贯的阐述，但文中也多少透露出作者的观点。“二文”认为：“商品的价值”“决定着人与人之间的价值关系”。“‘按劳分配’，就是按社会劳动分配价值。价值表现个人在社会劳动中的社会地位，表现劳动者之间的社会关系。”“人的工资的差别表现为人的社会地位的差别”。这里表达的观点还是清楚的：工资是价值的表现，工资的差别表现人的社会地位的差别，表现人的价值的差别。这种“人的价值”观是错误的。在资本主义制度下，工资只是雇佣工人劳动力商品价值的表现。在社会主义制度下，工资是工人所创造的新价值中经过社会各项扣除之后归工人自己消费的那部分价值，是社会对工人所作出的贡献付予报酬的一种形式。工资不等于工人所创造的全部劳动价值，更不能用工资的多少衡量一个人的社会地位和价值。在社会主义生产关系中，劳动者之间由于分工不同，能力不同，工资会有差别，但劳动者之间的社会地位仍然是同志式的平等关系。用工资，以至于用一个人所拥有的金钱来衡量一个人的价值，这正是资产阶级的价值观。价值即有用，人的价值即人的有用性。但不同的阶级对于“有用性”有不同的看法。阶级的价值观取决于阶级的利益。资产阶级的利益在于维护资本家私有制，在于为资本家私人榨取最大限度的剩余价值，因此资产阶级强调的是自我价值，对“自我”有用的就有价值。在资产阶级看来，金钱最能满足资本家追求财富的欲望，因此金钱具有最大的价值，拥有金钱的人就是有价值的人。金钱越多，价值越高。作为千万富翁、亿万富翁的资本家便具有最高的价值。金钱成了资产阶级衡量人的价值的标准。在这一价值标准下，无产阶级的价值被掩盖、被抹煞了。而无产阶级的根本利益在于建立和维护社会主义公有制，在于解放全人类，因此无产阶级强调的是社会价值，对社会有用的，有利于社会前进的就有价值。因此，在无产阶级看来，一个人的价值不在于他的工资多少，地位多高，而在于对社会、对人类作出了多大的贡献。贡献越大，价值越大。为社会为人民的利益牺牲了自己的一切乃至生命的人，具有最大的价值。为保卫祖国而献出自己生命的普通战士们，他们的人生价值是不能用工资、地位来衡量的。可见，人的价值以及其它事物对于人的价值问题，不是一个商品价值的问题。令人寻味的是，《探讨》的作者虽然坚持认为商品价值学说是马克思主义的唯一的价值理论，可是当他具体谈论人的价值时，他所肯定的正是他所反对的“有用性”价值观。他这样说：人的“价值是在人与社会的关系中产生，是人在社会中发挥什么作用和处于什么地位决定的。”（着重号为引者所加）又说：“我们同意并积极提倡这样一种价值观，即‘人的价值在于贡献’”，“一般说来，人的一生能顺乎历史潮流，适应社会进步，为人民群众谋利益，就是有价值的人生。”还说：“在社会主义社会，以对社会的贡献作为价值标准”。这究竟是说明作者缺乏逻辑上的前后一贯性，还是暴露了商品价值论无法解释现实中非商品的价值问题、暴露了商品价值论不是哲学意义上的价值论？

然而，《扬弃》的作者对什么是“哲学意义上”的概念有其特殊的理解。为了论证商品价值概念就是“哲学意义上”的价值概念，其一，着力阐述了“价值是使用价值和交换价值的扬弃”这一命题，认为“价值是使用价值的‘量’的扬弃与交换价值的‘性’的扬弃之和。”但是，如果这一命题是正确的话，那么它最多也只是表明：商品价值概念本身作为具体概念是“多样性的统一”，包含着诸多规定的辩证关系，包含着辩证法原则即哲学原则。然而肯定这一点仍不能否定商品价值概念本身是经济学这一具体学科的一个特殊概念，正如不能因为数学、物理学的范畴、原理本身包含着哲学原则而否定其为数学、物理学范畴、原理一样。恰恰相反，这一事实反而证明了商品价值概念与其中所包含的哲学辩证法的关系是个别与一般、特殊与普遍的关系。其二，作者认为，“使用价值概念不具备价值概念的完整性、抽象性和变化的联系性，一句话，它不具备价值概念的普遍性。”交换价值也“不具备价值概念的完整性”。因此，只是具有“普遍性”的商品价值概念才是哲学概念。这又是一个误解。哲学概念具有普遍性，但不是所有具有普遍性的概念都是哲学概念。因为“普遍性”有其相对性。在一定范围内是普遍的，超出这一范围，便是特殊的。哲学概念的普遍性是一种贯串于诸多具体学科之中的、在一个相对独立的广阔的现实领域中都适用的普遍性。至于商品价值概念的普遍性，《扬弃》的作者只是在同使用价值和交换价值的比较中认定它具有普遍性。这种普遍性仍局限于商品经济领域，仍未超出政治经济学的范围。而且就普遍性的范围而言，使用价值概念和交换价值概念的普遍性并不比商品价值概念逊色。只要是商品，就有商品的价值。同样，只要是商品，就有商品的使用价值和交换价值。甚至使用价值概念比商品价值概念更具普遍性，因为不仅商品有使用价值，非商品的物品也有使用价值。因此，不能仅仅根据商品价值概念的“普遍性”，就断言它是哲学概念。

总之，商品价值论不是哲学意义上的价值论。如果认为“除了商品价值概念，马克思主义的价值学说中不存在其它的价值概念”，这就无异于宣布没有马克思主义的哲学价值论，人类社会生活中广阔的价值领域就只能让非马克思主义去占领。

三、什么是对待马克思主义的正确态度

读了《探讨》和《扬弃》，给人留下一个强烈的印象：“二文”喜欢轻率地给持不同见解的论者下指责性断语，而且喜欢同对待马克思主义的态度相联系。这类指责随处可见，现略举一二：“二文”说什么“把瓦格纳的观点当成马克思的观点的同志”是“单靠寻章摘句来推论概念，或者用假想的理由另构一种体系”，是“专靠寻章摘句，以致断章取义……孤立地从词源上去推出结论”，“都是和马克思主义格格不入的”。指责这些同志不应该“将商品价值排除在马克思主义哲学之外”，这样做就是胆敢轻视马克思的价值学说，“就连马克思主义的论敌也未敢轻视马克思的价值学说”。宣称这些同志“重复了庸俗政治经济学的观点”，犯了“严重的理论错误”。其原因据说“是由于缺乏对马克思的价值学说的深刻理解”，“恰恰在于缺乏对马克思主义的认真学习”。这些同志所持的哲学价值论“被（别人或自己）说成是马克思主义的价值理论……然而事情的真实面貌并非如此”。而认定马克思主义哲学包含商品价值学说的“二文”作者当然自信是真正在坚持和发展马克思主义了。如此等等。这些指责是否慎重，是否公正，读者自有公论。

我们认为，在讨论学术问题时，尤其是在刚刚起步讨论一个复杂的学术问题时，不必急于抛掷帽子。要知道，真理既不吓人也不怕吓。但既然问题被说成如此“严重”，那就要把话说清楚：哲学价值论是否坚持了马克思主义？什么才是坚持和发展马克思主义？“二文”对待马克思主义的态度是正确的吗？

具体说来，有两个问题值得讨论：

第一，哲学价值论研究是“单靠寻章摘句，推出结论”，还是立足于现实？

国内真正重视并着手研究哲学价值论问题，是党的十一届三中全会之后的事。尤其是近四、五年来，哲学价值论的研究在国内掀起了一股引人注目的热潮。数量可观的论文发表了，一批开拓价值论研究新生面的专著出版了，一些国家级、省市级的科研单位和杂志社还先后组织了价值论专题讨论会。这表明哲学价值论的研究正在引起学术界的日益关注。马克思主义哲学价值论作为马克思主义哲学的一个综合性分支，正在向认识论、伦理学、美学、文化学等学科渗透。价值论的研究给我国学术界增添了一股清新的空气，价值论的方法正在影响人们的视角。随着研究的深入，它的重要性将愈益得到人们的认识。哲学价值论研究的这种日渐扩展的趋势的出现，决不是偶然的，决不是“单靠寻章摘句”，主观推论的结果，而是有其深厚的现实背景。

对事物的价值现象作哲学的研究，起始于十九世纪，哲学价值论或价值学作为一门学科，则出现于十九世纪末二十世纪初。价值学产生之后，它就成为现代西方哲学的一股重要的哲学思潮。尤其是近二、三十年来，在资本主义经济的“繁荣”和危机的双重冲击，以及资本主义社会固有的公害丛生和精神生活的糜烂之风日益严重的社会背景下，随着人们对于人的命运、社会前途的空前关心，价值学的研究在西方再次出现高潮。许多哲学家投身于价值学的研究，专门讨论价值问题的国际会议相继召开。美国价值学者R·李卜莱说：“今天，在科学和力量的世界上，对于人类的生存和合作，大概没有什么问题比有关价值形态和价值本质的研究更为重要的了”[①]。尽管我们不认为价值问题的研究高于一切，但不能不承认，同人类的生存和发展关系密切的价值问题是一个足够重要的问题。然而到今天，价值学史基本上还是资产阶级价值学占统治地位的历史。尽管在现代西方价值学中，流派纷呈，其中也不乏真知灼见，但在总体上都是唯心主义的或形而上学的。价值的实质在现代

① 张书琛：《西方价值哲学思想简史》，第10页，北京：当代中国出版社1998年版。

西方哲学那里受到了严重的歪曲。这种“歪曲”既与各哲学派别的唯心主义本体论一脉相通，又渗透着资产阶级的特殊利益。这种被歪曲了实质的资产阶级价值观支配着人们的价值观念，影响着社会生活的各个方面，服务于资产阶级的根本利益。党的改革开放政策打破了中国人民对于外部世界封闭无知的状态，打开了中外文化交流的通道窗口，在中国人民面前展示了丰富多彩的哲学世界。同时，资产阶级的价值学思潮，也鱼目混珠，通过各种途径，被带入国内，正在侵袭着人们的头脑。中国哲学必须面对世界，走向世界。作为社会主义中国的哲学工作者有义务有责任用马克思主义的立场、观点和方法去汲取西方价值学的一切养分，同时剔除其一切糟粕，并依据无产阶级的革命实践，为创建马克思主义的价值哲学作出贡献；有义务有责任用马克思主义去占领价值学这块重要的阵地。

改革把价值问题的重要性直接推到各级党政领导和广大理论工作者的面前。价值构成改革本身的一项有机因素，价值因素成为改革健康开展的一个重要依据。改革的目的是多样的，有近期的，也有长远的；有直接的，也有间接的。但根本的目的是为了满足人们日益增长的物质和文化生活的需要。这个根本目的就是改革的价值目标。成功的改革应该是最能实现这一价值目标的改革。因此，在进行经济体制改革、政治体制改革和科技、文化、教育体制改革的时候，就应当考虑，在现阶段条件下，什么样的体制更能实现这一价值目标。总之，价值因素作为价值目标制约着改革的方向。在我国现阶段，必须坚持四项基本原则，必须坚持改革开放的方针。因为只有坚持这“两个基本点”，才能真正建设有中国特色的社会主义，才能真正实现改革的价值目标。所以“两个基本点”符合中国人民的根本利益，对于中国人民具有真正的价值。正是这一点，决定了“两个基本点”的极端重要性。价值因素对于改革的作用是通过价值观念的作用实现的。改革需要价值观念的更新，改革又促进价值观念的更新。改革的浪潮冲击着人们的思想，导致人们价值观念的急剧变化。几千年来被视为理所当然的旧观念，正在被适应改革需要，顺乎时代潮流的新观念所取代。“开放”也从国外引进了一批新的价值观念。各种价值观念争长竞短，呈奇斗艳，使我国十一届三中全会以来的思想界、理论界出现了空前活跃的大好局面。但是，并非一切价值观念的变化都具有更新的意义，并非一切从外国引进的观念都是好的。其中就有形形色色的资产阶级的旧货色。这些旧货色就成为酿成资产阶级自由化思潮的思想根源。而我们的有些同志，尤其是一些青年人却把它当作正确的价值观念接受下来。这样，改革的实践要求哲学工作者用马克思主义的立场、观点和方法去研究价值问题，对于价值现象作出科学的概括，以为改革的指导；要求用马克思主义的价值观去辨别什么是正确的为改革所需要的价值观念，以澄清人们价值观念的是非。

正是面对现代西方价值学思潮的冲击，适应我国改革和四化建设的需要，一批哲学工作者拿起马克思主义的思想武器，开始了对价值问题的苦苦研究。他们以人类社会实践中普遍存在的价值现象为理论对象，以国外价值学研究的思想材料为借鉴，努力同唯心主义的、形而上学的价值观划清界限，从哲学高度揭示了价值的实质，并逐步展开对价值问题各个方面的研究，写出了一批有创见有质量的论著，填补了我国价值论研究的空白，取得了初步的成果。不必讳言，由于哲学价值论的研究刚刚开始，有许多问题尚待探讨，因此不成熟的观点在所难免，论者之间的一些具体见解也不尽一致。但应该肯定，哲学价值论的研究者们是努力用马克思主义去解决问题的。可见，一大批价值哲学论者的产生，是以深厚的现实为基础的，“单靠寻章摘句，推出结论”的指责是轻率的。立足于社会实践，努力用马克思主义去解决实践提出的问题，作出新的理论总结，以服务于社会实践，这正是马克思主义一再教导我们的对待理论研究的正确态度。坚持这一态度，就是坚持马克思主义。

第二，马克思主义经典著作没有专门论述的问题能不能研究？

这本是个不成问题的问题，但在“二文”中却是个问题。

尽管“二文”没有用明确的语言说“马克思主义经典著作没有专门论述的问题不能研究”，但“二文”的全部基调却明白无误地这样告诉我们。《扬弃》断言：“商品价值就是马克思主义哲学意义上的价值”，“除了商品价值概念，马克思主义的价值学说中不存在其它的价值概念。”“二文”认为，马克思的“商品价值学说”既是“马克思主义的价值学说”，又是“马克思主义哲学”。谁要是谈论或研究与“商品价值概念”不同的马克思主义哲学价值论，谁就是“缺乏对马克思的价值学说的深刻理解”，就是“缺乏对马克思主义的认真学习”。固守着这一基本思想，第一，“二文”只会用商品价值概念去裁判他人的哲学价值论，而不考虑他人哲学价值论的本意。这样，一方面，“二文”就不顾哲学价值论者为哲学价值概念规定的明确涵义，处处把哲学价值概念歪曲为“使用价值”概念，进而按照“二文”的逻辑，指责哲学价值论把商品价值归结为使用价值，“重复了”瓦格纳的“庸俗政治经济学的观点”（见《湖北社会科学》1987年第3期第4、5、6、10、11、17、18等页）。另一方面，“二文”又处处把别人论述中的哲学价值概念偷换成商品价值概念，然后做起那无的放矢的、令人啼笑皆非的“批驳”（同上杂志，第11、15、16、17、18等页）。第二，“二文”坚持用商品价值论去解释社会生活不能用商品价值论解释的价值现象：一方面，为了“证明”商品价值学说具有哲学的普遍性，“二文”把商品价值概念的适用范围作了任意的推广。“二文”说：“不能把商品的价值看作仅仅是经济范畴，是经济学研究的对象”。商品“价值这个范畴超越了经济范围而进入社会的广阔领域，包括政治思想和伦理道德的领域”。“二文”认为，一切商品生产社会（包括社会主义社会）的一切领域，不仅经济领域，而且政治领域和思想道德领域，人与人之间的关系都贯穿着商品价值关系——商品的等价交换关系，商品“价值关系是商品生产社会的人与人之间的普遍关系”。另一方面，又用商品价值概念去剪裁社会生活。从商品价值概念出发，“二文”否定天然物（阳光、空气等）的价值；绝口不提其它非商品的事物（社会物、精神物等）的价值，似乎这类事物对人不具有价值；至于共产主义社会，据说商品存在着，但“失去了表现人的社会关系的价值”，因此人也就失去了价值。

以上两点在思想方法上表现了一个共同的特征，这就是把马克思的商品价值学说当作不变的公式，用它去裁剪活生生的社会生活和来自社会生活的哲学价值论。这种思想方法正是恩格斯所批评的：“如果不把唯物主义方法当作研究历史的指南，而把它当作现成的公式，按照它来剪裁各种历史事实，那末它就会转变为自己的对立物。”

马克思主义一再教导我们，马克思主义是指南而不是教条；马克思主义是真理，但马克思主义的先师们不可能为日新月异的社会实践提出的每一个新问题准备好现成的答案。这就要求后人们善于运用马克思主义的立场、观点和方法，去研究新情况，总结新经验，解决新问题，作出新的合乎社会实践的理论概括。一旦我们做到了这一点，就是坚持和发展了马克思主义。在价值问题上，尽管马克思主义经典著作中没有关于哲学价值论的专门的系统的论述，没有形成一个价值哲学体系，但是适应时代的要求，我们完全可以而且应该运用马克思主义的基本原理和基本方法，去研究现实社会生活中的大量的价值现象，并进而提炼出合乎马克思主义的哲学价值论。只要我们做到了这一点，就是坚持和发展了马克思主义。相反，如果像“二文”那样，要求人们承认马克思的商品价值学说就是马克思主义的哲学价值学说，不允许别人从马克思主义哲学上去研究非商品价值的价值现象，硬要把不属于商品价值的价值问题都塞进商品价值学说的框框，那就只会窒息马克思主义的发展。这决不是坚持和发展马克思主义，而是促使马克思主义落后于时代。

（本文发表于《湖北社会科学》1987年第12期。发表本文时，第二部分中的一段和第三部分未刊出，为了完整，现予恢复）

也谈价值的哲学本质
——与王玉樑同志商榷

“价值”范畴是哲学价值论的逻辑起点。但我国理论界对于价值的哲学本质，岐见较多。近期王玉樑同志发表的《客体主体化与价值的哲学本质》（载于《哲学研究》1992年第7期。以下简称“王文”），提出重新认识价值的本质问题，对于推动这个问题的进一步讨论，是很有意义的。我同意“王文”中的某些观点，如“作为人类一般劳动凝结的商品价值，不是普遍价值”、“主体是价值之父，客体是价值之母”等等。但是，“王文”的基本观点——价值的本质是“客体对主体的效应”（我把“王文”的这种观点称为“效应说”），是值得商榷的。

一、“效应说”揭示了价值的本质吗

“王文”关于价值本质的“效应说”集中在下列三段论述中：

A.“价值是客体对主体的效应”，这是“价值的最一般的本质”。

B.“完整地说，价值的本质，是客体主体化，是客体对主体的效应，主要是对主体发展、完善的效应，从根本上说是对社会主体发展、完善的效应”。

C.“客体对主体生存的效应，是价值的初级本质；客体对主体发展、完善的效应，是价值较深的层次的本质……客体对社会主体发展、完善的效应，是价值的更深层次的本质”。

以上的“效应说”是否揭示了价值的本质？让我们逐段加以评析。

关于“A”的评析。首先，“王文”认为，“价值是客体对主体的效应”，既是对于价值的“界定”（定义），又是对于价值本质的揭示。但是，这个定义违背了“定义概念的外延与被定义概念的外延必须完全相等”的定义规则。“效应”一词原来是在自然科学中被使用的概念，是指由于两种或两种以上的自然现象相互作用而产生某种新的自然现象的效果或结果。在这里，“效应”的外延作为自然现象，是同人的需要完全无关的，其中不包含任何价值因素。后来也有把“效应”一词应用于社会生活的，如文学的所谓“轰动效应”、人才学的“马太效应”等等。这样，如果给“效应”规定一个一般的内涵，那么“效应就是一物作用于他物所产生的影响、变化或效果”。“王文”自己也是这样规定“效应”概念的：“所谓效应是主客体相互作用中客体对主体的作用和影响。”（着重号为引者所加）所以很清楚，“客体对主体的效应”，不但包括客体对主体的价值效应，即客体影响主体的生存、发展的效应，而且包括客体对主体的非价值效应，即客体作用于主体，但并不影响主体的生存、发展，并不涉及主体需要的满足与否的问题。这种“非价值效应”是大量存在的，比如，某人听从他人的招呼而做出的一举手一投足的反应等等，显然这类效应并不影响主体的生存和发展。可见，在“王文”的“价值”定义中，定义概念——“客体对主体的效应”的外延包括了非价值部分，定义概念的外延与被定义概念——“价值”的外延是不同一的，在逻辑中犯了“定义过宽”的错误。也就是说，“王文”的这个“价值”定义，实际上是把非价值的东西也看作价值，所以不能认为这个定义揭示了价值的本质。

其次，“王文”认为，“客体对主体的效应”，是价值的本质，而且是“最一般的本质”。在马克思主义哲学中，本质是相对于现象而言的。本质只可理性把握，不可感性直观。现象作为本质的外部表现，却是可以凭借感官或仪器直接感知的。换言之，凡是能够感性直观的，就是现象，不是本质。客体对主体的效应，是一种感性事实，是可以感性直观的。因为客体作用于主体所产生的主体的效应，也就是由此引起的主体的生理的、心理的、或精神的变化。这种变化可以借助仪器加以测定，或者直接表现为主体的行为动作、喜怒哀乐的表情。“王文”自己也承认，“效应”是一种“实效”，具有“坚实的可检验性”。可见，“王文”是把感性现象的东西当作价值的本质，这就把价值的本质与价值的现象混为一谈了。

关于“B”的评析。在B段论述中，“王文”不仅认定“客体对主体的效应”是价值的本质，而且还试图进一步揭示价值“本质”的更深层次。从B段中递进使用的限制词“主要是”、“从根本上说”来看，并联系C段中明确表述的观点，显然在“王文”看来，“客体对社会主体发展、完善的效应”是价值本质的根本，是“价值更深层次的本质”。这个关于价值本质的观点正确吗?

我们知道，本质是现象的根据。黑格尔早已正确地指出了这一点，它说：“根据就是内在存在着的本质，而本质实质上即是根据。”[1]因而事物的本质能够为我们理解事物的现象提供说明，也就说，以事物的本质为根据，应该能够解释事物的一切现象。既然“王文”认定“客体对社会主体发展、完善的效应”是价值本质的根本，是价值的“更深层次的本质”，那么它应该能够合理地解释一切价值现象，应该能够为解释一切价值问题提供合理的说明。“王文”的这一“价值本质”的规定能做到这一点吗?我们只要分析一个例子，就足以回答这个问题。

例如价值的客观性问题。“王文”的所谓“价值本质的根本”能够合乎逻辑地解释价值的客观性问题吗?或者说，在这个“价值本质的根本”中是否包含着对于价值客观性问题的说明？从“客体对社会主体发展、完善的效应”这个“价值本质的根本”出发，我们可以作如下推论：

> 因为“客体对社会主体发展、完善的效应”（按照王文的观点）是一种社会价值（这里有两点说明：(1) 我们可以依据价值主体的不同，把价值区分为个体价值、群体价值和社会价值；(2) 之所以在“社会价值”前加限制词“一种”，是因为还有关于社会主体生存的社会价值），“客体对社会主体的发展、完善的效应”

① 黑格尔：《小逻辑》，第256页，北京：商务印书馆1980年版。

是客观的，所以“这种社会价值”是客观的。

这个推论是合乎逻辑的，但结论所肯定的只是“这种社会价值”的客观性，并没有肯定一切价值都有客观性。那么能否进一步从“这种社会价值是客观的”，合乎逻辑地推出“一切价值都是客观的”这一结论？回答是否定的。因为前者是特称判断，后者是全称判断，以特称判断为大前提，不能演绎出全称判断的结论，演绎推理的大前提必须是一个全称判断。换言之，作为演绎推理的大前提的判断必须是一个具有普遍性的命题，因而作为价值本质的东西，应该是具有普遍性的东西，应该能够涵盖一切价值现象。可是我们看到，“客体对社会主体发展、完善的效应”是一种很特殊的价值（如果说是“价值”的话），不具有普遍性，我们不能从这种特殊价值具有客观性必然地断定任何价值都具有客观性。同理，我们也不能用这种特殊价值的其它属性去合乎逻辑地解释任何价值的其它属性。可见，“客体对社会主体的发展、完善的效应”没有涵盖一切价值，不具有普遍性，这就是它不能成为理解一切价值问题之根据的原因。所以，“客体对社会主体发展、完善的效应”不是价值的本质，更不是“更深层次的本质”。

关于“C”评析。从C段论述中可以看出，“王文”之所以把“客体对社会主体发展、完善的效应”看作是价值的“更深层次的本质”，原来“王文”是把价值的高低等级，误认为是价值本质的深浅层次。在C段论述中，“王文”摆出了两个似乎是相互对应的价值序列。按照“王文”对于“价值”的界定，那么一个序列是“价值的高低等级”，另一个序列则是“价值本质的深浅层次”：

价值的高低等级	——	**价值本质的深浅层次**
“客体对主体生存的效应”	是	“价值的初级本质”
“客体对主体发展、完善的效应”	是	“价值较深层次的本质”
“客体对社会主体发展、完善的效应”	是	“价值的更深层次的本质”

在这两个递进的序列中，“王文”认为价值的高低等级同一于价值本质的深浅层次。也就是说，“王文”试图以“价值的高低等级”去证明它的关于价值本质的观点。但是此路不通。

按照“王文”的“价值是客体对主体的效应”的观点，那么“客体对主体生存的效应”，就是“生存价值”；“客体对主体发展、完善的效应”，就是“发展、完善价值”；“客体对社会主体发展、完善的效应”，就是“社会发展、完善价值”。的确，这三种价值区分为从低到高的不同等级，“社会发展完善价值”是最高等级的价值。揭示价值的高低等级是有意义的，它为人们的价值追求指明了方向；而且作为最高价值的“社会发展、完善价值”是衡量价值合理性的基本尺度，即看一种价值是否合理，最终要看他是否同“社会发展、完善价值”相一致，是否有利于社会的生存和发展。但是，价值的高低等级不是衡量价值本质的深浅层次的尺度，因为这两个序列之间没有必然的逻辑同一关系。

价值的高低等级取决于所满足的主体需要的高低等级。主体需要从低级到高级，是生存需要、享受需要、发展需要。发展需要还可分为真、善、美等几个需要等级（发展需要中已包含了完善需要）。主体需要从低级到高级的递进，是从一种特殊需要到另一种特殊需要的递进。相应地，价值从低级到高级的递进，也是从一种特殊价值到另一种特殊价值的递进。所以价值的高低等级的逻辑进程是从特殊到特殊。

价值本质的深浅层次取决于价值内在的价值关系的深浅层次。而价值关系的深浅层次又取决于作为价值关系的两极——客体自身属性与主体需要的深浅层次。我们知道，越是具体、特殊的客体自身属性与主体需要，其所处的层次越浅；越是一般、普遍的客体自身属性与主体需要，其所处的层次越深。比如，从“食物与饥饿需要的同一关系”、“生活资料与生理需要的同一关系”、“经济客体与经济需要的同一关系”到“客体自身属性与主体需要的同一关系”，这是一个价值关系逐步深化的序列，因而也是一个由浅到深逐步展示价值本质的序列。在这个序列中，客体自身属性与主体需要以及两者之间的价值关系是一个从特殊到普遍的递进过程，从而由价值关系的深化所规定的价值本质的深化也是一个从特殊到普遍的递进过程。所以价值本质深浅层次的逻辑进程是从特殊到普遍。

由此可见，价值高低等级的划分以及从低级到高级的递进，与价值本质深浅层次的划分以及从浅到深的递进，其划分根据不同，逻辑进程不同，因此不能把价值等级的高低当作价值本质层次的深浅。

以上评析表明，“王文”的价值“效应说”没有揭示价值的本质。

二、价值的本质是什么

价值，究竟是什么？在人类的社会生活中，被人们视为“价值”的东西，可以举出许许多多，比如充饥、解渴、营养、安定、和平、舒适、幸福、友爱、民主、自由、真、善、美等等。那么它们究竟是什么？显然它们既不是物，也不是人，而是一种性质（或属性）。但是，作为“价值”的这种属性，既不是物自身的机械的、物理的、化学的、生物的自然属性，也不是人自身的生理、心理、思维、活动、需要等属性，而是一种既同物有关又同人有关的特殊性质。英国哲学家摩尔说：“我不否认，‘善的’是某些自然客体的一个性质”，但是“‘善的’本身并不是一个自然性质”，而是一种“独一无双的性质”[①]。可见，摩尔认为“善的”（即价值）是一种与“自然客体”（含物和人）的“自然性质”不同的特殊性质。我认为摩尔的这个观点是可取的。既然价值是一种客观存在的特殊性质，那么它的特殊性总是可以分析、可以规定的。只要不是停留在“善的”或“价值”这一字面上，而是着眼于对现实生活中客观存在的价值事实的分析，我们就会发现，任何一种特定的价值总是符合人的特定需要的，同时又是指向特定的物的自身属性的。特定的价值是特定物的自身属性与人的特定需要的契合；特定物的自身属性满足人的特定需要，就规定了特定的价值。价值性质的特殊性就在于，价值不是任何一种性质，而只是“物的自身属性满足人的需要”这样一

① 摩尔：《伦理学原理》，第48、28页，北京：商务印书馆1983年版。

种性质。在这个定义中，物与人之间是一种需要者与被需要者的对象性关系，所以我们可以把这个定义换成：价值就是客体自身属性满足主体需要的属性。作为“价值”的这种属性，也就是客体对主体的有用性。这样，我们就可以给“价值”下一个更为明了的定义：**价值就是客体自身属性满足主体需要的有用性。**黑格尔说：“凡是自在的东西，必定要成为人的对象……因而成为‘为人’的存在。”[①]马克思更明确地指出：价值“是人们所利用并表现了对人的需要的关系的物的属性”，“实际上是表示物为人而存在”[②]。所以也可以说，**价值就是客体自身属性满足主体需要的为人属性。**“为人”就是满足人的需要。任何一种价值，无论是充饥、解渴、幸福、民主，还是真、善、美等，都是一种“为人属性”。

“王文”之所以反对用“客体满足主体的需要”或“客体对主体的有用性”来定义哲学上的“价值”，是因为它认为这样做就会把哲学上的“价值”与经济学上的“使用价值”等同起来。那么“王文”如何区分“使用价值”与哲学上的“价值”？它告诉我们：“使用价值是指客体能满足主体需要，对主体有用；哲学价值则是指客体对主体的效应，是客体对主体有益，能促进主体的生存、发展、完善。”可是我却看不出这就是“哲学价值”与“使用价值”的区别。“客体对主体有益”，这难道不是因为“客体能满足主体需要，对主体有用”吗？客体“能促进主体的生存、发展、完善”，难道不是因为客体能满足主体的生存、发展、完善的需要吗？文字上的相异不能掩盖实质上的相同。为什么“王文”试图区别哲学上的“价值”与经济学上的“使用价值”却又没有达到目的呢？问题就在于它把“客体满足主体需要，对主体有用”与“使用价值”等同看待。“王文”把“使用价值”定义为“客体满足主体需要，对主体有用”，这是不确切的。因为这个定义犯的仍然是“定义过

① 黑格尔：《哲学史讲演录》第1卷，第26页，北京：商务印书馆1959年版。着重号为引者所加。

② 《马克思恩格斯全集》第26卷［Ⅲ］，第326页，北京：人民出版社1973年版。着重号为引者所加。

宽”的逻辑错误。这个定义中的“客体”是个普遍概念，指的是与主体相对待的一切物或任何物。但作为经济学上的“使用价值”概念，所指的只是“商品或自然物满足主体需要，对主体有用”，其中的“商品或自然物”是特殊的客体，相对于“客体”，是特殊概念，因而“客体满足主体需要，对主体有用”的不一定是“使用价值”。所以内涵“客体满足主体需要，对主体有用”的“价值”概念，是一个普遍概念，“使用价值”则是它的特殊概念。也因此，作为哲学概念的“价值”，其内涵的“有用性”是一个普遍概念，而“使用价值”内涵的“有用性”则是一个特殊概念，特指商品或自然物的“有用性”，“使用价值”是“价值”的特殊类型。这才是哲学上的“价值”概念与经济上的“使用价值”概念的真正区别。所以我们用“客体满足主体需要，对主体有用”来规定哲学上的普遍价值，是不能由此得出“这样的价值实质上是使用价值”的结论的。

沿着价值的本质属性，我们可以进一步揭示价值的内在联系。既然价值是客体自身属性满足主体需要的为人属性，那么**价值就是客体自身属性与主体需要的同一关系**。所谓“同一关系”，就是客体自身属性与主体需要的趋同关系，也就是客体自身属性满足、适应主体需要的关系。在人类的价值实践中，一旦主体的需要与客体发生了联系，便在客体自身属性与主体需要之间形成了价值关系。价值关系有同一与非同一、肯定与否定之分。客体的自身属性满足主体的需要，有利于主体的生存或发展，这是同一的、肯定性的关系；客体的自身属性背离主体的需要，有害于主体的生存或发展，这是非同一的、否定性的价值关系。只有同一的、肯定性的价值关系，才是价值；非同一的、否定性的价值关系，不是价值，我们不能把对主体有害的东西说成是有价值。有些同志，包括王文的作者在内，把价值区分为“正价值”和“负价值”，认为有害于主体的所谓“负价值”也是一种价值。我认为这种说法是不合适的，因为把有害于主体的所谓“负价值”说成一种价值，既不符合“价值”的词源意义，也不符合人们对于“价值”一词的习惯用法。马克思指出：“价值”在词源意义上，它的“意思是力量、优点、优秀的品质”[①]。就是说，从词源学上看，“价值”本来就是一个表达积极意义的词汇。在人类的语言习惯中，只有中性概念才可有正负之分，如“数”是个中性词，有“正数”与“负数”之分。但“价值”不是中性概念，而是一个具有积极性、肯定性的概念。在实际生活中，人们也总是把有利于人的东西看作有价值的，而不是相反。

既然价值是客体自身属性与主体需要的同一关系，那么客体的自身属性与主体需要便处于相互制约的价值规定之中。客体自身属性是主体需要的价值对象，主体需要则是客体自身属性的价值尺度。作为客体自身属性和主体需要相同一的价值，既是客体自身属性的人化、主体化，又是主体需要的对象化、客体化。既然价值是客体自身属性与主体需要的同一关系，那么客体自身属性和主体需要及两者之间的同一关系，就是价值的内在结构。从系统论的观点看来，正是这种内在结构规定了这个结构的整体性质——价值。所以，客体自身属性与主体需要的同一关系，是价值的内在联系，是价值的本质。这是从价值的内在关系上对于价值本质的揭示。

这样看来，价值既是一个属性范畴，又是一个关系范畴。有的同志认为，说价值是关系范畴，就不能说价值是属性范畴，反之亦然。他们把“属性”与“关系”绝对对立起来。其实两者是可以统一的。事物的属性可分为两类，一类是事物自身的属性，这类属性必须在与它物的联系中才能显现，如煤的可燃性，它只有在与火的联系中才能表现出来，才能被人所认识。另一类不是事物的自身属性但却是在一定条件下为事物所具有的属性，如事物的颜色、气味、声音、上下等属性，这类属性是事物与他物的联系中所形成的。颜色、气味、声音等是事物在与人的生理感官的联系中形成的；上、下等是由事物与他物的空间联系所规定的。价值属性也属于这类属性，价值是事物在与人的需要的联系中形成的。没有这类“联系”，就没有事物的这类“属性”。所以这类“属性”与“关系”是一而二、二而一的，是同一的。

---

① 《马克思恩格斯全集》第26卷［Ⅲ］，第326页，北京：人民出版社1973年版。

总之，价值是客体自身属性满足主体需要的为人属性，是客体自身属性与主体需要的同一关系，这就是价值的本质或实质。

三、价值的本质是解释价值问题的根据

对于“价值本质”的揭示只要是正确的，那么它就应能为理解价值的一切问题提供科学的说明。九年前，笔者在拙作《价值问题的哲学探讨》（载《哲学研究》1983年第8期）中，把“价值的实质”“是客体自身属性与主体需要的同一”作为逻辑起点，肯定并阐述了价值的客观性、社会性、历史性。至今我仍认为，当时阐述的观点是正确的。限于篇幅，关于价值的客观性、社会性、历史性，本文不拟赘述，仅就价值的其它一些问题作一简要的阐述，旨在证明本文所揭示的价值的本质能够成为正确理解价值问题的根据。

（一）价值的对立性——合理性价值与背理性价值

价值没有正负之分，但价值有合理性与背理性之别。凡是客体的自身属性能够满足主体需要的，便是有价值的。这是价值的一般意义。但是在现实的社会生活中，“主体需要”都是具体的，有差别的，甚至具有对立的性质。因此现实社会中的价值也是有差别的，甚至是对立的。主体需要的差别和对立，在根本上表现为是否符合“社会主体的需要”，即社会本身生存和发展的需要。“社会需要”高于而又以扬弃的形式包含着个体、群体的需要；“社会需要”总是同人类历史发展的客观规律相一致，所以“社会需要”本身是合理的。因而，凡是符合社会需要的价值，就是合理性价值。凡是违背社会需要的价值，便是背理性价值。必须承认，霸权主义对于霸权主义的推行者来说，是有价值的，但这是一种不合理的价值；盗窃对于盗贼而言，也是有价值的，但也是一种不合理的价值。在人类社会的各个历史时期，社会生存和发展的需要，总是表现为人民群众的根本需要和利益。所以凡是同人民群众的根本利益相一致的价值，就是合理性价值，否则就是背理性价值。由于主

体的生存需要与发展需要是对立统一的，发展的需要高于生存的需要，而发展的需要又总是有利于社会进步，所以有些东西因为能满足主体的生存需要而具有价值，但却不利于主体的发展，那么这样的价值也是不合理的价值。总之，我们不能简单地否认倒行逆施者所追求的也是一种价值，否则人类社会历史上的许多现象就难以理解。重要的是要从纷繁复杂的价值形式中，区分出合理性价值与背理性价值、正当性价值与非正当性价值。马克思主义所提倡、所追求的是合理的正当的价值。

（二）价值的绝对性与相对性

国内理论界往往只谈论价值的相对性，而忽视了价值的绝对性。事实上，价值既是相对的又是绝对的，是相对性与绝对性的统一。马克思主义的价值观应该从两个层次上揭示价值的绝对性与相对性的统一。

第一，价值是确定性和变动性的统一。

一个客体，只要能满足一定主体的一定需要，便具有一定的价值，这是确定的，不能随意否认的，因而是绝对的。然而，同一客体可以面对不同的主体需要，同一主体需要也可以面对不同的客体。这就是说，客体属性与主体需要的具体的同一关系可以有不同的组合，所以价值又是变动的，不确定的，因而是相对的。价值的变动性、相对性，取决于价值本身的构成要素——客体属性和主体需要的任何一方的变动。一方面，同一客体对于不同的主体需要，具有不同的价值。列宁指出，玻璃杯有不同的属性，对于不同的主体需要，便有不同的价值[1]。另一方面，同一主体需要，面对不同的客体，也会有不同的价值确定，或者有价值，或者无价值。一个陷于茫茫沙漠极度饥饿、干渴的旅行者，一点点的食物和水对他来说，都是无价之宝，而金灿灿的黄金对他却毫无价值可言。

总之，任何价值，因其内在根据、客观内容的确定性，而具有确定性、绝对性；同时，也因其内在根据、客观内容的变动性，而具有变动

① 见《列宁选集》第4卷，第452页，北京：人民出版社1972年版。

性、相对性。只承认价值的变动性、相对性，而否认价值的确定性、绝对性，就会把价值的客观变动性看作主观随意性，就会否定价值的客观性而陷入相对主义。反之，只承认价值的确定性、绝对性，而否认价值的变动性、相对性，就会把价值的相对确定性看作绝对确定性，就会否定价值的多样性而陷入独断主义。

第二，价值是一元性和多样性的统一。

这是价值的绝对性和相对性的统一之第二层含义。第二层含义是以上述第一层含义为前提的。承认价值的确定性和变动性的统一，就是承认不同价值的客观存在，就是承认价值的多样性。承认价值的多样性，就是承认价值的相对性。但是马克思主义的价值观不能停留在仅仅承认价值的多样性上，也应该从多样的价值中进一步区分出合理性价值与背理性价值，并进而指出，在不同性质的价值、价值体系的对立中，合理性的价值只有一种，那就是同社会的生存和发展需要相一致的价值；而且从历史的发展看，背理性价值最终都会被合理性价值所取代。这就是价值的一元性。马克思主义承认价值的多样性，但否认价值的多元性。马克思主义哲学是一元论世界观，在价值观上，马克思主义也只能坚持一元论价值观。坚持价值多样性中的一元性，就是坚持价值相对性中的绝对性。所以，价值又是多样性和一元性的统一。只承认价值的多样性，不同时承认合理性价值的一元性，就会把性质不同的价值都看作有合理根据的，就会导致“公说公有理，婆说婆有理”，这是价值观上的折衷主义、相对主义。相反，只承认价值的一元性，不同时承认价值的多样性，就会认为只有合理性的价值才是价值，这是价值观上的狭隘主义、独断主义。

总之，价值的绝对性和相对性的统一，不但表现为价值的确定性和变动性的统一，而且表现为价值的一元性和多样性的统一。

（三）价值的衡量尺度和检验标准

既然价值是客体满足主体需要的为人属性，那么一个客体能够满足主体的需要，它就有价值；能够满足主体的特定需要，它就有特定的价值。所以，主体的需要就成为客体有无价值、有何价值的衡量尺度。在实际生活中，人们往往从自己的兴趣、欲望、好恶去衡量事物的价值，也往往以经济的、政治的、道德的或审美的价值规范、价值观念去衡量对象的价值。就是说，人们用以衡量客体价值的尺度是多种多样的。但不管是兴趣、欲望、好恶，还是价值规范、价值观念，它们都是主体需要的不同程度的表现。主体的需要有合理性与背理性之分，所以价值也有合理性与背理性之别。在合理性需要中，社会生存和发展的需要处于最高的等级，所以在马克思主义看来，社会需要是衡量价值的最高尺度。

主体需要是价值的衡量尺度，不是价值的检验标准，不能像“王文”所推论的那样：“从价值是客体能够满足主体需要来说，价值标准就是主体需要”。因为主体需要作为价值的衡量尺度，是价值的认识尺度，即客体有无价值、有何价值的评价尺度，在认识范围内，不能最终解决价值的确证或检验问题。对于价值的最终证明或检验，必须借助于社会实践，即把对于事物的价值认识运用于实践，看看实践的结果是否达到了预期的效果。列宁指出：“必须把人的全部实践——作为真理的标准，也作为事物同人所需要它的那一点的联系的实际确定者。”[①]所以价值的检验标准是社会实践。价值的衡量尺度与价值的检验标准，是两个不同的概念，不能混为一谈。

（四）人的价值与个人价值

“王文”所论的“人的价值”，实际上所指的是“个人价值”（即“人生价值”）。在“个人价值”的意义上使用“人的价值”这一概念，是不确切的。在马克思主义哲学中，“人”这一概念是在“类”的意义上被使用的，“人”即指“人类”。所以“人的价值”指的是人类的价值，是与物（非人的物）的价值相区别的。“人的价值”与“个人价值”的关系是共性与个性的关系，前者是后者的共性，后者是前者的特

① 《列宁选集》第4卷，第453页，北京：人民出版社1972年版。

殊表现，具有区别于前者的特殊性。关于“人的价值”，在此暂按不论。下面只谈个人价值，即人生价值。关于个人价值，限于篇幅，只能极其简要地叙述我的基本观点，详论可参阅拙作《论个人价值及其历史演变》（载于《晋阳学刊》1991年第6期）。

个人价值包括个人的社会价值和自我价值。个人的社会价值就是个人所具有的满足社会生存和发展需要的有用性。个人对于社会的生存和发展越是有用，贡献越大，他的社会价值就越大。在价值问题上，不必忌讳使用“有用”一词，我们不是常说要培养对社会有用之才吗？对社会有用之才，就是对社会有价值的人才。在个人的社会价值上，我们同“王文”似乎没有什么分歧，主要分歧在于“王文”认为“自我需要十分复杂”，“所以不能以是否满足自我需要来理解自我价值”。其实，不仅自我需要十分复杂，其它需要，包括群体需要、社会需要也十分复杂，这并不妨碍我们对“自我需要”，从而对“自我价值”作出马克思主义的科学规定。我认为，个人的自我价值就是个人所具有的自己满足自我生存和发展需要的有用性。由这一定义可知，“自我价值”中的价值客体和价值主体都有其特定的规定。其中的“价值客体”强调的是个人自己，即个人依靠自己的劳动去满足自己的需要。如果不是这样，而是依靠剥削或偷盗等不劳而获的不正当的手段去满足自我的需要，那就不是自己满足自己的需要，就不是马克思主义所认定的“自我价值”。其中的“价值主体”——“自我需要”所规定的是自我的生存和发展的需要。就是说，在“自我需要”的规定中，已经排除了不利于自我生存和发展的诸如吸毒、嫖娼、损人利己等不健康、不道德的所谓“需要”。所以，只有个人的自己劳动与自我的生存和发展需要的同一，只有个人依靠自己的劳动去满足自我生存和发展的需要，才是个人的“自我价值”的实现。因此，“自我价值”就是“自食其力”、“自享其力”、“自善其力”。一个人越是能够用自己的劳动满足自己的健康需要，他的自我价值就越大；越是能够在更高层次上满足自己的需要，他的自我价值就越高。可见，这样理解的个人的“自我价值”，与个人的“社会价值”是一致的。但由于个人的“自我价值”与“社会价值”的指向不同，“自我价值”指向自我需要，“社会价值”指向社会需要，所以在一定条件下，对于二者的追求也会发生冲突。在这种情况下，由于个人的社会价值高于自我价值，所以社会主义的集体主义要求个人对于自我价值的追求服从于对社会价值的追求。

总之，笔者认为，以“价值是客体自身属性与主体需要的同一关系”为逻辑根据，能够对于价值的一系列问题作出合乎逻辑的而又实事求是的解释，从而进一步证明，本文对于价值本质的揭示是正确的。

（本文发表于《哲学研究》1992年第11期。此文可视为笔者《价值问题的哲学探讨》之续篇。本文的最后部分“（四）人的价值与个人价值”发表时未刊出，现予恢复）

论个人价值及其历史演变

个人价值观是人生观的一个重要内容，要确立科学的人生观，就必须确立科学的个人价值观。然而我们常常在报刊上看到，有些同志把“个人价值”、“自我价值”当作个人主义的东西加以批判，有的则把“我自己在满足他人（或整个社会）的需要时所起的积极作用”说成是一种“自我价值”[①]，这就把个人的“社会价值”混同于个人的“自我价值”。可见，当前人们对于“个人价值”的理解尚存在着概念上的混乱，而概念上的混乱，表现了人们认识上的分歧。因此，为了确立马克思主义的个人价值观，从理论上科学地界说“个人价值”的含义并揭示其内在关系和历史演变，是很有必要的。

为了在“个人价值”问题上取得共识，首先必须明确相关的几个概念。

价值　价值是客观事物满足主体需要的有用性，即作为客体的客观事物所具有的满足主体需要的属性（不是客观事物的自然属性，而是一种人化属性）。价值作为一种人化属性，它以价值客体为载体。我们说“某物的价值”，是指“某物”所具有的价值，这里的“某物”就是价值的载体，即价值客体。价值的实质是客体自身属性与主体需要之间的肯定关系，即肯定性的价值关系。所以，某物作为客体，它满足了一定主体的需要，它就具有一定的价值；它满足了不同的主体需要，它就具有不同的价值。

个人价值　在人生观上，个人价值是指个人的价值，即个人所具有

① 见《光明日报》1991年3月25日。

的价值。在这里，“个人”是价值客体，而价值主体是不同层次的人（自我、他人、集体、社会等）的需要。“个人价值”也就是“人生价值”，因为“人生价值”就是指个人在人生旅途中所具有的价值。“个人价值”不等同于“人的价值”。有些论者往往在“个人价值”的意义上使用“人的价值”这一概念，其实这是不确切的。在马克思主义哲学中，“人”这一概念是在“类”的意义上被使用的，“人”即指“人类”。“人的价值”概念，实指人类的价值，是与物（非人的物）的价值相区别的。“人的价值”与“个人价值”的关系是共性与个性的关系，前者是后者的共性，后者是前者的特殊表现，具有区别于前者的特殊性。“个人价值”也不同于“社会对个人的价值”。有的教科书说：“个人价值”“指的是社会对作为社会成员的个人在物质和精神两方面在何种程度上给予满足”[①]。其实，这不是“个人价值”，而是“社会的价值”，是社会对个人所具有的价值，其中，“社会”是价值客体，“个人”是价值主体。

自我价值与社会价值　这两个概念中的“自我”和“社会”，是对于个人价值本身的不同性质、不同类别的规定。价值分类的根据是不同性质的主体需要。个人满足自我需要的价值，是个人的自我价值；个人满足社会需要的价值，是个人的社会价值。

个人价值是否包含个人的自我价值和社会价值？

人们通常把个人的健康、安宁、爱情、幸福、博学、真诚、善良、愉悦、自由、责任感、事业心、贡献、成就、完美等看作个人价值（或人生价值）。透视这一系列的个人价值，我们可以发现，其中存在着两种不同的价值指向，个人的健康、幸福、博学、愉悦、安宁等是指向自我的，是自我需要的满足；个人的责任感、事业心、贡献、成就等是指向社会的，是满足社会的需要。前者就是个人的“自我价值”，后者则是个人的“社会价值”。可见，从事实上看，个人价值包含着自我价值和社会价值。从个人价值的内在关系看，每一个人都具有主、客体双重

① 《马克思主义哲学学习纲要》，第139页，北京：中共中央党校出版社1989年版。

性，其自身既是主体，又可以是客体。个人作为客体，在社会关系中，面对着两类主体的需要，一是个人的自我需要，一是自我之外的社会需要。这就势必要发生个人能否满足这两种主体需要的关系，即个人与自我的价值关系和个人与社会的价值关系。显然，个人价值包含自我价值和社会价值，这是合乎逻辑的结论。

然而要肯定“自我价值”，有些人还有疑虑，他们以为“自我价值”是一种消极的人生观。其实这是一种误解。

所谓个人的“自我价值”，就是个人所具有的自己满足自我生存和发展需要的有用性。由这一定义可知，“自我价值”中的价值客体和价值主体都有其特定的规定。其中的“价值客体”强调的是个人自己，即个人依靠自己的能力和实践去满足自我的需要。如果不是这样，而是依靠剥削或采取其它不正当的手段以满足自我的需要，那就不是自己满足自己的需要，就不是马克思主义所认定的“自我价值”。其中的“价值主体”——“自我需要”所规定的是自我生存和发展的需要，即个人的健康的作为人的本质的需要。生存需要就是自我的生理需要，主要指自我生命的保存、延续和健康等方面的需要；发展需要，主要指自我的德、智、体、美等素质的提高、自我潜能的发挥和个性的自由全面的发展等方面的需要。自我的生存需要和发展需要是自我需要的两个层次。生存需要是发展需要的基础，发展需要是自我需要的升华；生存需要趋向发展需要，发展需要在更高层次上蕴含生存需要，二者相互制约、相辅相成、辩证统一。在现实生活中，个人的某些特殊需要或满足自我需要的手段并不都符合自我的生存和发展的需要，而是对于自我生存和发展需要的损害和背离。如嗜酒者对于酒的过量需求，并非真正的生存需要，反而是有损于自我生存的；用偷盗等不正当的手段去满足自我生存的需要，在生存层次上似乎达到了目的，但在发展层次上却背离了发展需要，因为这是道德素质的沦丧。所以，个人对于自我的这类不健康的需要的满足以及用不正当的手段去满足自我的需要，都不是个人的自我价值。只有个人的自己劳动与自我的生存和发展需要的同一，只有个人依靠自己的劳动去满足自我的生存和发展的需要，才是个人的自我价值的实现。一个人越是能够用自己的劳动满足自己的需要，他的自我价值就越大；越是能够在更高的层次上满足自己的需要，他的自我价值就越高。可见，个人的“自我价值”本身是正当的合理的。个人对于自我价值的追求，立足于个人的生存、发展和完善，这是任何合理性社会所要求的。因此把个人的“自我价值”误解为某种消极的个人主义的东西，是不对的。只有个人用损人利己的手段去满足自己的需要——如果说这个也是个人的一种价值的话，那么我们可以称之为个人的“唯我价值”——只有个人的这种“唯我价值”，才是个人主义，才是应当反对的。

所谓个人的“社会价值”，就是个人所具有的满足社会生存和发展需要的有用性。个人对于社会的生存和发展越有用，他的社会价值就越大。要正确理解个人的“社会价值”，就必须正确理解社会的需要。社会的需要是社会本身的本质的必然的需要，因此马克思主义所理解的社会需要，是社会的合理性需要，也就是社会本身的生存和发展的需要。社会的生存需要和发展需要，也是社会需要的两个层次。社会生存的需要，主要包括维持合理性的社会制度、社会秩序的需要以及保有起码的生产力水平的需要等方面。社会的生存是社会发展的基础，但社会的生存是发展中的生存，社会的发展是社会生存的高级形式，没有社会的发展就最终没有社会的生存。社会的发展需要，主要包括发展社会生产力、发展社会文明的需要，变革旧生产关系、变革旧社会制度的需要等方面。社会的生存和发展的需要，在根本上就是社会基本矛盾运动所必然产生的需要，就是合乎社会运动基本规律的需要。无产阶级和历史上各个时期的人民群众，其需要和利益与社会运动的基本规律相一致。因此，个人为发展社会的物质文明和精神文明作出贡献，为维护进步的社会制度和变革落后的社会制度而奋斗，为社会兴利除弊，扬善抑恶，为他人、社会的利益而见义勇为、自我牺牲，以及在平凡的工作岗位上积极地做好本职工作等等，都是满足社会的需要，都是个人的社会价值。总之，个人的行为有利于社会的生存和发展，个人就具有社会价值。必须指出，社会的需要不等同于社会统治阶级的需要。一般说来，处于统治地位的剥削阶级，在上升时期其阶级的需要在大方向上同社会的需要是一致的，但没落统治阶级的需要同社会的需要是相悖的。把没落统治阶级一己的特殊利益冒充为社会的利益，把自己打扮成全社会的代表，这是历史上没落的统治阶级的欺骗伎俩。所以，个人在创造社会价值时，应当区别社会的需要与没落统治阶级的特殊需要，如果为反动统治阶级的利益、为挽救行将就木的社会制度、为侵略者的侵略战争而尽忠卖命，那就不是社会价值，而是反社会价值；不是历史的功臣，而是历史的罪人。

在我们了解了什么是个人的自我价值和社会价值后，还应该进一步探究二者之间的关系。有的论者把个人的自我价值和社会价值看作并列的两个方面，这就难于确切地揭示二者的关系。其实，自我价值和社会价值是同一“个人价值”的两个层次。自我价值是低层次，社会价值是高层次。二者的这种层次关系是由作为区分二者之根据的自我需要和社会需要的层次关系决定的。

在自我价值与社会价值的各自价值关系中，有一个共同的价值客体，这就是同一“个人”，但二者的价值主体不同。自我价值的主体是自我需要，社会价值的主体是社会需要，而社会需要与自我需要的关系是高低两个层次的关系。个人的自我需要是社会需要存在的基础。社会需要不是凭空产生的，它以个人的自我需要为基础，源于个人的自我需要。但社会需要不是诸多个人的自我需要的简单相加，社会需要是个人自我需要的集中和升华，它以扬弃的形式包含着个人自我需要，社会需要本身具有不同于个人自我需要的更高的质。这就是说，虽然社会需要和个人的自我需要在本质上是同一的，但不是直接同一的。个人的自我需要和社会需要的这种层次关系，就决定了个人满足社会需要的社会价值和满足自我需要的自我价值之间，也是两个层次关系。从个人的社会价值和自我价值的层次关系出发，我们就可以对二者的关系作进一步的揭示。

既然个人的社会价值与自我价值不是并列的两个方面，而是两个层次关系，那么二者是本质同一的。一方面，自我价值是社会价值生成的基础。因为个人的社会价值的创造及其创造的程度直接依赖于个人的素质和能动性发挥的程度，而后者的状况又直接依赖于个人的自我需要获得满足的程度，即依赖于个人的自我价值实现的程度。所以自我价值实现的状况直接制约着社会价值创造、生成的状况。另一方面，个人的社会价值是自我价值的升华，社会价值在更高层次上包含着自我价值。因为个人在现实性上是社会关系的总和，个人绝对不能离开社会去谋求自我价值的实现。只有当个人通过劳动为社会创造了必要的物质财富或精神财富，社会才有可能满足个人的自我需要；也只有当个人为社会的生存和发展作出了贡献，社会才能依据个人对社会贡献的大小——社会价值的大小给个人的自我需要以相应的满足。可见，个人的社会价值是实现自我价值的前提和依据。这就是说，只有当个人的自我需要上升为社会需要，自我价值从属于社会价值，个人的自我价值才能获得实现。而且，从个人价值的创造和实现的内在机制看，个人的社会价值和自我价值的创造和实现有着共同的机制，这就是个人的创造性劳动既是直接为社会作贡献，创造着个人的社会价值，又是创造着自我价值实现的前提和依据，而且个人的劳动创造本身直接就是自我潜能的发挥，就是自我发展需要的满足，就是自我价值的实现。所以，个人的社会价值和自我价值是本质同一的。一个自由自觉的个人，他必定会把自我价值的实现融化在社会价值的创造之中；而一个自由自觉的社会，它也必定会尽可能地满足个人的自我需要，把个人自我价值的实现看作社会自身利益之所在。

既然个人的社会价值和自我价值是两个不同的层次，那么二者就有对立的一面。虽然二者在本质上是同一，但是，第一，二者的价值指向不同，自我价值指向自我需要，社会价值指向社会需要；第二，二者的同一不是直接的同一，而是以一定的社会条件为中介的，主要是社会生产力发展的水平、社会分工的演变、社会制度的性质等，其中直接的中介是社会制度。社会制度的合理与否，直接制约着个人的社会价值与自我价值能否实现现实的同步发展。由此就使得个人的社会价值与自我价值之间在现实的社会关系中包含着导致分裂、背离的缝隙。所以在人类历史的发展过程中，个人的社会价值和自我价值并不总是现实同一的，而是经历着一个辩证的演变过程。

在原始社会中，生产力低下，没有旧式的社会分工，实行原始共产主义公有制。这种社会制度没有剥削，社会活动的目的直接为了满足氏族全体成员的需要，个人的生存和发展就是社会的生存和发展，反之亦然，自我价值和社会价值尚未分化，二者融为一体。这是个人的自我价值和社会价值的原始同一。

在阶级社会历史中，社会成员发生阶级分裂，旧式分工出现，剥削阶级的私有制决定着一切社会关系。在这种剥削制度下，剥削阶级生产的目的是从劳动人民身上榨取最大限度的血汗，剥削阶级财富的积累是以牺牲劳动人民的自我需要为代价的。这样，广大劳动人民的艰苦劳动客观上为社会创造了物质文明和精神文明，推动了人类社会的发展，表现了劳动人民创造历史的巨大的社会价值；但这些社会财富却被剥削阶级所占有，劳动人民个人的自我需要并没有得到相应的满足。因此介于个人的社会价值与自我价值之间的剥削制度构成了二者之间的反向机制。一方面，劳动人民个人创造的财富越多，客观上对社会发展的贡献就越大，他的社会价值就越大；但另一方面，他的自我需要却越难满足，自我价值越遭扼杀。“劳动者生产得越多，他能够消费的就越少，他越是创造价值，他自己越是贬低价值、失去价值；他的产品越是完美，他自己越是畸形”①。社会的剥削制度导致个人的社会价值与自我价值的严重背离，这种背离是以片面地牺牲个人的自我价值为结果的，反过来也势必阻滞个人的社会价值的创造。所以对于个人的生存和发展来说，剥削制度是不合理的。在这种不合理的社会制度下，社会要求于个人社会价值的，不应是个人为剥削者“忘我地劳动”，而应是为社会的进步和变革积极地参与社会斗争。只有消灭了剥削制度，代之以合理的社会制度，才能消除自我价值与社会价值的背离，才能使二者出现新的同一。社会主义制度就是这种合理的社会制度。

① 马克思：《1844年经济学-哲学手稿》，第46页，北京：人民出版社1979年版。

社会主义制度消灭了剥削，社会生产的目的是为了满足全体人民的物质文化生活的需要。这就为实现个人的社会价值和自我价值的同步发展、现实的同一创造了根本的社会条件。因此，在社会主义社会里，社会能够依据个人对社会的贡献给予个人的自我需要以相应的满足。但是，由于社会主义社会的生产力还没有充分发展，旧式分工尚未消除，社会和个人两方面都还没有达到自由自觉的程度，尤其是我国的社会主义社会还处在初级阶段，这就不但使得个人价值还不可能达到充分的自由全面的发展，而且社会的客观可能与个人的自我需要还会有矛盾，社会需要和个人需要还会有矛盾，个人的社会价值与自我价值还会存在不同步的情况。但是，既然社会主义社会的需要在根本上包含了个人的自我需要，那么在现实中，当个人的自我价值的实现同社会价值的创造发生矛盾时，个人对于自我价值的追求应当服从于对社会价值的追求。由此就生出了社会主义的集体主义道德原则。只有到了未来的共产主义社会，当社会的物质财富和精神财富获得充分高度的发展，旧式的劳动分工终于消除，社会是自由自觉的社会，个人是自由自觉的个人；只有在这种社会的发展“和个人最丰富多彩的发展相一致”（马克思语）的社会里，社会才终于扬弃了个人的社会价值与自我价值的背离，达到了高级形态上的新的同一。在这种“高级同一”中，个人终于达到了自由全面的发展。这就是个人价值的发展在社会历史进程中正在经历和必将经历的否定之否定过程。

（本文发表于《晋阳学刊》1991年第6期）

“价值真理”概念成立的根据及其内涵

一、是否应当肯定“价值真理”概念

我认为，真理应分为事实真理和价值真理。当然也就应当肯定“价值真理”概念。

为什么？事实真理和价值真理的区分根据于事实认识和价值认识的区分。事实认识和价值认识都是人类认识，都是主体对客体的能动反映，这是二者的共同点；但二者又有重要的差别，这些差别足以使我们将二者区分开来。

二者的差别主要有以下几点：

（1）反映的对象不同。人类认识的对象有两类，一类是客体自身的属性，包括客体本身所具有的，与主体的需要无关的性质、本质、规律等。另一类是客体自身属性与主体需要之间的价值关系。两类不同的认识对象决定了存在着两类不同的认识。我们把反映客体自身属性的认识，称为事实认识；把反映价值关系的认识，称为价值认识。我认为，对象的区别，是区分两类认识的出发点。

有的同志说，这种区分是不明确的，因为“价值关系”也是一种“事实”。我说，你能否定作为认识对象的“客体自身属性”与“价值关系”之间的明确区别吗？如果不能，那么剩下的只是一个名称问题。如果我们能找到一个更合适的语词来指称“客体自身属性”，那么我们就可以不用“事实”这一语词；如果暂时还找不到，那么我们可以给“事实”这一概念的内涵作一规定，规定“事实认识”的“事实”专指“客体自身属性”，也可以给“事实”下这样一个定义：事实是指实际存在着的与认识主体的需要无关的客观事物。在这两种情况下，都不存在所谓区分不明确的问题。

有的同志说，既然作为事实认识对象的客体自身属性是作为价值认识对象的价值关系的一个构成要素，那么事实认识的对象和价值认识的对象就有部分重合关系，因此也就不能说这是两种不同的认识。我认为，这种看法是不对的，其失误之处在于方法论不对头。我们承认，客体自身属性构成价值关系的一个要素，但是系统论告诉我们，游离于价值关系之外的客体自身属性与纳入价值关系之中的客体自身属性是不同的。作为价值认识对象的，不是客体属性与主体需要的迭加，不是既以客体属性为对象，又以主体需要为对象，而是二者之间的关系——价值关系。价值关系不能简单地归结为客体属性加上主体需要。显然，说事实认识的对象与价值认识的对象有部分重合关系，这是一种误解。实际上，事实认识的对象和价值认识的对象在外延上是不相容的。

（2）反映的方式不同。马克思曾经指出，价值认识是一种不同于事实认识的特殊的认识方式。他说：“头脑用它所专有的方式（指“事实认识的方式”——引者）掌握世界，而这种方式是不同于对世界的艺术的、宗教的、实践——精神的掌握的”。[①]对世界的价值认识就属于“实践——精神的掌握”。价值认识的方式不同于事实认识的特殊性就在于：事实认识要把握世界的本来面目，它的内容必须排除认识主体的需要因素的渗入；而价值认识的内容，总是凝结着、体现着价值主体的需要，即使是正确的价值认识也是如此。因为在价值认识活动中，认识主体总是以价值主体的需要为“尺度”去衡量客体的价值，这样，所获得的价值认识自然就溶进了主体的需要因素，打上了主体的利益烙印。

（3）以上两点可以看作是事实认识和价值认识在认识客体方面和认识主体方面的不同特征。这两方面的不同特征又导致了这两种认识总体上的不同特征，即事实认识只有“知”的因素——只有认识的因素，而

① 《马克思恩格斯选集》第2卷，第104页，北京：人民出版社1972年版。

价值认识则是知、情、意的统一（融合）。当然这是就这两种认识作为结果而言的。如果作为过程，那么，不管是哪一种认识，都伴随有认识主体的知、情、意，这是没有区别的。由于价值认识是以主体的需要为“内在尺度”对客体评价的产物，因此价值认识本身不仅是对于相应价值关系的反映，是一种“知”，而且还透露出认识主体的肯定或否定的情绪、情感（喜、怒、悲、愤等），表明认识主体的“应当如何”的某种意向（欲望、要求、动机等），即还凝结着认识主体的一定的心理体验。《共产党宣言》有句名言：“资产阶级的灭亡和无产阶级的胜利是同样不可避免的”。这是一种事实认识，其中只有对于社会客观规律的冷静的揭示。《共产党宣言》还有一句名言：“让统治阶级在共产主义革命面前发抖吧。无产者在这个革命中失去的只是锁链。他们获得的将是整个世界。”这段铿锵有力的宣言是一种价值认识。其中不但有对于“共产主义革命”与“统治阶级”之间的价值关系、“共产主义革命”与“无产者”之间的价值关系的认识，而且还抒发了作者对反动统治阶级蔑视的情绪、对无产者的革命前途充满信心的昂奋乐观的情感；还表达了作者信仰、献身共产主义的坚定意向。但在价值认识中，“知”是基本因素，构成价值认识的内容，它决定了“价值认识”之所以为“认识”，并构成情和意的动因；“情”和“意”是“知”的心理表现，服从于“知”。

（4）除了以上理由外，我们还发现价值认识有它相对独立发生作用的领域。因此，把认识区分为事实认识和价值认识，并加强对价值认识的研究，具有重要的认识论意义和实践意义。

在实际认识活动中，事实认识与价值认识是互相联系、互相过渡的。有时是价值认识引起事实认识，有时是事实认识转入价值认识。前者如马克思和恩格斯所说的，“任何事物，凡是因人们初次充分意识到它的重要性从而成为思索的对象，在一个研究者看来，它就是最值得思考的对象。”[①]后者正如有些同志已经指出的：价值认识实际上构成从认

① 《马克思恩格斯全集》第2卷，第52页，北京：人民出版社1957年版。

识到实践过程中的一个环节。加强这一环节的研究，对于认识论研究的深入，无疑有重要的理论意义。

实践上的意义，我们只要举出一个例子。党的十一届三中全会以来，我们党科学地揭示了我国现阶段国内的主要矛盾是“人民日益增长的物质文化需要同落后的社会生产之间的矛盾”。这一主要矛盾的揭示，使全党全国的工作重点发生了战略性的转移。那么这一主要矛盾实质上是一种什么样的矛盾？实质上是一种价值关系中的矛盾，是一种价值矛盾。当前我国落后的社会生产水平还不能满足全国人民物质文化生活的需要，在“社会生产”与“人民需要”之间还没有建立起相对平衡的价值关系，这就出现了突出的矛盾。要解决这一价值关系的矛盾。就必须实现“四化”。可见，对国内主要矛盾的认识，就是一种价值认识。因此把“价值认识”作为区别于“事实认识”的范畴提出来，并深入进行研究，就具有重要的实践意义。

我认为，以上四点已足以证明：人类认识确有事实认识与价值认识之分，这种区分是有充足理由的。

既然认识应区分为事实认识和价值认识，那么合乎逻辑地，真理也应区分为事实真理和价值真理。凡认识都有真伪之别，事实认识必然导致真理性的事实认识，价值认识也必然导致真理性的价值认识。实际上，以上所述的事实认识与价值认识的前三点区别，也就是事实真理与价值真理的三点区别，也就是说，事实真理与价值真理的区别是客观存在的。有的同志说，“真理”指的就是事实真理，哪里还有什么“价值真理”？我说：怎么没有？马克思主义导师们就曾多次在价值认识的意义上使用“真理”这一概念。略举一、二。列宁说：“群众懂得这个真理，既然没有军队，强盗又在身边，那就不得不签订极苛刻屈辱的和约（指布加勒斯特和约——引者）。”[①]列宁在这里提到的“真理”，就是价值认识上的“真理”。邓小平同志最近指出：“过去我们党无论怎样弱小，无论遇到什么困难，一直有强大的战斗力，因为我们有马克思主义

① 《列宁全集》第3卷，第464页，北京：人民出版社1956年版。着重号为引者所加。

和共产主义的信念。有了共同理想，也就有了铁的纪律。无论过去、现在和将来，这都是我们的真正优势。这个真理，有些同志已经不那么清楚了”。[①]小平同志的这一正确论断是对于“马克思主义和共产主义信念”的评价，因此他说的“这个真理”也是价值真理。总之，应当肯定“价值真理”概念。

有的同志否定“价值真理”概念，是因为他把“价值真理”与“真理的价值”（或“真理的价值性”）相混同。如，有的同志就问：“为什么只把评价性的正确认识，才称之为价值真理，而事实性的正确认识就不能称之为价值真理呢？难道事实真理就不具有价值吗？”[②]我们暂且不谈“评价性的正确认识”是否就是“价值真理”，我们只是指出，这种问话表明有些同志把“价值真理”等同于“真理的价值”（或等同于“真理的价值性”）。这种误解甚至为肯定“价值真理”概念的某些同志所持有。[③]我们认为，“价值真理”与“真理的价值”不是一个概念，是两个概念，必须加以明确区分，否则我们的讨论就会成为不讲逻辑的没有意义的讨论。

“价值真理”与“真理的价值”的区别主要有以下几点：

（1）从概念的归属看。在形式逻辑上，“价值真理”是一个实体概念，因为它反映的对象是价值真理这一具体思想事物；而“真理的价值”是一个属性概念，因为它所反映的是真理这种思想事物的一种属性——价值性。在哲学上，“价值真理”中的被修饰词“真理”，表达的是一种认识，是一个认识论范畴。而在“真理的价值”中，被修饰词“价值”，表达的是一种存在，是一个存在范畴，因此，“真理的价值”是一个本体论范畴。

（2）从两者与价值关系的关系看。“价值真理”是对价值关系的反映，价值关系是价值真理的反映对象；而“真理的价值”本身就凝结着一定的价值关系，其中，“真理”是这个价值关系的客体承担者，“真

① 邓小平：《在中共全国代表会议上的讲话》，1985年9月23日。着重号为引者所加。

② 见《哲学研究》1985年第9期，第36页。

③ 见《哲学研究》1986年第2期《不能否认价值真理》一文。

理”作为价值关系的价值客体，能满足一定主体的需要，这种性质就是“真理的价值”（或“真理的价值性”）。

（3）从两者之间的关系看。先有“价值真理”，后有“真理的价值”（应当指出：“真理的价值”既指事实真理的价值，也指价值真理的价值）；而一旦确认了“真理的价值”，又有助于我们对真理（包括价值真理）的坚持和追求。“真理的价值”以真理的存在为前提，只有在认识过程中形成了事实真理或价值真理，然后才产生真理的价值性问题。只有当爱因斯坦提出“质能关系方程式”这一事实真理之后，才有这一事实真理在国防工业、能源工业上的广泛应用，才表现了这一事实真理的巨大价值。只有当农民阶级和其他革命派喊出了“湖南农民运动好得很”这一价值真理之后，才有这一价值真理对于农民群众革命热情的巨大鼓舞，才表现了这一价值真理的价值。

总之，“价值真理”与“真理的价值”是两个不同的概念，不能混同。混同了，我们的许多分歧就无法消除。

二、什么是“价值真理”

我们肯定“价值真理”的存在，那么什么是“价值真理”？或者，我们如何给“价值真理”规定一个科学的内涵？

有的同志虽然也肯定“价值真理”概念，却认为“价值真理”“就是正确的价值认识，也即客观事物同人之间的价值关系的正确反映”①。我认为，这种定义没有准确把握价值真理的本质属性，理论上会引出错误的结论，因而还需再定义。

我认为，作为价值真理，首先必须是“正确的价值认识”，必须是对一定的价值关系的正确反映，但“正确的价值认识”不一定是价值真理。这是因为：

第一，“正确的价值认识”不同于“正确的事实认识”。“正确的事

① 见《哲学研究》1985年第9期，第25页。

实认识”是对于客体的本质和规律的正确认识，在它的内容中只有排除了认识主体的需要和利益因素，它才能成为正确的事实认识。而“正确的价值认识”是对于客体属性和主体需要之间的价值关系的正确认识，在它的内容中必定包含有主体需要和利益的因素，必定表现有一定主体利益的倾向性。而每一种主体利益的倾向性都有一个合理不合理的问题，即都有一个是否符合社会需要、是否顺乎历史发展基本规律的问题。因此，同样是“正确的价值认识”，有的是合理的，有的是不合理的。例如，对于第一次国内革命战争时期湖南“农民运动”的评价，农民阶级说“农民运动好得很”，地主阶级却说“农民运动糟得很”。这两种评价，相对于各自的价值关系而言，都是“正确的价值认识”，但却不能说这两种“正确的价值认识”都是合理的。其中只有“农民运动好得很”的评价才是合理的，因为这一评价所体现的农民阶级的需要和利益，合乎当时中国社会的需要，顺乎中国社会历史发展的基本趋势。所以，如果说“正确的事实认识”就是“事实真理”的话；如果说“事实认识”中，“正确性”就是“真理性”的话，那么在“价值认识”中，“正确性”就不等于“真理性”，因为在“价值认识”中还有一个“合理性”问题。

第二，真理总是合理的，不合理的就不是真理。真理是合理的，就是说，真理总是符合社会需要、人类利益的，总是有助于社会历史发展的。真理的合理性，是由人类实践的本性决定的。人类改造客观世界的社会实践，是积极的、革命的，它推动着人类社会及人类自身由低级向高级不断发展。所以人类实践的本性是革命性。社会实践为了实现其革命性，为了满足其推陈出新的需要，要求人类正确地认识世界，不但要正确地认识世界的本质，而且要正确地认识世界的价值，即不但要取得关于世界的事实真理，而且要取得关于世界的价值真理。这就是说，社会实践的革命性是人类追求真理的原动力，反之，人类所追求的真理必定有助于实践革命性的实现，即有助于推动世界历史的发展。显然，一种认识作为真理，它一定合乎社会进步的需要，在阶级社会里，它必定合乎人民的需要、革命阶级的需要。所以毛泽东同志说：“任何真理都是符合人民利益的”[①]。运用换质位法推理，从这一论断可推出如下结论：“不符合人民利益的都不是真理”。可见，在形形色色的“正确的价值认识”中，只有那符合人民利益的因而是合理的正确价值认识，才是价值真理。“农民运动好得很”与“农民运动糟得很”，尽管这两种评价对于各自的价值关系而言，都是正确的价值认识，但不能说二者都是价值真理。只有“农民运动好得很”这种合理的正确评价才是价值真理。

根据以上分析，我们就可以给“价值真理”下定义了。价值真理就是正确反映客观事物与社会需要之间的价值关系的价值认识。或者，价值真理是人们对于客观事物的社会价值的正确反映。可见，价值真理包含有两层相互联系的内涵，一是正确性，二是合理性。缺少任何一层涵义都不成其为价值真理。由此又可将价值真理的定义表述为：价值真理就是正确的而又合理的价值认识。价值真理的这一内涵告诉我们，在今天，我们只有站在无产阶级的立场上，从合乎社会需要的利益出发去从事评价活动，才能获得价值真理。

对“价值真理”概念的内涵作了这种规定之后，我们就可以回答对于“价值真理”概念的几种主要诘难。

诘难一：“价值真理”不符合真理的客观性要求。

什么是“真理的客观性要求”？就是要求真理必须是客观的，必须是客观真理。所谓客观真理，就是真理包含有不依赖于认识主体的客观内容。真理的内容只是对于客观对象的正确反映，不管什么人，只要他正确地反映同一客观对象，都会得到同一内容的真理。价值真理的内容是对于客观事物与社会需要之间的价值关系的正确反映。一定的价值关系都是确定的、客观存在的，不管什么认识主体，只要正确地反映同一价值关系，所得到的价值真理的内容总是同一的。比如，不管什么人，只要正确地反映“农民运动”与“农民阶级需要”之间的价值关系，都不能不承认“农民运动”对于“农民阶级”来说是“好得很”。可见，价值真理的内容也是客观的，因而价值真理也是客观真理。当然，我们

① 《毛泽东选集》第3卷，第1096页，北京：人民出版社1953年版。

承认，价值真理本身也含有主体的情、意因素，但价值真理中的情和意只是价值真理之客观内容的心理体验、心理表现，在价值真理的构成中，只属于附属部分，在总体上，它只是服从于而不能改变价值真理的客观性。

诘难二：“价值真理”论是多元真理论。

什么是多元真理论？多元真理论就是宣扬对于同一对象的认识，可以有几种内容上互相否定的不同真理。我们认为，真理是一元的，不但事实真理是一元的，价值真理也是一元的。因为既然价值真理是对于客观事物与社会需要之间的价值关系的正确反映，客观事物的属性是统一的，社会的需要、人民的利益是统一的，由这两者所建立的价值关系也是统一的，那么正确反映这种具有统一性的价值关系的价值真理就只能有一个。或者说，在对同一事物所作的在内容上互相否定的价值判断中，正确的而又合理的评价只能有一个，因而价值真理只能有一个。这正是坚持了马克思主义的真理一元论。

诘难三：“价值真理”论是“阶级真理”论。

什么是“阶级真理”论？所谓“阶级真理”论就是承认在同一事物或同一问题上，不同的阶级有不同的真理。的确，价值认识有区别于事实认识的特殊性，价值认识的客体——价值关系——涉及价值主体的需要和利益，对于同一事物，由于价值认识的主体站在不同的价值主体需要的立场上，就会作出不同的评价。当“价值主体需要”涉及根本对立的两大阶级（革命的进步的阶级和反动的没落的阶级）的时候，我们已经指出，只有那正确反映客观事物与革命阶级需要之间的价值关系的价值认识，才是价值真理。因为其中只有革命阶级的需要才合乎社会的需要，才合乎社会历史发展的基本规律，因而其中只有革命阶级的正确评价才是合理的，才是价值真理。在这里，丝毫也得不出结论说，不同的阶级有不同的价值真理。

实际上，上述“价值真理的一元性”已经意味着对“阶级真理”的否定。不同的阶级对于同一客观对象的评价，可以得出不同的价值认识，但是正确而又合理的价值认识只有一个，即价值真理只有一个。所以，没有什么不同阶级有不同阶级的价值真理，价值真理同事实真理一样，是没有阶级性的。

可是，革命的、进步的阶级从本阶级的利益出发，对于社会事物作出的正确评价，所获得的价值真理，不是带有本阶级的阶级性吗？表面上看来似乎如此，实质上并非如此。因为人类历史上各个历史时期的革命阶级、进步阶级的需要和利益，是人类进步的需要、社会发展的利益在各个历史时期的集中表现。合乎革命阶级、进步阶级需要的价值真理，说到底是合乎人类进步的需要和社会发展的利益。所以，价值真理在实质上所具有的是全人类性，价值真理没有阶级性。

以上看法是否正确，请同志们批评。

（本文系笔者在《哲学研究》编辑部召开的“价值与认识”研讨会上的报告稿。这个研讨会于1986年5月在杭州举行，这是一个小型研讨会，与会者只有20多人，其中有《哲学研究》编辑部的3位编辑，还有8人（包括笔者）是由《哲学研究》编辑部直接点名与会的，其他是浙江省内的哲学同仁。这个研讨会开得很成功）

论科学的价值真理概念

适应于哲学现代化的时代要求，价值问题的哲学研究正愈益受到重视。人们开始把真理范畴引入价值认识论，并且在价值真理概念问题上出现了分歧。什么是价值真理？有一种观点主张：“所谓价值真理，就是正确的价值认识，也即客观事物同人之间的价值关系的正确反映”。（见《哲学研究》1985年第9期袁贵仁同志的《论价值真理概念的科学性》，以下简称“袁文”）我认为这一价值真理概念是值得商榷的。

一、什么是价值真理

由于国内外一些学者至今不承认价值认识有其真理性，不承认“价值真理”概念，因此在回答什么是“价值真理”之前，简要地说明一下“价值真理”概念存在的客观性，是必要的。

我认为，否定“价值真理”概念是不对的。人类认识区分为事实认识和价值认识，这是客观的，因为事实认识的对象与价值认识的对象之区别是客观的。事实认识的对象是客观事物自身本质及规律，而价值认识的对象是客观事物对人的价值，即客观事物的性质（包括规律）与人的需要之间的价值关系。真理与谬误是认识内部的基本对立，有认识就有真理，有价值认识就有价值真理。真理范畴不但是事实认识论的固有范畴，而且是价值认识论的固有范畴。这是因为：第一，客观世界的可知性和人的能知性决定了人类必定能够获得关于事物价值的真理性的认识。既然价值认识的对象——事物的价值是客观存在的，价值认识的主体又有能力认识事物的真价值，那么肯定价值认识能够获得价值真理，便是合乎逻辑的。第二，经典作家们不但在事实认识上，而且也在价值认识上使用过“真理”概念。恩格斯曾在《反杜林论》中肯定道德认识（一种价值认识）真理性的存在：“仅仅在欧洲最先进国家中，过去，现在和将来就提供了三大类同时并存的各自起作用的道德论。哪一种是有真理性的呢……现在代表着现状的变革、代表着未来的那种道德，即无产阶级的道德，肯定拥有最多的能够长久保持的因素”[①]。邓小平同志最近指出：“过去我们党无论怎样弱小，无论遇到什么困难，一直有强大的战斗力，因为我们有马克思主义和共产主义的信念。有了共同理想，也就有了铁的纪律。无论过去、现在和将来，这都是我们的真正优势。这个真理，有些同志已经不那么清楚了。”[②]小平同志的这一正确论断是对于“马克思主义和共产主义的信念”的评价，因此“这个真理”也就是“价值真理”。显然，不应否认价值认识中有真理与谬误的区别，不能否定“价值真理”概念。

“袁文”肯定“价值真理”的存在，在这一点上，我们的观点是相同的。但“袁文”把“价值真理”规定为“正确的价值认识”，实际上只是简单地套用“事实真理”的定义，而没有揭示价值认识不同于事实认识的特殊性。马克思曾经指出，价值认识是一种不同于事实认识的特殊的认识方式。他说：“这个头脑用它所专有的方式（指“事实认识的方式”——引者）掌握世界，而这种方式是不同于对世界的艺术的、宗教的、实践——精神的掌握的”。[③]对世界的“价值认识”就是属于对世界的“实践——精神的掌握”。价值认识不同于事实认识的特殊性就在于：事实认识要成为真理，它的内容必须排除任何主体的需要因素的渗入；而价值认识的内容总是包含有价值主体的需要因素，即使是正确的价值认识，也凝结着主体的需要因素。对于同一事物，由于价值主体的

① 《马克思恩格斯选集》第3卷，第133页，北京：人民出版社1972年版。着重号为引者所加。

② 邓小平：《在中国共产党全国代表会议上的讲话》，一九八五年九月二十三日。着重号为引者所加。

③ 《马克思恩格斯选集》第1卷，第104页，北京：人民出版社1972年版。着重号为引者所加。

需要有异，就会作出不同的评价。在阶级社会里，当评价涉及根本对抗的阶级利益时，对于同一事物，不同的阶级甚至会作出根本对立的评价。但只要评价正确地反映了价值关系——客体属性与主体需要之间的肯定或否定的关系，那么这样的评价就是正确的价值认识。如对第一次国内革命战争时期湖南“农民运动”的评价，农民阶级说“农民运动好得很”，地主阶级却说“农民运动糟得很”。这两种评价都是对各自的价值关系的正确反映。“好得很”正确反映了“农民运动”同“农民阶级的需要”之间的价值关系，而“糟得很”则正确反映了“农民运动”同“地主阶级的需要”之间的价值关系。但是能否说对“农民运动”的这两种评价——“好得很”和“糟得很”都是真理呢？或者，能否说凡是正确的价值认识都是价值真理呢？“袁文”的回答是肯定的，而我的回答是否定的。由于价值认识都包含有价值主体的需要因素，都表现着一定主体利益的倾向性，如”农民运动好得很”评价表现着农民阶级利益的倾向性，“农民运动糟得很”的评价则表现着地主阶级利益的倾向性，所以正确的价值认识不一定都是合理的价值认识。因为在不同的主体利益倾向性中，有的是同人类的社会的利益相一致的，因而是合理的；有的则同人类利益、社会利益相违背，是不合理的。只有那种不但是正确的，而且是合理的价值认识，才称得上“价值真理”。这里的“合理性”概念，是一个价值范畴，它指的是合乎人类的、社会的利益，而不是合乎某些个人、集团或阶级的悖于全人类利益的特殊利益；是符合社会发展的基本规律，而不是违背社会发展的基本规律。在阶级社会里，人类、社会的需要和利益集中地表现为革命阶级的需要和利益，因此合乎革命阶级利益的价值认识，就是合理的价值认识。

那么为什么只有合理的正确评价才是价值真理？这是由人类实践的本性决定的。人类社会实践在本质上是革命的。马克思明确地指出，社会实践是“批判的”、“革命的实践”[①]。社会实践为了实现其革命性，为了满足它推陈出新的需要，要求正确地认识世界，不但要正确地认识

① 《马克思恩格斯选集》第1卷，第55页，北京：人民出版社1995年版。

世界的本质，而且要正确地认识世界的价值。即不但要取得关于世界的事实真理，而且要取得关于世界的价值真理。这就是说，社会实践的革命性是人类追求真理的原动力。反之，人类所追求的真理必须有助于实践革命性的实现，有助于推动世界历史的发展。因此，一种认识作为真理，它必定合乎人类实践的革命需要，一定合乎人类的利益；在阶级社会里，就一定合乎人民的利益、革命阶级的利益。马克思主义肯定了真理同人民利益的这一关系，毛泽东同志指出："共产党人必须随时准备坚持真理，因为任何真理都是符合于人民利益的"[①]。十八世纪法国唯物主义哲学家爱尔维修也早已看到这一点，他说："真理每每为不义的豪强所厌恶，却永远对公众有益"[②]。可见，真理总是合理的，不合理的就不是真理。基于上述理由，对于"农民运动好得很"与"农民运动糟得很"这两种截然相反的评价，你可以说这两者都是正确的价值认识，却不能说它们都是价值真理。只有"农民运动好得很"这种合乎当时农民阶级利益的因而是合理的正确评价，才是价值真理。同理，对于其它价值认识是否真理的判断，我们也必须拿它是否合乎人类的需要，是否合理去衡量。如果不是这样，却主张凡是正确的价值认识都是价值真理，那就会把历史上一切合乎反动腐朽势力的卑鄙需要的、并被事实证明对他们发生效用的价值认识都说成价值真理。

到此我们可以给价值真理下个定义，价值真理就是正确反映客观事物与社会需要之间的价值关系的价值认识。这一定义表明，价值真理的反映对象是一种特定的价值关系，这种价值关系中的价值客体是客观事物，而价值主体是社会需要（社会本身生存和发展的需要）或人类需要。这样的价值认识实际上就是判断价值客体有没有合乎社会需要的价值。所以价值真理的定义又可规定为：价值真理是人们对于客观事物的社会价值的正确反映。这样，价值真理就包含有两层相互联系的内涵：一是正确性；二是合理性。由此又可以将价值真理的定义简述为：价值真理就是正确的而又合理的价值认识。

---

① 《毛泽东选集》第3卷，第1096页，北京：人民出版社1953年版。

② 《十八世纪法国哲学》，第538页，北京：商务印书馆1963年版。

二、"价值真理就是正确的价值认识"论与实用主义的真理观

"价值真理就是正确的价值认识"论之所以是错误的，还在于它难以同实用主义的真理观划清界限。为了说明这一点，必须对实用主义的真理观作深入一步的分析。

大家都知道，实用主义的真理观是主观真理观，它主张"有用就是真理"。但是，以往我们只是从"事实真理"的角度去研究实用主义的真理观。今天，在我们认识到真理实际上有事实真理和价值真理之分后，我们对实用主义真理观重新进行考察后发现：实用主义所持的真理观实际上是一种"价值真理"观；而"价值真理就是正确的价值认识"这一"价值真理"概念，是难以与实用主义的"有用即真理"划清界限的。

苏联一位学者正确地指出，实用主义学派的特征，"与其说是把真理与有用直接等同，还不如说是在认识上用有利害关系的主体来代替认识论上的主体。"①的确，以往的资产阶级哲学认识论（以至于古代认识论）只是把认识的主体看作一个没有任何需要、欲望的，以认识为唯一目的的纯粹的主体。实用主义率先看到认识主体是"有利害关系的主体"，认为人的一切认识活动都是为了满足主体的一定需要。应该说这一观点是合理的。但实用主义由此出发，却认为人的一切认识都包含有人的"利害关系"，把人的一切认识、真理功利化、价值化，这是不科学的。辩证唯物主义认为，"有利害关系的主体"去从事认识，既可以得到价值认识，也可以得到事实认识。主体总是以一定的需要和利益为评价标尺去认识客体的价值。这样，即使是作为真理的价值认识中也必定内含有一定的需要和利益的因素。而事实认识的主体尽管也从一定的需要和利益出发，抱有一定的价值目的，但作为事实的认识，它反映的

---

① ［苏］Л. Н. 米特洛欣等编：《二十世纪资产阶级哲学》，第71页，北京：商务印书馆。

对象只是客观事物自身本质和规律，因此主体可以获得不包含主体需要因素的，只是反映客观事物本身性质的事实真理。

但实用主义从“有利害关系的主体”这一认识论观点和资产阶级狭隘的私利出发，却认为人的一切认识、一切关于客体的观念都是以主体的需要和私利为转移的，不可能有如实反映客观事物本来面目的事实真理，一切认识都渗透着主体的需要、利益和欲望，即都是价值认识。因此，实用主义不但强烈地反对唯物主义反映论，也毫不含糊地反对唯心主义唯理论所主张的认识是主体心灵对客体的“本质”、“实体”的临摹，否定存在着正确反映事物本质的事实真理。詹姆士嘲笑人们追求事实真理的合理企图。他说：“把真理看作只是记录某一固定之物的这种真理观念是多么地愚蠢。理论性真理、消极摹写的真理，追求它只是为了单纯的摹写……这种理想，如果冷静地来看，简直是一个荒谬的理想。”[①]在他看来，几何学、逻辑学、物理学、化学等科学理论本身不是对“自然规律”的“摹本”，不是真理，而只是一些无所谓真伪的“假设”。[②]为什么实用主义否认有如实“摹写”客观事物的事实真理？他们的一个主要“理由”是，主体对事物的认识，不是“不附加以任何外来的成分”的，而总是对事物有所“增加”——“思想只是默从地反映，对事物一无所增加的那种看法，是不合理的”。[③]“增加”些什么呢？他说，所增加的是“价值”。由于人的认识，就给事物增加了“价值”，增加了“效果”——“我们就觉得，不论在哪里，真理的意义不在于‘复制’，而在于‘增加’；不在于按照原来就完善的实在去构造心理的摹本，而在于‘与实在合作，以达到一更明确的效果’。”[④]由此，实用主义对人类认识的功能做出了他们的实质性的论断：“肯定地，认识只是与‘实在’相互作用并增加其效果的一种方式而已”。[⑤]

无疑，实用主义的认识论实质上是一种价值认识论，它所肯定的认

① 詹姆士：《实用主义》，第210页，北京：商务印书馆1979年版。
② 詹姆士：《实用主义》，第191页，北京：商务印书馆1979年版。
③ 詹姆士：《实用主义》，第202页，北京：商务印书馆1979年版。
④ 詹姆士：《实用主义》，第130、131、192页，北京：商务印书馆1979年版。
⑤ 詹姆士：《实用主义》，第210页，北京：商务印书馆1979年版。着重号为引者所加。

识、真理，只是一种价值认识、价值真理。正因为如此，实用主义才把认识与客体的关系仅仅看作一种价值关系，詹姆士说：“‘认识’只是与实在发生有利关系的一种方式”[①]这就从根本上规定了实用主义认识论的价值论性质。正因为如此，实用主义才把人类的认识活动仅仅看作一种评价活动，才把“认识”、“真理”这些认识论的一般范畴，看成只是一种价值范畴。正如有的研究者所指出的：实用主义“在给‘真理’的概念下定义时，使其失去认识论（指“事实认识论”——引者）的意义，而变为评价的范畴”。[②]詹姆士自己也明确承认：“真理”概念只是一个“价值意义的名称”[③]也正因为如此，实用主义虽然也肯定把真理定义为“观念与实在的‘符合’”是“理所当然的事”，但它却对“符合”一词作了实用主义的解释。它说：“符合”不是“思想必须摹写实在”，即不是事实真理意义上的“符合”。它认定：“所谓‘符合’，乃是指这样地加以考虑（指对“实在”的考虑——引者），而使我们在理智上和实际上得到某种满意的效果”。[④]就是说，所谓“符合”，是指主体对客体的认识（“考虑”）符合主体的需要，能使主体满意，对主体有用。这实际上只是从价值认识的意义上去规定“符合”概念。因此，在实用主义看来，符合主体利益的，能满足主体需要的观念，就是真理。“席勒说，凡是‘有效验’的东西就是真的”。“杜威说，真理是使人‘满足’的东西”。詹姆士则说：“‘它是有用的，因为它是真的’；或者说：‘它是真的，因为它是有用的’”。[⑤]他们都把“真理”和“有用”完全等同起来，并最终归结为“有用的认识就是真理”。

依据上述，既然实用主义的真理观是价值真理观，那么它的“有用的认识就是真理”这一命题，实际上也就是“有用的价值认识就是价值真理”。实用主义所说的“有用”，就是主体对于客体的价值认识同主体的特定需要、欲望相“符合”。而这样的价值认识就是正确的价值认

① 詹姆士：《实用主义》，第202页，北京：商务印书馆1979年版。着重号为引者所加。
② 米特洛欣等编：《二十世纪资产阶级哲学》第86页，北京：商务印书馆1983年版。
③ 詹姆士：《实用主义》，第105页，北京：商务印书馆1979年版。
④ 詹姆士：《实用主义》，第201、212页，北京：商务印书馆1979年版。
⑤ 詹姆士：《实用主义》，第120、104页，北京：商务印书馆1979年版。

识。事实上，任何一种对特定主体有用的价值认识，都是合乎该主体特定需要的，都反映了客体属性与主体需要的肯定的价值关系，因而都是正确的价值认识。所以，“有用的价值认识”总是某种“正确的价值认识”。就价值认识“有用性”的来源而言，也可说明这一结论。价值认识的“有用性”只能来自客体的“有用性”，只能是对客体“有用性”的正确认识。实用主义者也是这样看待问题的，实用主义创始人皮尔士说过：我们的概念的效果来源于客体的效果[①]。实用主义者詹姆士也指出：“真实的思想是有用的，因为作为思想对象……是有用的。所以真实观念的实际价值基本上是由于观念的对象对于我们的实际重要性而产生的。”[②]所以，“有用的价值认识”就是“正确的价值认识”。“有用的认识就是真理”这一实用主义命题，按其实际内涵就可转换成“正确的价值认识就是价值真理”这一命题，而这一命题正是“袁文”所主张的“价值真理”概念。当然，今天主张这一“价值真理”概念的同志，其哲学路线和理论动机与实用主义是截然不同的，但要看到这一命题的确与实用主义有相通之处，即都会把“有用”的价值认识说成真理，而不管它是否合理，是否合人民利益之理。

实用主义所鼓吹的“有用便是真理”，鲜明地代表了正在走向帝国主义阶段的资产阶级的利益。今天我们的代表着广大人民利益的、代表着人类历史未来的无产阶级，就不能笼统地把一切正确的价值认识都说成价值真理，而只能把那种“正确的而又合理的价值认识”认定为价值真理。

三、科学的价值真理概念之方法论意义

把“价值真理”的内涵规定为“正确的而又合理的价值认识”，不但在理论上是科学的，而且在实践上具有重要的方法论意义。相反，如果把一切正确的评价，即一切正确反映价值关系的价值认识都说成价值

① 见M. 怀特：《分析的时代》，第145页，北京：商务印书馆1981年版。

② 詹姆士：《实用主义》，第104页，北京：商务印书馆1979年版。

真理，那就会使我们的实践偏离正确的方向。

科学的价值真理概念之方法论意义，至少有以下几点：

（1）坚持科学的价值真理概念，就必须把“合理性”作为判定意识形态真理性的一个内涵。

“袁文”针对现代西方哲学否定一切意识形态的真理性，以至于否定马克思主义意识形态的真理性的思潮，认为只有把价值真理概念引入意识形态领域，才能维护马克思主义意识形态的真理性。应该说，这一动机是好的。但如从其主张的“价值真理”的涵义出发，却又可能走向反面。

在阶级社会里，社会的意识形态作为“社会认识”（列宁语），其认识主体是一定的阶级，因而总是一定阶级的意识形态。阶级的意识形态不但包含有该阶级对于社会存在的事实认识，而且主要地还包含有该阶级从本阶级的利益出发对经济基础等社会事物所作的评价。因此在阶级的意识形态中，有决定意义的是阶级的价值认识，任何阶级的意识形态作为评价体系都是正确的价值认识，即都正确地反映了社会事物的一定属性、关系（作为价值客体）同一定阶级的需要（作为价值主体）之间的价值关系。即使当一个阶级从进步走向反动的时候，也是如此。这在根本上是因为一定阶级的意识形态总是从本阶级的经济地位中引伸出来的，总是同本阶级在经济基础中的利益相适应的，总是本阶级所认定的社会事物的价值在阶级意识中的真实反映。可见，任何阶级的意识形态作为评价体系，对于特定的阶级来说，都是正确的价值认识。如果依照“袁文”“价值真理”的概念，就必须承认一切阶级的意识形态都是价值真理。但是，众所周知，反动阶级的利益同社会历史发展的基本规律相违背，同人民的利益相对抗。在他们的意识形态中，不但以歪曲的事实认识去反映社会的本质和规律，而且以歪曲的价值认识去判定社会事物的价值。在他们的意识形态中，善和恶、正义和非正义、合理和不合理是颠倒的。我们从无产阶级的、人民的利益出发，尽管必须承认反动阶级的意识形态对于反动阶级来说，是正确的价值认识，但这种价值认识是不合理的，因此决不能承认它是价值真理，而只能如实地把它看作谬误。这里的关键是必须把“合理性”包含于“价值真理”概念之中，只有“正确的而又合理的”的意识形态才是价值真理。

因此，只有把“合理性”作为评定意识形态的真理性的一个必要内涵，才能从各种意识形态中真正区别出哪些是真理，哪些是谬误。今天，当某些西方哲学家否定一切意识形态的真理性时，我们把马克思主义意识形态与反动阶级的意识形态区别开来，肯定马克思主义意识形态是真理，不但是事实真理，而且是价值真理。这不仅在于她是正确的价值认识，还在于他是**合理的**价值认识。离开“合理性”去规定“价值真理”概念，就势必把一切阶级的意识形态都看作“价值真理”，把马克思主义与反动阶级的意识形态一视同仁。

（2）坚持科学的价值真理概念，就必须坚持以社会的需要作为评价的客观标尺。

对于同一社会事物、社会事件，不同的人、不同的阶级出于不同的需要和利益，会作出不同的评价。这些不同的评价可以都是真实的，即相对于各自的需要而言可以都是正确的价值认识，但不一定都是合理的。只有那合乎社会需要的正确评价，才是合理的，因而才是具有真理性的评价。毛泽东同志指出：“共产党人的一切言论行动，必须以合乎最广大人民群众的最大利益，为最广大人民群众所拥护为最高标准。”[①]所以，只有以社会的需要作为评价的客观标尺，才能作出真理性的评价。

评价活动所涉及的领域十分广泛，哪里有人类的实践活动，哪里就有人们的评价活动。评价的内容又是多方面的。有功利评价（利害）、政治评价（功过）、道德评价（善恶）、审美评价（美丑）等。“评价”不只是一种认识活动，而且也表明态度。通过评价，表明评价主体肯定什么，否定什么；支持什么，反对什么。它告诉人们应该如何，不应该如何。这样，如果全社会的人都能以社会的需要为评价标尺，那就能形成一股强大的健康的积极的社会舆论，就能起到扶正祛邪、扬善抑恶的

① 《毛泽东选集》第3卷，第1097页，北京：人民出版社1953年版。

作用。这对于坚持四项基本原则，端正党风，改善社会风气，保证改革实践和“四化”建设沿着社会主义方向顺利发展，无疑具有重大的意义。相反，如果离开“合理性”的要求去评价，就会使人分不清什么是真价值，什么是假价值。就不知道应该坚持什么，反对什么，就会迷失正确的政治方向。

（3）坚持科学的价值真理概念，就必须把“合乎人民的利益”作为确立价值目标的必要依据。

人的实践不同于动物的活动，人在实践之前已经确定价值目标。观念形态的价值目标“作为规律决定着他的活动的方式和方法”，[①]并经过实践过程物化为人造价值物。可见，能否确立正确的价值目标，是十分重要的，它决定着人们实践活动的成败。

按照科学的价值真理概念，要确立正确的价值目标，就必须把“合乎人民的利益”作为确立价值目标的必要依据。正确的价值目标不是人们随意想象的产物，它的确立既依据于事实真理，也依据于价值真理。这就是说，要确立正确的价值目标，不但要正确认识价值客体本身的性质和价值主体的需要，而且要根据事实真理正确地认识客体对于主体的价值，即正确认识客体属性与主体需要之间的价值关系。作为价值真理，这里的“主体需要”不能是任何利己主义的需要，而只能是人民的需要，或不与人民利益相抵触的个人需要。因此，作为正确的价值目标之依据的价值真理，必须是对于客体的社会价值的正确认识。只有依据于这样的价值真理所确立的价值目标，才是正确的价值目标。这样的价值目标，是事实真理与价值真理的统一，是科学性与合理性的统一。事实真理从合乎客体性质上规定价值目标在客观内容上的科学性，价值真理则从合乎人民需要上规定价值目标在社会方向上的合理性。所以，坚持科学的价值真理概念，就必须把“合乎人们的利益”作为确立价值目标的一个必要依据。

“建设有中国特色的社会主义”，这就是改革和“四化”建设实践所

---

① 《马克思恩格斯全集》第23卷，第202页，北京：人民出版社1972年版。

要达到的价值目标。这个价值目标就是既依据正确反映我国具体国情的事实真理，又依据合乎人民利益的价值真理，是科学性与合理性的统一。要确定改革的价值目标，不仅要有事实认识，还要有价值认识，即还要把我国具体国情同人民的需要和利益联系起来，从人民的利益出发，对我国国情的各个方面进行价值认识。只有这样，才能确定什么是应该改革的，什么是应该坚持的。结果，我们党就发现，我国社会现阶段的主要矛盾，是“人民日益增长的物质文化需要同落后的社会生产之间的矛盾”。要解决这一主要矛盾，即要满足人民的日益增长的物质文化需要，在根本上就要发展社会生产力。以此为依据，原有体制中一切有利于生产力发展的，就是有价值的，就都在坚持之列。因为社会主义制度最能满足人民发展生产力的要求，因此最重要的是要坚持社会主义道路。与此相关，就要坚持“四项基本原则”。相反，一切束缚生产力发展的，就是有害的，就都在改革之列，这就是存在于我国经济体制、领导体制、教育科技体制等方面的弊端。由此就产生了由我党十一届三中全会以来的一系列关于体制改革和建设“四化”的路线、方针、政策以及作为中央文件的《决定》等有机构成的价值思想体系。这个价值思想体系就是现阶段我国实行改革和建设“四化”的价值目标，这个价值目标的核心“律令”，就是“建设有中国特色的社会主义”。显然，“合乎人民的利益”构成了这一价值目标的内在的必要的依据。离开了这一依据，我国的改革和“四化”建设就会偏离社会主义方向。

（本文发表于《福建论坛》1986年第4期。本文被“全国中青年哲学工作者最新成果交流会”评为“优秀论文”，1986年9月15日《光明日报》公布了包括本人在内的“优秀论文”作者的名单）

社会哲学论

关于社会文明的思考

探究社会文明发展的源泉，寻找其规律性，这是社会主义文明建设的一个迫切的理论任务。

一、社会现象的三个层次

胡耀邦同志在十二大报告中，从人类社会实践的角度规定了文明的概念。从这一角度着眼，我们可以把人类社会现象，按其因果关系区分为三个层次，这就是社会文明、社会实践和社会基本矛盾。

社会文明是社会现象的第一层次，包括社会的物质文明和精神文明。物质文明是人类改造自然界的物质成果，是人类所创造的物质财富。它主要包括人类所创造的物质生产资料和物质生活资料。精神文明是人类改造主观世界的精神成果，是人类所创造的精神财富。人类的精神花朵千姿百态，绚丽多采，因此精神文明的构成要比物质文明复杂得多。十二大报告将社会主义精神文明建设大体上区分为文化建设和思想建设，并对其内容作了科学概括。本文拟就这两大部分中的科学（自然科学）技术和思想道德作一些探讨。科学技术表现为人类自然科学和生产技术的发展，反映的是人与自然的关系；思想道德主要表现为人类的社会思想（政治、法律、伦理等思想）和道德水平的提高，反映的是人与人的社会关系。哲学的反映对象虽然不完全是社会关系，但哲学作为阶级的世界观，应属广义的思想范畴。因此，哲学亦可归入这一类。

社会文明是世代延续的人类辛勤劳动创造的共同财富，是社会实践的灿烂成果。因此，社会实践作为社会文明的直接原因，在社会现象中是比社会文明较深的一个层次。相对于物质文明和精神文明，这里所论及的社会实践是指物质生产活动和精神生产活动。物质文明是物质生产的直接产物，而精神文明则是精神生产的直接产物。

马克思主义告诉我们，任何时代的物质生产都在一定的生产方式中进行。因此，生产方式——生产力和生产关系就构成了物质生产活动的内在矛盾，这一矛盾制约着物质生产的发展。生产力和生产关系的矛盾不但制约着物质生产，而且进而制约着精神生产。关于这一点，马克思和恩格斯指出："人们是自己的观念、思想等等的生产者，但这里所说的人们是现实的，从事活动的人们，他们受着自己的生产力的一定发展以及与这种发展相适应的交往（直到它的最遥远的形式）的制约"[①]。我们知道，生产力和生产关系的矛盾总是同经济基础和上层建筑的矛盾相联结而构成社会基本矛盾的整体。因此肯定生产力和生产关系的矛盾对于物质生产和精神生产的制约作用，也就肯定了包括经济基础和上层建筑在内的社会基本矛盾对两种文明的制约作用。可见，社会基本矛盾是制约着物质生产和精神生产的更深刻的内在原因，是较社会实践更深的社会现象的第三个层次。

这样，社会基本矛盾的运动制约、推动者社会实践的发展，而社会实践的产物就是社会文明。这就是社会现象的三个层次。

二、社会文明发展的源泉

正确地揭示社会文明发展的源泉或动因，对于社会主义物质文明和精神文明的建设，无疑具有重要的意义。

那么社会文明发展的源泉是什么？

既然社会文明是社会实践的直接的产物，那么社会实践——物质生产和精神生产就是物质文明和精神文明发展的直接源泉。物质生产和精神生产发展的状况，决定着物质文明和精神文明发展的状况。

① 《马克思恩格斯全集》第3卷，第34页，北京：人民出版社1960年版。

然而社会实践本身的发展又根源于社会基本矛盾的运动和发展。探寻社会文明发展的源泉，就必须探究社会基本矛盾如何制约着物质生产和精神生产，以及什么是导致这两种生产发展的具体动因。社会基本矛盾作为根源，对于这两种生产的制约作用有着不同的特点，需分别加以分析。

（1）社会基本矛盾对于物质生产的制约作用。

研究物质生产发展的根源，必须考察生产力和生产关系发展的条件以及生产力和生产关系的矛盾运动。

把生产力三要素——劳动者、劳动资料以及劳动对象加以分解，我们发现在其背后，又有“三动力”，即劳动力、自然力和科技力。“劳动力”指的是劳动者的体力和智力的支出。“自然力”指的是非人化的劳动对象以及构成人化劳动对象和劳动资料中的质料部分。“科技力”指的是劳动者的智力以及物化于劳动资料和人化劳动对象中的科技因素。这“三动力”是潜在于生产力三要素中的更深层次的三个动因。这“三动力”的有机组合，就构成了现实的生产力三要素；而现实的生产力三要素的有机结合，就形成了现实的生产力。在生产力的“三动力”中，劳动力和科技力对于生产力的发展具有决定意义。因为劳动力和科技力的结合，就是活生生的作为体力和智力统一体的劳动者，而劳动者是生产力中最活跃的首要因素。科技力则几乎渗透于生产力的每一要素中，决定着生产力发展的水平。工业发展史上几次重大的变革，主要是科技应用的结果。据国外统计，现在劳动生产率的提高，已有百分之六十到八十甚至百分之百，是依靠采用新的科技成果取得的。可见，劳动者和科学技术是发展物质生产、建设物质文明的两个需加特别注意的重要因素。

生产力的“三动力”通过生产力三要素的结合，构成物质生产的整体能力，形成生产力发展的内在冲力，规定这生产力发展的可能水平和规模。然而生产力的发展从来都是在与生产关系的矛盾运动中实现的。因此，社会生产力现实的发展在总体上要受到生产关系的制约。

生产关系对于生产力的制约作用分为两种情况。第一，当生产关系的性质与生产力水平相适应时，就能使生产力由于内在“三动力”的结合而形成的整体发展能力得到充分的发挥，从而就能促进物质生产和物质文明的发展。当生产关系的性质与生产力水平不相适应时，就会束缚生产力的发展，阻碍物质生产和物质文明的发展。第二，当一定性质的生产关系确立以后，不管该生产关系适应生产力水平与否，注意调整生产过程中的管理体制，对于促进生产力的发展，都是一个十分重要的问题。生产的管理体制是生产关系的表现，属于生产关系范畴。对于它的适当调整，或者可以使旧的生产关系得到局部的更新，从而为生产力的发展提供新的可能；或者可以使新的生产关系能在更大的程度上发挥其满足生产力发展要求的优越性，从而推动生产力的进一步发展。五十年代初到七十年代初，主要资本主义国家经济获得较大发展，究其原因，主要有两个：一是科技的革命和应用；二是从一般垄断资本主义向国家垄断资本主义的转变。国家垄断资本主义是一种适应生产力“社会化”的强烈要求而必然产生的管理体制上的某种变革，它采用一整套干预经济的措施出面组织、管理资本主义生产，这样就在全社会的范围内暂时减少了某种无政府状态，从而为资本主义生产力的发展提供一个新的机会。社会主义生产关系能够为我国生产力的发展开辟广阔的前途，但长期以来，由于工农业生产管理体制上存在的弊病，使得我国社会主义生产关系的优越性没有得到应有的发挥。一旦着手变革我们的经营管理体制，生产力的发展就会快得多。近几年我国农村实行多种形式的生产责任制和以首钢为典型的实行工业经济责任制所取得的显著效益，都是证明。

生产关系不但制约着生产力发展的水平和规模，而且制约着物质生产的目的。不同性质的生产关系以及与此相关联的上层建筑规定着物质生产的不同目的，从而规定着物质文明服务的不同方向。资本主义物质文明生产的目的是为了资本家阶级榨取最大的剩余价值，社会主义物质文明生产的目的是为了满足人民日益增长的物质文化生活的需要。

生产关系对于生产力的发展，从而对于物质文明的发展有重要制约作用的，显然有两个要素：一是生产关系适应生产力发展的状况；二是生产管理体制适应生产力发展的状况。前者从总体上制约着生产力的发展，后者则从局部上制约着生产力的发展。

以上便是社会基本矛盾作为根源决定物质生产发展的主要情形。然而物质生产的发展，不但有其根源，而且还有其他动因。精神文明对于物质生产的影响作用就是一个重要动因。精神文明中的科学技术部分虽然来源于物质生产，但它一经产生，就反过来给予物质生产以积极的推动，规定着物质生产发展的可能水平。精神文明中的思想道德部分虽然根源于政治上层建筑和经济基础，但它一旦产生，便影响着物质生产发展的速度和方向。可见，精神文明是物质文明发展的一个重要动因。

（2）社会基本矛盾对于精神生产的制约作用。

社会基本矛盾通过什么途径制约着精神生产？

马克思和恩格斯在自己的著作中，不但提出了“精神生产”这一概念[①]，而且提出了“精神生产力”[②]、“思想生产者”、“精神生产资料”、统治阶级“支配着精神生产的资料”、调节着“思想的生产和分配”等概念和命题[③]。这些概念和命题告诉我们，正如物质生产是在物质生产方式中进行的一样，精神生产也是在自身的生产方式中进行的，受着自身生产方式的制约。因此，探寻精神生产的动因，应从精神生产的生产方式入手。

精神生产方式包括精神生产力和精神生产关系两个方面。精神生产力也有三要素：精神劳动者、精神劳动资料（如科学实验的仪器设备、图书情报资料等）和精神劳动对象（即精神劳动者的研究对象或精神产品的反映对象：科学技术的劳动对象是人与自然的关系，包括自然界；思想道德的劳动对象是人与人的社会关系）。精神劳动资料和精神劳动对象的总和就是精神生产资料。精神生产关系包括人们对于精神生产资料的占有关系、人们在精神生产过程中的地位和作用以及人们对于精神

① 《马克思恩格斯选集》第1卷，第52、270页，北京：人民出版社1972年版；《马克思恩格斯全集》第26卷Ⅰ，第296页，北京：人民出版社1973年版。

② 《马克思恩格斯全集》第46卷上册，第173、505页，北京：人民出版社1979年版。

③ 《马克思恩格斯选集》第1卷，第52页，北京：人民出版社1972年版。

产品的分配关系。精神生产力和精神生产关系的有机结合构成了制约着精神生产的精神生产方式。

那么制约着精神生产发展水平的终极原因是精神生产方式吗？否。精神生产方式本身是受物质生产方式制约的。因为“一个阶级是社会上占统治地位的物质力量，同时也是社会上占统治地位的精神力量。支配着物质生产资料的阶级，同时也支配着精神生产的资料，因此，那些没有精神生产资料的人的思想，一般地是受统治阶级支配的”[①]。这就是说，精神生产方式对于精神生产的制约，实质上就是物质生产方式对于精神生产的制约。所以，物质生产方式才是决定精神生产的终极原因。但由于不同类型的精神生产的劳动对象不同，因而作为终极原因的物质生产方式是从不同的方面对不同类型的精神生产发生作用的，并因此使得不同类型的精神生产呈现出不同的发展状况，具有不同的特点。

科技生产的劳动对象是人与自然的关系，是物质生产活动中的生产力方面。由于认识和掌握自然规律以发展生产力是任何阶级本身利益的要求，因此每一社会的统治阶级总要尽其所能，努力发展科技事业。而且，制约着每一时代、每一国家科技发展水平的重要因素是精神生产中的科学实验仪器设备等劳动资料的发展水平，而它的发展水平又取决于同时代物质生产力发展的水平。可见，科技生产的发展水平取决于物质生产力的发展水平。这就是今天主要资本主义国家虽在生产关系上已进入垄断资本主义阶段，但科技仍有相当发展的根本原因。当然物质生产关系也通过精神生产关系制约着科技生产，但它主要地不是制约科技生产发展的水平，而是制约科技生产的发展速度和服务方向。

思想道德生产的劳动对象不是生产力，而是人与人的社会关系，主要是生产关系以及反映生产关系并为之服务的政治上层建筑。具体说来，就是社会的经济政治制度。列宁肯定了这一点，他说：“人的认识反映不依赖于它而存在的自然界，也就是反映发展着的物质；同样，人的社会认识（就是哲学、宗教、政治等各种不同的观点和学说）也反映

① 《马克思恩格斯选集》第1卷，第52页，北京：人民出版社1972年版。

社会的经济制度。”[①]既然社会的经济政治制度是思想道德的反映对象，那么社会经济政治制度的内容和性质（是否适合生产力的发展）便决定着思想道德的内容和性质。而且，由于制约着精神生产的精神生产关系实质上就是物质生产关系，所以，对于思想道德生产来说，社会经济政治制度不但作为精神劳动对象决定其内容和性质，而且作为精神生产关系规定其服务方向。这就是说，占社会统治地位的思想道德不但反映社会经济政治制度，而且服务于社会经济政治制度。可见，思想道德生产的内容、性质主要地不是取决于生产力，而是取决于社会经济政治制度。这是社会基本矛盾对于精神生产不同内容（科学技术与思想道德）作用途径之主要区别所在。基于这一点，思想道德的发展就具有不同于科学技术发展的特点。一般说来，科技的发展水平是同物质文明的发展水平相一致的，但思想道德的发展，却由于每一社会形态的生产关系和政治制度都有一个由适应生产力发展到束缚生产力发展的转变过程，就会出现两种情形：其一，当生产关系的性质适应生产力发展要求时，精神文明就会同物质文明一样向上发展。这就是资本主义初期精神文明和物质文明共同繁荣的根据所在。其二，当生产关系的性质不适应生产力发展要求又不及时变革旧生产关系时，就会出现社会的思想、政治、道德等随着物质文明的愈益发展而愈益走向衰落、腐朽的现象。如同今天主要资本主义国家的情况那样。资本主义世界两个文明的这种严重背离现象正是根源于自身生产关系与生产力的尖锐矛盾，是作为革命力量的生产力要求变更旧生产关系的一种反映。

我们还要进一步研讨影响着精神生产、精神文明发展的其它两个动因。一是精神文明内部因素的相互影响；二是物质文明作为精神文明的基础和条件对精神文明的促进作用。前者，又有两种情况：（1）历史的精神文明作为精神渊源影响着现实的精神文明的发展。（2）现实的精神文明各要素之间的相互促进。不但精神文明的文化建设和思想建设自身诸要素之间相互影响，而且这两大部类之间也相互渗透、相互影响。如

---

① 《列宁全集》第2卷，第443页，北京：人民出版社1956年版。

科技为思想道德提供必需的科学知识；后者则影响前者的服务方向。而包括哲学在内的思想要素则是整个精神文明的核心，共产主义思想是社会主义精神文明的核心。应该指出的是，精神文明内部因素的相互作用不是自发进行的，而是通过精神劳动者在精神生产实践中实现的。可见精神劳动者在建设精神文明中的重要作用。后者，物质文明作为精神文明的基础和条件的作用，不但表现在精神劳动者只有依赖于物质文明中的物质生活资料才能生存，并进行正常的精神生产；而且表现在物质文明的物质生产资料为精神生产提供必需的科学仪器设备等精神生产工具，而先进的精神生产工具对于科技生产的重要性已众所周知。

到此，我们已从社会文明发展源泉的角度考察了物质文明和精神文明通过社会实践同社会基本矛盾的具体联系，那么我们能否从这种考察中，为人类社会文明的发展找出一些带有规律性的联系来呢？

三、文明发展的规律初探

下面既是关于社会文明发展规律的探讨，又是对于上文所作考察的结论。

第一，社会文明发展的直接源泉是社会实践，即物质生产和精神生产；而根源则在于社会基本矛盾的运动和发展。社会文明发展的状况取决于社会实践发展的状况，而社会实践发展的状况又取决于社会基本矛盾发展的状况。

第二，基于社会基本矛盾对于社会文明的根源性，从人类历史发展的总趋势看，人类社会的文明是随着社会形态的历史发展而发展的，因而高一级社会制度下的社会文明必然高于低一级社会制度下的社会文明。因此，社会文明发展的历史水平的高低就成为衡量社会制度是否先进的尺度。从总体看，社会制度先进于资本主义的社会主义，其社会文明也一定将随着历史发展的进程，高于资本主义的社会文明。

第三，就历史发展的一般进程而言，人类社会文明总是由低级向高级发展，呈现出向上发展的趋势。但就具体社会形态的具体过程而言，社会文明的发展却因社会基本矛盾复杂的内在关系而表现出复杂的情况。

当生产关系适应生产力发展要求时，就会出现物质文明和精神文明共同繁荣的局面。当然这种繁荣都只是在该社会生产关系所能容许的范围内的繁荣。当生产关系不适应生产力发展要求时，两个文明的发展就会出现背离趋势。这种背离现象只有通过社会革命才能克服。一般说来，社会主义两个文明的发展虽然会出现某种不平衡状态，但不会出现这种“背离”现象。虽然社会主义的生产关系，也会出现不适应生产力发展的情况，但这可以通过社会主义制度本身及时加以变革。因此，就必然性而言，社会主义的两个文明是相互促进、和谐统一、共同繁荣的。而两个文明能否共同繁荣就成为衡量社会制度是否进步的一个标志。

第四，进步的生产关系为社会文明提供了发展的可能性，但这种可能性不会自发地变成现实。要变成现实，需经过以社会文明生产者为主体的社会实践。社会实践是将进步的生产关系所提供的文明发展的可能性变成现实的必经中介。社会主义制度虽然为建设高度的文明提供了广阔的前景，但高度文明的实现仍须进行艰苦的努力，采取切实的措施，付诸实际的行动。

第五，以社会基本矛盾为共同根源的物质文明和精神文明之间，相互制约，互为条件，互为目的。所以我们要两个文明一起抓，在建设高度的物质文明的同时，努力建设高度的社会主义精神文明。

（本文发表于《福建论坛》1983年第2期）

重提阶级实体的属性问题

关于阶级实体的属性问题，即阶级究竟只是一个经济实体、经济范畴，还是一个更广泛的社会实体、社会范畴的问题，前些时候争论了一阵子，现在已偃旗息鼓，相安无事，似乎这个问题已没有再做进一步讨论的必要。然而分歧没有消除，问题没有解决。持“经济实体论”者仍然把这种尚有分歧的、不科学的观点写上高校哲学教科书，而别的有些教材又因袭相承，继续把这种观点传授给人们。问题还在于，他们提出这一观点，意在为社会主义社会阶级斗争的特殊形态提供科学的理论根据，而在我们看来，这个“理论根据”不是真正科学的。我们认为，阶级作为社会集团，作为整体，是一个社会实体、社会范畴。只有“社会实体论”，才能正确反映阶级的整体性质，才能合乎逻辑地说明一系列阶级理论问题，才能为社会主义社会的阶级和阶级斗争的特殊性提供合理的解释，才能科学地坚持和发展马克思主义的阶级和阶级斗争学说。可见，继续对这个问题作进一步的讨论，在理论和实践上都是重要的和必要的。下面就有关的几个问题谈谈我的看法，不当之处，欢迎指教。

一、阶级不是经济实体，而是社会实体

阶级是经济实体还是社会实体，这只能根据阶级构成的实际状况作出回答。那么阶级是由哪些社会因素构成的？

阶级是由个人构成的，但孤立的“个人”构不成阶级。马克思和恩格斯指出：“某一阶级的个人所构成的、受他们反对另一阶级的那种共同利益所制约的社会关系，总是构成这样一种集体，而个人……只是由

于他们还处在本阶级的生存条件下才隶属于这个集体；他们不是作为个人而是作为阶级的成员处于这种社会关系中的。”[①]马克思和恩格斯在这里告诉我们：阶级是一种“集体”，即一种社会集团；这种社会集团是由“阶级的个人”通过他们共同的“社会关系”（共同的社会关系受“共同利益”所制约）的联结而构成的。马克思和恩格斯在这里还进一步告诉我们：“某一阶级的个人”之所以“不是作为个人而是作为阶级的成员”隶属于这个阶级，只是“由于他还处在本阶级的生存条件下”，只是由于他还处在本阶级的“社会关系”之中。这就是说，成为特定阶级成员的个人并不是任意的抽象的“个人”，而是处于特定**阶级关系**中的特定的个人，即被联结于特定的共同社会关系中的人。可见，离开了足以形成阶级的**社会关系**的维系，个人只是个人，阶级就不存在。显然，阶级的**社会关系**必定是构成阶级的基本内容。那么构成阶级的社会关系究竟是什么？

恩格斯指出：“社会阶级在任何时候都是生产关系和交换关系的产物，一句话，都是自己时代的经济关系的产物”[②]。阶级的产生是由于社会出现了以私人占有制为基础的生产关系。在这种生产关系中，社会的一部分人（少数人）由于占有生产资料因而能无偿地占有另一部分人（多数人）的产品和劳动。这样，社会就分裂为两大对抗阶级——剥削阶级和被剥削阶级。在阶级社会里，社会的个人由于对生产资料的不同关系，就分属于不同的阶级；由于对生产资料的相同关系，即相同的经济关系，就联结为一个阶级。可见，作为阶级联结纽带的首先是阶级的**经济关系**。但只有经济关系吗？应该说，阶级的经济关系虽然是阶级产生和存在的基础，是阶级首要的联结纽带，但不是阶级的唯一的联结纽带。阶级的存在，阶级的形成和发展，还需要共同的**政治关系**和**思想关系**。这是因为组成阶级的不是死物，而是活生生的阶级的个人，而人是有思维的、能动的。阶级的个人因处于相同的经济地位就有了共同的经

① 《马克思恩格斯选集》第1卷，第82–83页，北京：人民出版社1972年版。着重号为引者所加。

② 《马克思恩格斯选集》第3卷，第66页，北京：人民出版社1972年版。

济利益，反映共同的阶级经济利益，就必然形成阶级的共同的政治要求、政治活动和思想意识，即必然要形成阶级的共同的政治关系和思想关系。各对抗阶级正是依靠着本阶级的政治关系（政治力量）和思想关系（思想力量）捍卫者本阶级的经济利益。事实上，只凭借阶级的经济关系为联结纽带的阶级、只有经济属性而没有政治、思想属性的阶级是没有的。在阶级社会的现实中，每一阶级，不但处于一定的经济地位，而且处于一定的政治地位和思想地位；不但具有共同的经济关系，而且具有共同的政治关系（阶级的政治组织、政党、军事组织或政权机构等）和思想关系（阶级的思想倾向或世界观等）；在阶级斗争中，每一阶级不但作为经济力量而行动，而且作为政治力量和思想力量而行动（即使是没有人身自由的奴隶阶级在历史上也曾采用各种手段不断反抗奴隶主的压迫，以至于举行过大规模的奴隶起义）。这些是纯粹的“经济实体”论所无法解释的。所以，只要我们尊重历史事实，那就不能不承认，阶级是一个以共同的经济地位为基础的、以共同的经济关系、政治关系和思想关系为纽带的个人集合体；阶级是由阶级的经济、阶级的政治和阶级的思想构成的有机统一体；阶级是与特定的生产关系相联系、在经济上处于不同地位的、因而在政治上和思想上也处于不同地位的各个社会集团。阶级本身不但具有经济属性，而且具有政治属性和思想属性。所以，从阶级的构成看，从阶级的整体看，阶级不是一个纯粹的“经济实体”，而是一个**社会实体**。

就我所知，马克思主义经典作家没有说过阶级只是一种经济力量，马克思和恩格斯倒是肯定过阶级既是一种“**物质力量**”，又是一种“**精神力量**”。他们说：“一个阶级是社会上占统治地位的**物质力量**，同时也是社会上占统治地位的**精神力量**。”①马克思主义经典作家也没有说过阶级只是一个“经济实体”，他们倒是经常把阶级称为“社会阶级”、“社会集团”。恩格斯甚至把阶级称为“政治集团”。恩格斯在论述古雅典的阶级和国家产生过程时指出，在古雅典阿提卡地区，当剥削阶级和被剥

① 《马克思恩格斯选集》第1卷，第98页，北京：人民出版社1995年版。

削阶级、进而从事工商业的新富人阶级在氏族、胞族和部落的基础上产生并导致血缘亲属关系瓦解的时候，当各阶级之间为了本阶级利益而展开竞争的时候，由于“氏族、胞族和部落的成员都遍布于全阿提卡并完全杂居在一起”，由于氏族、胞族和部落的成员已经分属于不同的阶级集团之中，“因此，氏族、胞族和部落已不适宜于作为”阶级竞争的“政治集团”，而只有取代它们的**阶级**才能成为这样的“**政治**集团”①。马克思还说过，阶级本身不但有它的“基础”，而且有它的“上层”。他是这样说的：“它（指资产阶级——引者）了解到，一切所谓的市民自由和进步机关，都侵犯它的阶级统治，并且既威胁它的社会基础，又威胁它的政治上层”②。“经济实体论”岂不是把阶级的“上层”铲除了?!

二、阶级的构成与阶级的实质及其范畴归属

说阶级是阶级的经济、政治和思想的有机统一体，这是否“歪曲了马克思主义关于阶级实质的分析”？不。阶级的构成同阶级的实质虽有联系，但不是一回事。事物的构成体现了事物的实质，但“实质”是事物的本质问题，是内在根据；“构成”是事物的结构问题，它对于事物的内在本质来说，是外在表现。所以，既不能把阶级的实质看成阶级的构成，也不能把阶级的构成说成阶级的实质。那么阶级的实质是什么？

阶级的实质也就是阶级的本质。在唯物辩证法看来，事物的本质就是事物内部稳定的根本的内在联系，或者说是事物的内在联系的基点。一般说来，事物是复杂的，事物的复杂性取决于构成事物的诸因素、诸属性之间相互联系的复杂性。具体的事物，可分为可感觉的外在现象或外在联系，（现象也是一种联系）和内在联系，内在联系还有更内在的联系，如此深入，以至于根本的内在联系。这种“根本的内在联系”就是构成事物的各种因素之间的有机联系的基点，事物内部复杂而有规律

① 《马克思恩格斯选集》第4卷，第112-113页，北京：人民出版社1972年版。

② 《马克思恩格斯选集》第1卷，第644页，北京：人民出版社1972年版。着重号为引者所加。

的各种内在联系和外部现象正是由这个“基点”派生、决定的。事物内部的联系之网有其纲，有其目，事物内在联系之基点就是事物内部联系之纲，而受此纲制约的较浅层次的联系就是事物内部联系之目。事物内在联系之基点，这个事物之“纲”，决定了事物的构成，决定了事物的属性及其联系，因而也就决定了事物的性质和发展趋势。这种“基点”就是构成特殊事物之为特殊事物的内在根据，就是事物的本质所在。决定元素化学性质的本质是元素原子内部的核电荷数，因为化学元素内在联系的基点就是原子的核电荷数。正是原子的核电荷数决定了核电子的构型（电子层数和最外电子层的电子数），进而决定了元素的化学性质。决定具体社会形态性质的本质是该社会形态内部的生产关系，因为在人类社会中，生产关系是一切社会关系中的根本关系，是联结所有社会关系的基点，正是特定的社会生产关系的性质决定了社会经济基础的性质，进而决定了奠立于该经济基础之上的上层建筑的性质，也就决定了特定社会形态的性质。

现在，什么是阶级的本质，便是一个易予说明的问题了。我们知道，在构成阶级的经济关系、政治关系和思想关系的有机联系中，作为阶级产生根源的根本的联系是经济关系，即各阶级在社会生产关系中的不同地位，也就是各阶级对于生产资料的不同关系。所以，阶级的经济地位就是阶级的所有内在联系的基点，因而也就是阶级的本质。阶级的本质（或阶级的实质）就是，社会的成员处于不同的经济地位，因而一部分人能够无偿地占有另一部分人的劳动。所以，列宁的那段众所周知的关于阶级定义的话[①]，所揭示的不是阶级的构成，而是阶级的实质。列宁在这里给我们只是关于阶级实质的指示，而不是关于阶级构成的规定。有的同志仅仅根据列宁的这段话就断言阶级只是一个“经济实体”，那是不确切的。

我们既已确定了阶级的构成和实质，也就为确定阶级的范畴归属扫清了道路。

---

① 见《列宁选集》第4卷，第10页，北京：人民出版社1972年版。

范畴与概念不同。所有的范畴都是概念，但并不是所有的概念都是范畴。范畴只是概念中反映一类事物的共同特征或基本性质的普遍概念。用马克思的话说，范畴是对于事物的内在“关系”的“抽象的、观念的表现”①。用列宁的话说，范畴是“自然现象之网上的纽结”。所以，范畴是事物的内在联系（或关系）在思维上的反映。经济范畴反映的是经济关系。商品、货币、生产关系等反映的都是具体的经济关系，因此都属于经济范畴。社会范畴反映的是社会关系。经济关系、政治关系、思想关系都是社会关系，反映这类社会关系的范畴都是社会范畴。如此等等。

不同的概念，因为反映着不同事物的某种共同的内在联系或属性，具有某种共同的内涵，可以属于同一范畴。而同一概念，因为反映着同一事物内在的不同联系或不同属性，具有不同的内涵，可以属于不同的范畴。如“人”可以是一个社会范畴，也可以是一个生物学范畴。作为社会范畴的“人”反映的是联结于人身上的一切社会关系的总和，反映的是人的整体属性；作为生物学范畴的“人”反映的只是人的生物属性，生物学只把人当生物看待。

现在我们来看“阶级”的范畴归属。阶级在经济学上是个经济范畴，因为经济学只从经济上确定阶级的内涵。马克思说：“‘无产者’在经济学上只能理解为生产和增殖‘资本’的雇佣工人，只要他对‘资本先生’……的价值增值的需要成为多余时，就被抛向街头。”②马克思在这里特别加上“在经济学上”这一限制，其意图是很清楚的，这就是说，从阶级的经济地位上反映阶级，把阶级看作一个经济范畴，这不是在任何意义上，而只能是在经济学的意义上。在别的意义上，在社会学上，在哲学上，阶级就不仅仅是一个经济范畴。在哲学上，因为阶级的实质是阶级的经济关系，即阶级在生产关系中所处的经济地位，所以，为了强调阶级的实质，我们也可以说阶级是一个经济范畴。然而，哲学

① 《马克思恩格斯全集》第4卷，第298页，北京：人民出版社1958年版。

② 《马克思恩格斯全集》第23卷，第674页，北京：人民出版社1972年版。着重号为引者所加。

在阶级实质的意义上承认阶级是个“经济范畴”的时候，没有也不应该忘记阶级的经济关系在阶级的构成中并不是孤立存在的，而是处于同阶级的政治关系和思想关系的不可分割的联系之中。马克思指出：“经济范畴只不过是生产方面社会关系的理论表现，即其抽象。”①“阶级”作为一个经济范畴，只是反映阶级在“生产方面”的社会关系。但阶级只有生产方面的社会关系吗？阶级仅仅从事生产方面的活动吗？我们已经指出，阶级整体是阶级内含的经济关系、政治关系和思想关系的统一体，阶级不但具有经济属性，而且具有政治属性和思想属性。“阶级”范畴的完整内涵应当反映阶级内含的一切社会关系的总和，应当反映阶级的整体属性。所以，从阶级的整体看，阶级就是一个更广泛的社会范畴。说阶级只能是一个经济范畴，这不能反映阶级实体的本来面目。

三、阶级的构成与划分阶级的标准

既然说阶级是由阶级的经济、政治和思想构成的，那么是否也要把阶级的政治和思想作为划分阶级的标准？不。阶级的构成不等于划分阶级的标准，只有阶级的实质才同划分阶级的标准相一致。

特殊事物之为特殊事物，就在于它具有特殊的本质，即具有自身的实质。不同的事物正是借各自不同的实质而相互区别的。所以抓住事物的实质，也就确定了事物的规定性，也就区分了不同的事物。这正如毛泽东同志所说的：只有注意了不司事物质的区别，“只有注意了这一点，才有可能区别事物。”②可见，识别事物的“标准”，一定是该事物的实质的体现。唯物主义的实质是肯定物质第一性，精神第二性；唯心主义的实质与此相反。所以“如何回答物质与精神何者为第一性”，就成了区分唯物主义与唯心主义的标准。真理的实质是主观对于客观的符合，而这种“符合”——真理的这种实质只能在实践中得到确认，所以实践就成了检验真理的唯一标准。既然阶级的实质在于“不同的经济地

① 《马克思恩格斯全集》第4卷，第143页，北京：人民出版社1958年版。

② 《毛泽东选集》第1卷，第297页，北京：人民出版社1951年版。

位”，那么“不同的经济地位”就是划分不同阶级的标准。

在阶级构成的诸因素中，之所以只有阶级的经济才成为划分阶级的标准，还在于它们有着不同的特点。在阶级的构成中，只有阶级的经济才是阶级的本质属性，而阶级的政治和思想是非本质的属性。本质的东西是稳固的、单一的，非本质的东西是易变的、多样的。同一阶级只有一种经济地位。比如，一个剥削阶级，尽管它的经济地位的具体表现形态会变化，如占有的生产资料可多些可少些，剥削的手段可以改变，但只要它还是剥削阶级，那么它处于“剥削地位”这一点是绝不会变的。然而，同一阶级在不同的历史时期可以有不同的政治态度，处于不同的政治阵营。例如，我国的民族资产阶级在第一次国内革命战争时期，它拥护革命，是革命统一战线中的一员。但到了第二次国内革命战争时期，它却反对革命，从革命战线中分裂出去。反之，不同的阶级可以有某些共同的政治态度、共同的思想，处于同一政治阵营。例如，抗战时期，共产党人与国民党中的一部分人都有主张抗日的政治态度，不同的阶级联合在同一个抗日民族统一战线内；资产阶级思想不但资产阶级有，就是劳动人民中间也不同程度地存在着。这样，如果把政治态度、思想状况作为划分阶级的标准，那就势必混淆剥削阶级和被剥削阶级的界限，混淆不同阶级的界限。所以，我们只能把经济地位作为划分阶级的标准。人所共知，在划分阶级的实践中，我们党也历来是这样做的。

四、阶级的构成与剥削阶级的消灭

既然阶级是阶级的经济、政治和思想的统一体，那么是否说，要等到剥削阶级的经济、政治和思想全部消灭后才算剥削阶级的消灭？我认为，剥削阶级自身消灭的客观规律和客观过程可以回答这个问题。

阶级是一个有着内在有机结构的整体。阶级是一种个人集合体，但不是任意个人的集合体，而是以共同的经济地位为基础的、以共同的经济关系、政治关系和思想关系为联结纽带的个人集合体，这种“个人集合体”的整体性质就是“阶级”。特定的整体依赖于它的特定部分（要素）及结构，改变特定整体中的任何一个特定部分，结构就随之改变，原有的整体性质就会丧失，原有的整体就不复存在。这正如钟表的计时性质依赖于钟表中的各个特定零件及各零件间的有机联结，丢失其中的任何一个零件，都会破坏其中的有机联结，作为整体的钟表就不复存在，钟表的整体性质——计时性也就丧失了。作为阶级整体的剥削阶级的消灭也遵循这样的规律。这就说，只要消灭了剥削阶级中的任何一个构成要素，都会导致剥削阶级整体的崩溃，都会导致作为阶级的剥削阶级的消灭。然而剥削阶级的结构有其特殊性，消灭剥削阶级的构成要素就不能像拿掉任何一个零件那么随意，所以，剥削阶级的消灭有它自身的特殊规律。

我们知道，在阶级的构成中，阶级的经济是基础，阶级的政治和思想是阶级经济的反映、派生物，有阶级的经济就有阶级的政治和思想。所以，只要剥削阶级的经济地位还存在，我们虽然可以改变剥削阶级的政治和思想的具体表现形态（比如，可以夺取剥削阶级政治中的政权，可以由无产阶级的斗争使得剥削阶级的思想改变其表现形式等），虽然可以完全改造剥削阶级中个别成员的政治思想，但却不能完全消灭剥削阶级之阶级的政治或思想的存在。可见，我们不能幻想通过仅仅消灭剥削阶级的政治或思想的道路去达到消灭剥削阶级的目的。这样，剥削阶级的消灭就只能通过剥削阶级的经济地位的消灭来实现。应该指出，通过消灭剥削阶级的经济地位达到消灭剥削阶级整体，不仅是可能的，而且是必然的。因为剥削阶级的经济不仅是构成剥削阶级整体的一个要素，而且是一个本质要素。一旦消灭了剥削阶级的生产资料占有制，改变了这个阶级的剥削地位，就会因为本质要素的丧失及与此相关的阶级内在结构的改变，而必然导致剥削阶级的解体，作为阶级的剥削阶级就不复存在。剥削阶级因自身经济要素的消灭而导致崩溃后，虽然具有相对独立性的剥削阶级的政治和思想还多少能够存在，但这时的剥削阶级的政治和思想只是剥削阶级的残余、"碎片"，而不是剥削阶级本身。因为丧失了经济剥削地位，只有剥削阶级的政治和思想的个人们并不是"阶级"。然而要消灭剥削阶级的经济地位，首先就要受到剥削阶级的政治和思想的阻扰，其中具有决定意义的阻扰来自剥削阶级政治中的国家政权。不夺取剥削阶级手中的政治权，就无法消灭剥削阶级的经济地位。因此，夺取政权是消灭剥削阶级的首要条件，是消灭剥削阶级的第一步。无产阶级从夺取剥削阶级的政权入手，进而运用无产阶级的政治力量，消灭剥削阶级的经济地位，导致剥削阶级的崩溃，即达到作为阶级的剥削阶级的消灭。这就是剥削阶级消灭的客观规律和一般过程。历史表明，社会主义国家中的剥削阶级的消灭正是遵循这样一条规律和过程的。

从以上分析中，我们可以得出如下结论：

第一，剥削阶级经济地位的消灭是剥削阶级消灭的标志。什么时候剥削阶级的生产资料占有制消灭了，什么时候剥削阶级就消灭了。在我国，由于到一九五六年底生产资料所有制的社会主义改造就基本完成，所有的剥削制度都已消灭，从这时起，作为阶级的剥削阶级便全都消灭了。

第二，剥削阶级中的政治和思想因素不会随着它的经济地位的消灭而立即消灭，残存的剥削阶级的政治和思想的承担者是剥削阶级分子，他们是剥削阶级的残余。所以，作为阶级的剥削阶级消灭之后，还有一个改造剥削阶级分子的任务，对剥削阶级分子的改造还有一个过程。对于他们中坚持反动立场的分子必须用专政的方法强迫他们改造。放松对他们的警惕，忽视对他们的改造，是错误的。最近中央宣布，全国最后一批七万九千多名地、富、反、坏分子已全部摘帽。至此，我国自建国以来对两千多万名四类分子进行教育改造的历史任务胜利完成。也就是说，在我国，经过三十多年来的改造和教育，现存的剥削阶级残余分子已全部改造成为社会主义社会中自食其力的劳动者。

在这个问题上，“经济实体论”遇到了一个两难问题：承认不承认剥削阶级的政治和思想的承担者是剥削阶级分子？承认，那就必须肯定剥削阶级中的个人不但处于经济剥削地位，而且有着剥削阶级的政治和思想，就必须肯定阶级是社会实体，而不是纯粹的“经济实体”；不承认，那就是否定剥削阶级分子在作为阶级的剥削阶级消灭之后，还有他们的剥削阶级的政治和思想，这就不但不符合事实，而且在实践上就会对于他们可能的反社会主义活动丧失警惕，就会取消对他们的改造任务。

第三，既然在剥削阶级消灭之后，还存在着剥削阶级的残余（包括剥削阶级自身的残余——失去剥削地位的剥削阶级分子和剥削阶级在社会上的政治思想影响——社会上的剥削阶级的政治思想），因而在一定时期内就还会存在着坚持反动立场的剥削阶级分子、反革命分子、敌特分子、各种犯罪分子、蜕化变质分子，贪污盗窃等新的剥削分子。因此，在剥削阶级消灭之后，社会主义社会在一定范围内还存在着阶级斗争。但由于这是一种没有剥削阶级的阶级斗争，因此这种阶级斗争已经不是社会的主要矛盾。在剥削制度消灭之后，我们的根本任务已经由解放生产力变为在新的生产关系下保护和发展生产力。现阶段，我国的根本任务就是为实现“四化”而奋斗。但既然阶级斗争还存在，它就总要影响我们“四化”大业的进展。所以，我们必须正确地进行经济上、政治上和思想上的阶级斗争，必须在各项工作中重视党的政治思想工作。

（本文发表于《芜湖师专学报》1985年第1期）

简论“个人意识”不是“社会意识”

高校文、理科马克思主义哲学《教学大纲》都这样规定：“从意识的主体的角度看，社会意识包括个人意识和群体意识”。许多高校哲学教材也就照此编写。我认为，主张个人意识是一种社会意识，把个人意识看成是“社会意识”这一历史唯物主义基本范畴的一个外延，是不确切的。这种看法表明《教学大纲》对于作为历史唯物主义范畴的“社会意识”的理解存在着偏差。

在现实社会中，社会存在和社会意识是两类不同的最基本的社会现象，然而在历史观上，把扑朔迷离的社会现象明确地区分为社会存在和社会意识并规定之为“社会存在”和“社会意识”这两个概念，并不是一件容易的事情。唯心史观之所以能在唯物史观诞生之前占据几千年的统治地位，除了其它原因之外，就认识根源而言，还同历史唯心主义者不能正确地把握“社会意识”的内涵不无关系。他们或者任意扩大“社会意识”的外延，将社会存在意识化，认社会存在为社会意识，如波格丹诺夫的“社会存在和社会意识的等同论”；或者把社会意识混同于个人意识，将个人意识在一定条件下可以支配个人存在，误认为社会意识可以支配社会存在，可以决定历史的进程，如英雄史观。马克思正是在全部社会现象中区分了社会存在和社会意识这两大类，同时赋予“社会存在”和“社会意识”这两个概念以科学的涵义，并明确指出，“不是人们的意识决定人们的存在，相反，是人们的社会存在决定人们的意识”[①]，才使社会历史观破天荒第一次被安置在现实的基础上，才创立

① 《马克思恩格斯选集》第2卷，第82页，北京：人民出版社1972年版。

了历史唯物主义，实现了历史观的伟大变革。

在历史唯物主义中，“社会意识”是一个与“社会存在”相对应的基本范畴，有其特定的含义。什么是作为历史唯物主义范畴的“社会意识”？首先，社会意识的客体（反映对象）是社会存在。列宁指出：“社会意识反映社会存在，这就是马克思的学说。”[①]这就是说，社会意识总是社会存在的反映，只有反映以社会生产方式为主要内容的社会物质生活条件的意识，才可能是社会意识。可见，社会意识的反映客体是社会存在，这是“社会意识”的一个必要内涵。其次，社会意识的主体（承担者）是社会群体。既然社会意识是社会存在的反映，那么在社会生产方式中处于相同社会地位的人们，就会产生基本相同的社会心理、价值观念等“普通意识”。在“普通意识”的基础上，经过专门的脑力劳动者的加工概括，就会形成反映社会存在不同侧面的各种社会意识形式；在阶级社会里，就会形成政治、法律、道德、艺术、宗教、哲学等阶级的意识形态。这类存在于社会之中的为一定的社会群体所共有的社会意识，是一种社会的精神力量。这种精神力量通过社会实践，可有力地反作用于社会存在。所以，社会意识作为社会的意识，是一种“集体意识”，它总是存在于一定的社会群体之中，为一定的社会群体所共同拥有。因此，社会意识的主体承担者是社会群体——团体、阶层、阶级、政党、民族、社会等。惟其如此，社会意识本身的生死存亡才不依赖个人的生死存亡；惟其如此，社会意识才可能成为一种影响社会存在、影响社会进程的社会力量。可见，意识的主体是群体，这是“社会意识”的另一个必要内涵。这样，意识的客体是社会存在，意识的主体是社会群体，这两个方面的统一，就构成了“社会意识”的充要内涵。一种意识，只有当它既反映社会存在，又为一定的社会群体所共有，它才是社会意识。

依此看来，“个人意识”是不是社会意识？回答只能是否定的。个人意识所反映的是个人的经济地位、个人独特的生活经历和个人的种种

① 《列宁全集》第14卷，第341页，北京：人民出版社1957年版。

个性。个人意识的形成还要受到同个人相关的其它因素的影响，如个人所属的阶级的经济利益和社会地位、个人的家庭环境、亲戚朋友、个人所受的教育和智力水平等因素的影响。总之，个人意识是特殊的个人存在的反映，是独特的个人实践的产物，体现着个人的种种特性。因此，一般说来，个人意识的客体是个人存在，不是社会存在；而个人意识的主体总是一定的个人。当然，在“个人意识”中，也有直接反映社会存在的，比如思想家、理论家在他创立他的思想理论体系时，他能超越个人存在而直接反映社会存在。然而，只要他的思想理论还没有发表于社会，还没有为社会上的一定人群所接受或所反对，即还没有超出他的个人范围而成为社会上的一种意识力量，那么他的思想理论就仍然是一种局限于个人范围的个人的意识。一旦他的个人思想成为社会上一定群体的共同思想，他的个人意识就转化为社会意识。可见，“个人意识”并不同时具备上述“社会意识”的两个必要内涵，所以“个人意识”不是“社会意识”。我们看到，正因为个人意识的主体承担者是个人，所以个人意识的存亡依赖于个人生命的存亡，这一点也是个人意识不同于社会意识的特点。今天我们党和国家重视对于老中医医生的临床经验、医疗思想的发掘、整理、抢救，希望在他们生前能够把“个人经验”变成社会的共同财富，正是看到了个人意识的这一特点。也正因为个人意识只有转化为社会意识，才能对社会发生作用，所以广大知识分子只有将个人的聪明才智、个人的科学文化思想贡献于社会，转化为社会意识，才能对社会的进步发挥他们的现实的作用。据此，作为知识分子本人，应当自觉地无私地为社会献计献策；作为国家，应当为更好地发挥知识分子的个人积极性和创造性创造良好的工作条件。

个人意识不是社会意识，还在于个人意识虽然是社会现象的一部分，但个人意识不是社会结构的有机组成部分，不是必然地受社会基本规律的支配，不是历史观的研究对象。而社会意识则恰恰相反。马克思在1859年为自己的《政治经济学批判》一书所写的《序言》中，对于社会形态的基本结构作了如下精辟的揭示：“人们在自己生活的社会生产中发生一定的、必然的、不以他们的意志为转移的关系，即同他们的物质生产力的一定发展阶段相适合的生产关系。这些生产关系的总和构成社会的经济结构，即有法律的政治的上层建筑竖立其上并有一定的社会意识形式与之相适应的现实基础。”[①]马克思在这里把社会结构区分为既有区别又有密切联系的三个层次，即处于一定发展阶段的物质生产力、同物质生产力相适合的作为生产关系总和的经济基础和竖立于经济基础之上并与之相适应的包括政治法律制度及“社会意识形式”等内容的上层建筑。其中的“社会意识形式”——“社会意识”是社会结构的有机组成部分。马克思在这里规定社会结构的内容时，已经撇开了“个人意识”。事实上，在马克思表述自己的历史唯物主义基本观点的这同一段论述中，已经对“社会意识”与“个人意识”作了区别。他说：“我们判断一个人不能以他对自己的看法为根据，同样，我们判断这样一个变革时代也不能以它的意识为根据；相反，这个意识必须从物质生活的矛盾中，从社会生产力和生产关系之间的现存冲突中去解释。”[②]马克思在这里指出存在着两种意识：一是“个人的看法”——“个人意识”，二是“变革时代的意识”——“社会意识”；并且告诉我们，反映“社会生产力和生产关系之间的现存冲突”的，从而成为社会结构有机部分的是“变革时代的意识”即社会意识，而不是个人意识。从个人意识本身来看，个人意识是多种多样的、形形色色的。可以说，世界上有多少个人，就有多少种的个人意识，而且每一个人的“个人意识”的内容又是多方面的。虽然每一种个人意识都程度不同地与社会存在相联系，但个人意识的内容，可以是社会存在的反映，也可以不是社会存在的反映。再者，个人意识只为个人所独有，它的影响主要地局限于个人的范围。这就决定了个人意识不可能是社会结构的组成部分。而个人意识既然不是社会结构的有机组成部分，它就并不必然地纳入社会运动的基本轨道，并不必然地受社会历史规律的支配，也就并不必然地随着社会存在的更新而更新。要知道，世界上死抱着旧观念而至死不愿或不知改变的个人并不少见。而社会意识既然是上层建筑的有机构成部分，那

① 《马克思恩格斯选集》第2卷，第82页，北京：人民出版社1972年版。
② 《马克思恩格斯选集》第2卷，第83页，北京：人民出版社1972年版。

么它的命运就依赖于它的经济基础的命运，“随着经济基础的变更全部庞大的上层建筑也或慢或快地发生变更。”①所以，社会意识要受到社会基本矛盾运动规律的支配。正由于社会意识是社会结构的构成部分，它的运动服从社会运动的规律，所以社会意识才是历史唯物主义的研究对象之一。而个人意识只是个体的意识，它属于个体认识的范畴，它的生成和发展服从个体认识的规律（如存在决定意识等规律）。因此，个人意识不是历史唯物主义的研究对象，因而也就不是作为历史唯物主义研究对象的“社会意识”的一个组成部分。

把个人意识说成社会意识的同志有个“理由”：“包括个人意识在内的一切意识都有社会性，所以包括个人意识在内的一切意识都是社会意识。”其实这个所谓“理由”，是出于误解。我们承认个人意识具有社会性，但如果因此就断言个人意识是社会意识，那就把“意识的社会性”与“社会意识”相混淆了；在逻辑上就是把两种不同性质的概念相混同了。“意识的社会性”是一个属性概念，指的是意识的一种属性；“社会意识”是一个实体概念，指的是一种意识。“意识”与“意识的属性”，显然不是一回事，因此就不能因为个人意识有社会性，就推出个人意识是社会意识的结论。

综上所述，个人意识不是社会意识。社会意识是一个与社会存在相对立的、反映社会存在的历史观范畴，是社会中作为群体意识而存在的一切意识要素和意识形式的总称。因此，在社会意识的结构中不应包括个人意识。

（本文发表于《赣南师范学院学报》1992年第2期）

① 《马克思恩格斯选集》第2卷，第83页，北京：人民出版社1972年版。

自由不是任性的妄为

在去年春夏之交的动乱中，搞资产阶级自由化的头面人物使出了浑身解数，摇旗呐喊，欲取人民的政权而代之。“争自由”就是他们狂乱挥舞的一面变了颜色的旗帜。这面破旗很是迷惑了一些青年学生，以为他们真的是在为人民争自由。否！他们的那种不要四项基本原则的，违背国家宪法、法律的“自由”是反人民的假自由。

我们对于资产阶级自由化的假自由的否定，就意味着对于人民的真自由的肯定。马克思主义肯定自由是人区别于动物的一种特性，马克思在早年就指出：“自由自觉的活动恰恰就是人类的特性”。所以，追求自由是人的发自本性的强烈愿望。一部人类发展史，就是不断地从必然王国走向自由王国的历史。人的自由本性源于人的主体性，因为在人的主体性中固有着实践的能动性。在茫茫宇宙间、芸芸众生中，只有人才是主体。因为只有人才在劳动实践中获得了自我意识，才能以“万物之灵”的优越感傲视着大自然，洞察着大自然万变不离其宗的底蕴；只有人才能依据劳动的需要制造出多种多样、性能各异的工具，延长了五官，放大了大脑；只有人才能把山水草木、花虫鸟兽作为改造的客体，凭借人的意志和实践，推演出丰富多彩、辉煌灿烂的社会文明。因而只有人才有自由。

然而那些在资产阶级自由化的“自由”鼓噪下盲动的学生，他们之所以上当受骗，就其认识根源而言，是因为他们对于自由有一种想当然的误解，以为讲自由就不能受限制，受限制就不是自由；自由和限制，非此即彼，势不两立。这种“自由”，用现在有些人的话说，就是“自己想干什么就干什么”。这种误解甚至连辩证法大师黑格尔也没有免。

他曾说："自由的真义在于没有绝对的外物与我对立，而依赖一种'内容'，这内容就是我自己。"黑格尔心目中的"自由"也是"我自己"想干什么就干什么，不受任何外物的制约。可是这种不受任何约束的任性自由，只是幻想中的自由。实际上，自由不是任性的妄为，任何自由都是有限制的。马克思说过："自由就是从事一切对别人没有害处的活动的权利。""对别人没有害处"，这就是自由本身的一个自我限制。"但是至少人们的思想是绝对自由的吧，人们不是可以任由自己的思想翅膀自由地飞翔吗?"不，尽管思想有更大的自由度，但"'精神'从一开始就很倒霉，注定要受物质的'纠缠'"（马克思语）。思想的自由要受到社会存在的制约，只有在合乎社会利益的天宇中展开思想的翅膀，这样的思想才有真正的自由。可见，自由是有限度的。就是被某些人所津津乐道的资产阶级的所谓"自由"，也是有界限的。资产阶级的早期思想家孟德斯鸠早已自我表白："自由就是做法律所允许的一切事情的权利。"在资产阶级的法律所限定的范围内行事，这就是资产阶级给人们的"自由"。

自由是有界限的，但并非一切"自由"的界限都是合理的，因而并非一切界限内的"自由"都是真正的自由。在现今资本主义国家法律界限内的"自由"是真自由吗？不是的。因为今天资产阶级法律所维护的是垄断资产阶级的私有制，这种私有制的继续存在已违背历史规律，因而作为资本主义国家自由界限的资产阶级法律是不合理的。只有合理界限内自由才是真正的自由。成为自由的合理界限的，在根本上是世界发展的客观规律，是历史发展的必然性。合乎历史必然性的宪法、法律、规章制度等便是自由的合理界限。可见，真正的自由必须以遵循必然规律为界限。所以在恩格斯看来，自由不在于幻想中摆脱自然规律而独立，而只有认识这些规律，从而能够有计划地使自然规律为一定的目的服务。毛泽东则认为，自由是对必然的认识和对客观世界的改造。

为什么真的自由也有界限？这也要由人的主体性来回答。人在实践中作为主体，注定有客体与之相对立，注定要受到客体的制约。主体

——人只是客体——感性世界的一部分，他必须服从感性世界的同一规律，因此在人的主体性中内在地包含着受动性。而主体固有的受动性也就规定了主体发挥其能动性、自主性的时候，不能不尊重客体的客观条件和客观规律，也就规定了主体的自由必定蕴含着自由的界限。

如此看来，人的主体性规定了人性是能动性和受动性的统一，因而也就规定了人既是自主的，又是不自主的；既是自由的，又是受限制的。所以真正的自由不是随心所欲的“自由”，而是实现了同必然相统一的自由。这就是科学的自由观。用这种自由观来审视我国今天的自由，那么我们就必须肯定，我国社会主义的自由也不是自由无边的，它必须以坚持四项基本原则为前提，必须以遵守党纪国法为条件，因为自由总是有界限的。同时也必须承认，我国社会主义的自由是真正的自由，因为作为我国自由界限的四项基本原则、党纪国法等顺乎历史必然性，是历史必然规律在我国具体国情下的具体表现，因而是合理的界限。闹资产阶级自由化的头面人物妄图摆脱“四项基本原则”这一根本的合理界限，因此他们所要的“自由”不是广大人民的真正自由。那么他们的倒行逆施导致他们的可耻失败，便是理所当然的了。

（本文发表于1990年5月16日《芜湖师专报》）

社会改革是历史唯物主义的一个基本范畴

“改革”也许是今天人们使用最频繁的一个概念，这一现象表明，风行于国内外的改革潮流已成为人们关注的一个焦点。但是，“改革”这一概念及其理论问题，尚未引起马克思主义哲学的应有重视。以往的各种版本的马克思主义哲学教科书，存在着一个普遍问题，就是没有论述“社会改革”问题，甚至不见“改革”的字眼。有的只是在论述“社会革命”和批判改良主义的时候，附带地谈点“改良”问题。在那里，“改良”往往只是作为无产阶级斗争的“副产品”、只是作为无产阶级反对资产阶级的一种斗争策略和手段而被肯定的。这种“改良”（在俄文中，“改良”和“改革”是一个词）实际上只是被看作一个仅仅存在于特定革命阶段的政治学概念，而不是一个具有历史必然性和普遍性的哲学范畴；只是被看成一个可有可无的问题，而不是马克思主义哲学体系的一个有机构成部分。国内影响较大的两本教材——中国人民大学出版社出版的《辩证唯物主义和历史唯物主义原理》和上海人民出版社出版的《马克思主义哲学基本原理》，在1990年都出版了最新修订本。然而在“社会改革”问题上，前者仍然承袭传统的“改良”观念，“社会改革”作为一个哲学范畴仍然在它的视野之外；后者开始增写“改革”问题，可惜它所谈论的“改革”只是“我国的改革实践”。这种情况表明，至今人们还没有真正把“社会改革”看作一个具有普遍意义的哲学范畴，还没有把“社会改革”问题看成马克思主义哲学体系的一个有机的重要的构成部分。

我们认为，“社会改革”是马克思主义哲学的一个基本范畴，具体说来，是历史唯物主义的一个基本范畴，它应当成为历史唯物主义理论体系的一个有机构成部分。

为了论证社会改革是历史唯物主义的一个基本范畴，作为一个逻辑前提，首先必须确定“社会改革”的内涵，弄清什么是社会改革。

理论是实践的概括。对于“什么是社会改革”这个问题的回答，不能凭各人的主观臆断，只能以历史唯物主义的基本原理为指导，以我国正在进行的改革实践以及产生于改革实践的我们党的文件为依据。

中国改革的总设计师邓小平同志在谈到我国的经济领域和政治领域的改革时，这样说：“为了发展生产力，必须对我国的经济体制进行改革，实行对外开放的政策。”“不改革政治体制，就会阻碍生产力的发展，阻碍四化的成功。”[①]“党和国家现行的一些具体制度中，还存在不少的弊端……如不认真改革，就很难适应现代化建设的迫切需要，我们就要严重地脱离广大群众。”[②]《中共中央关于经济体制改革的决定》这个关于改革的纲领性文件指出：“我们改革经济体制，是在坚持社会主义制度的前提下，改革生产关系和上层建筑中不适应生产力发展的一系列相联系的环节和方面……这种改革，是社会主义制度的自我完善和发展（着重号为引者所加）。”

这些重要的论述和我国正在进行的改革实践告诉我们，改革的对象不是社会主义制度本身，即不是社会的根本制度，而是生产关系和上层建筑中不适应生产力发展的“环节和方面”，是“经济体制”、“政治体制”，也就是社会的“具体制度”。改革的直接目的，是为了解放生产力，促进生产力的发展。

这里涉及两个概念：“社会根本制度”和“社会具体制度”。要确定“社会改革”的涵义，就必须对这两个概念加以区别。

“社会根本制度”是指包含在社会生产关系和上层建筑中的根本关系。比如，资本主义社会中的资本家私有制、资本家与雇佣工人之间的

① 中共中央文献研究室编：《邓小平关于建设有中国特色社会主义的论述专题摘编》，第83、113页，北京：中央文献出版社1992年版。着重号为引者所加。

② 《邓小平文选》（1975~1982年），第287页，北京：人民出版社1983年版。着重号为引者所加。

不平等关系、分配中的剥削关系以及资产阶级专政等；社会主义社会中的生产资料公有制、生产过程中人与人之间的平等互助关系、按劳分配以及无产阶级专政等各自社会的生产关系和上层建筑中的根本关系，就是“社会根本制度”。社会根本制度决定生产关系和上层建筑的根本性质，从而决定社会制度、社会形态的根本性质。根本制度改变，就是社会制度的根本改变，就是社会形态的质变。

“社会具体制度”是社会根本制度的具体表现，是社会的管理者在生产关系和上层建筑中，为了贯彻和实现社会根本制度而采取的各种具体的管理制度，是生产关系和上层建筑中非根本的关系、环节和方面。所以社会具体制度也叫社会的管理体制——经济体制、政治体制、干部体制等。一个国家合适的社会具体制度，既要体现该国家的社会根本制度，又要适应该国的具体国情和它所处的具体发展阶段。随着社会的发展和人们认识水平的提高，可能发现社会具体制度的某些环节和方面并不能真正体现社会的根本制度，或者已不能适应生产力进一步发展的要求，这时对于社会具体制度中不合适的环节和方面就要实行变革。因为社会具体制度是社会制度中非根本的关系，社会具体制度的变革是以不改变社会根本制度为前提的，所以社会具体制度的改变，虽然可能在非根本的层次上或在局部范围内改变社会制度的性质，但不会改变社会制度的根本性质，从而不会改变社会形态的根本性质。

可见，社会制度包括社会的根本制度和具体制度。社会根本制度和社会具体制度是社会制度的两个层次，社会根本制度是社会制度的深层次，社会具体制度是社会制度的表层次；社会根本制度是全局性的，社会具体制度是局部性的。因为社会根本制度是生产关系和上层建筑中的根本关系，所以社会根本制度的变革是社会制度的根本变革。这种变革，历史唯物主义称之为“社会革命”。因为社会具体制度是生产关系和上层建筑中的非根本的关系，所以社会具体制度的变革是社会制度的非根本的变革。这种变革，我们把它叫做“社会改革”。

这样，关于社会改革，在主要点上，我们可以得出两个结论：第一，社会改革的对象，是生产关系和上层建筑中不适应生产力发展的具体制度或管理体制；对于社会具体制度的变革，是社会制度的局部的非根本性的变革。第二，社会改革的目的是解放生产力，促进生产力的发展和社会的进步。由此我们可以给“社会改革”下这样一个定义：社会改革是社会制度为适应生产力发展的需要而发生的局部的非根本性的变革。

在弄清了什么是“社会改革”之后，我们就可以来回答：为什么社会改革是历史唯物主义的一个基本范畴？社会改革之所以是历史唯物主义的一个基本范畴，这是因为：

第一，社会改革是发生于一切社会形态的社会现象，具有贯串历史始终的普遍性。

历史唯物主义是关于人类社会的普遍本质和规律的科学。因此，只有在社会历史领域中具有普遍意义的范畴，才能成为历史唯物主义的基本范畴。“社会改革”就是这样一种基本范畴。社会改革作为一种客观存在，它同社会存在、社会意识、生产力、生产关系等一样，是存在于一切社会形态的普遍现象；社会改革作为普遍概念，它同社会存在、社会意识、生产力、生产关系等历史唯物主义的基本范畴一样，具有适用于一切社会形态的普遍性。

有的同志认为，改革是专属于社会主义社会的现象。这就是说，改革不是人类社会的普遍现象，改革不具有普遍性。这种看法是不符合历史事实的。恩格斯指出：“所谓社会主义社会不是一种一成不变的东西，而应当和其它任何社会制度一样，把它看成经常变化和改革的社会”①。恩格斯在这里不但肯定了社会主义社会改革的必要性，而且指出了改革发生于“其它任何社会”的普遍性。

既然社会改革是对于阻碍生产力发展的生产关系和上层建筑的某些环节和方面的改革，是对于社会具体制度的变革，那么社会改革在人类历史上应该是普遍存在的。事实上，人类历史上的各个社会形态都发生过社会改革。在原始社会，经历过由“血缘家族”（马克思

① 《马克思恩格斯全集》第37卷，第443页，北京：人民出版社1974年版。

说，血缘家族是“第一个‘社会组织形式’。”[①]）到“氏族公社”的变革，由母权制氏族到父权制氏族的变革等等。这一类变革是适应原始社会生产力发展的需要而发生的原始社会具体制度的更新，没有改变原始公有制的根本制度。显然这一类变革是原始社会的社会改革。在奴隶社会，奴隶主阶级为了巩固和完善奴隶制，也进行了一系列社会改革。如在世界古代史上，公元前6世纪，波斯国王大流士一世对政权机构、军队组织、贡赋和税收等进行了改革；公元前594年，古希腊雅典城邦的执政官梭伦上台后，也进行了有名的“梭伦改革”，改革的主要对象是注重血缘关系的官吏制度和维护贵族特权的政府机构。梭伦的改革打击了奴隶主贵族的守旧势力，大大促进了雅典奴隶制经济的发展。在封建社会，由于生产力发展的要求和农民起义的连绵不断的打击，封建时期的改革更是屡见不鲜。在中国，从秦朝到清末，几乎每一朝代都发生过社会改革。“王安石变法”是中国封建社会改革比较典型的一次。列宁曾称誉王安石是“中国11世纪时期的改革家”。资本主义社会在其发展过程中，也不得不实行一系列改革。从资本主义经济体制的演变来看，从个别企业的独立经营到同行业联合经营的托拉斯，再到国家干预经济，以至于国际性的跨国公司，这一系列变革都是资本主义管理体制迫于生产力社会化发展的需要所实行的社会改革。在政治体制上，资本主义国家也进行了一系列改革。二战以后，美、英、法等国为加强国家干预经济的能力，对行政权力进行了调整，改革了地方政府和行政机构。比如美国于1978年颁布了《文官制度改革法》。这类改革有利于资本主义国家机器的运转，有利于资本主义经济的发展。至于社会主义社会的改革，已成今天有目共睹的现实。以上历史事实表明，社会改革存在于至今为止的一切社会形态之中，证明社会改革的普遍性。

社会改革发生于各个社会形态之中，这不是偶然的，而是有其历史必然性，有其深刻的客观根据。社会改革的根据存在于社会基本矛盾之

① 马克思：《摩尔根〈古代社会〉一书摘要》，第20页，北京：人民出版社1965年版。

中。我们知道，社会基本矛盾贯穿于人类社会发展过程的始终，即贯穿于从原始社会到共产主义社会的各个社会形态之中。而在每一个社会形态自身的发展过程中，社会基本矛盾双方——生产力和生产关系之间、经济基础和上层建筑之间，都有“不适应”的一面。一般说来，一个社会形态的前期，这种“不适应”是非基本的，到了后期就转为基本的“不适应”(共产主义社会除外)，即由局部的“非基本的不适应”转为“基本的不适应”。克服社会基本矛盾双方局部的“非基本的不适应”，就产生社会改革的要求；克服社会基本矛盾双方“基本的不适应”，就产生社会革命的要求。由于每一种社会形态自身的社会基本矛盾双方都要经历一个从局部的“非基本的不适应”走向“基本的不适应”的过程，这种过程在人类社会发展的长过程中，是周期性的，即交替出现的，因而社会改革和社会革命也是交替产生的。每一次交替都在更高水平上解放了生产力，都导致人类社会的更高发展。可见，社会改革在各个社会形态中的发生是必然的。社会改革的历史必然性，决定了社会改革的普遍性。

既然社会改革是一种具有历史必然性的、贯穿于社会历史始终的普遍现象，那么它自然应当成为历史唯物主义研究的一个重要对象，应当是历史唯物主义的一个基本范畴。

第二，社会改革和社会革命是对立统一的密切联系的一对范畴。

从上文我们对于社会改革的历史必然性的揭示中可以看出，社会改革和社会革命是解决社会基本矛盾的两种基本形式，是社会变革的两种基本形式。当社会基本矛盾双方出现非基本的局部的不相适应时，克服这种“不相适应”，必须通过社会改革；当社会基本矛盾双方出现根本的全局的不相适应时，克服这种“不相适应”，必须通过社会革命。这两种社会变革的基本形式，是对立统一的、密切联系的。

从动态看，即从社会改革和社会革命的纵向运动看，社会改革和社会革命在人类社会历史的发展过程中，是交互作用、相辅相成的，都是人类社会发展的客观需要。社会改革是社会制度的非根本的局部的更新，是社会形态的部分质变，在总体上是社会的量变。没有社会改革，就没有社会形态自身的发展。社会革命是社会制度的根本更新，是社会形态的质变。没有社会革命，就没有新旧社会形态的更替，也就没有人类社会从低级到高级的发展。人类社会同其它事物一样，是在量变和质变的相互过渡中前进的。人类社会通过社会改革而促进量变，又通过社会革命而实现质变。社会改革为社会革命的爆发，创造、积累必要的社会条件，为社会革命的发生，进行必要的量变准备；社会革命则导致社会形态的质变，把社会改革推向更高的社会水平。人类社会正是在社会改革和社会革命的交互作用中不断前进的。社会改革和社会革命交互作用、相辅相成，但二者却不能相互取代。社会改革和社会革命的需要和任务，都是由社会基本矛盾提出来的，非人为的。当社会只需要改革的时候，却硬要去实行社会革命，那是“左”倾冒险主义；当社会革命的时机已经成熟，却用社会改革去反对社会革命，那是右倾改良主义。

从静态看，即从社会改革和社会革命的横向关系看，社会改革和社会革命在实质、根源、作用和形式上，既有相同点，又有相异点，两者之间具有奇特的对称性。这就是以两者的相同点为中轴，以两者的相异点为相反的两翼展开其对称性。

在“实质”上，社会改革和社会革命都是有利于生产力发展的社会制度的变革，但是，社会革命是对于社会制度的根本变革，社会改革则是对于社会制度的非根本的变革。

在“根源”上，社会改革和社会革命的发生都根源于社会基本矛盾，都根源于生产关系与生产力、上层建筑与经济基础之间的不适应。但社会革命根源于社会基本矛盾双方根本的不适应。当生产关系在根本上不适应生产力发展的要求的时候，社会革命的时机就到来了。社会改革则根源于社会基本矛盾双方非根本的不适应。在任何社会形态的发展过程中，当社会基本矛盾双方出现局部的非基本的不适应时，都必须通过社会改革克服这种不适应，从而为生产力的发展提供某种新的可能。

在“作用”上，社会改革和社会革命都在于解放生产力，推动人类社会的发展。但社会革命所实现的是社会形态的质变，是在根本意义上对生产力的解放；社会改革所实现的则是社会形态的部分质变，总体上属于量变，是在非根本的意义上对生产力的解放。

在“形式”上，社会改革和社会革命的实现形式都有和平和暴力两种。但在阶级社会中，由于社会革命不能由社会制度和统治阶级本身来实行，因此它的一般形式是暴力革命，和平形式只是它的特殊形式。而社会改革由于不触及社会根本制度，因而可以由社会制度和统治阶级本身来实行，所以社会改革的一般形式是和平形式，暴力冲突只是它的特殊形式。

既然社会改革和社会革命在社会发展过程中，是解决社会基本矛盾的两种交互作用的基本形式，在理论上是联系密切的不可偏废的一对范畴；既然在传统的历史唯物主义理论体系中，“社会革命”一直是作为基本范畴纳入其中的，那么认定“社会改革”同“社会革命”一样是历史唯物主义的一个基本范畴，便是顺理成章的了。

我们肯定社会改革是历史唯物主义的一个基本范畴，社会改革理论应当构成历史唯物主义理论体系的一个有机部分。那么在历史唯物主义的理论体系中，“社会改革”的位置何在?社会改革理论应当包括哪些基本内容？初步设想：

第一，既然社会革命和社会改革是对立统一、密切联系的一对基本范畴，那么在历史唯物主义体系中，社会革命和社会改革应当以成对范畴的形式出现，并且应独立成章。

第二，按照逻辑关系，在现行的历史唯物主义教材体系中，“社会革命和社会改革”问题应置于“社会基本矛盾”、“阶级和国家”之后。因为从逻辑关系上看：社会基本矛盾——生产力和生产关系的矛盾、经济基础和上层建筑的矛盾，在阶级社会中必然表现为阶级矛盾和阶级斗争，阶级矛盾和阶级斗争又必然导致国家的产生。阶级斗争（如封建时期的农民战争）迫使统治阶级在保持自己国家政权的前提下实行某些社会改革，而阶级斗争的最高形式是社会革命。社会革命和社会改革是解决社会基本矛盾的两种基本形式，社会基本矛盾的局部解决或根本解决，中间经过阶级斗争，最终都要通过社会改革或社会革命获得解决。

所以按照逻辑关系，应当先写“社会基本矛盾”问题，再写“阶级和国家”问题，之后再写“社会革命和社会改革”问题。

第三，在哲学教材中，“社会改革”问题可以包括如下几部分内容：一、社会改革的实质、根源、作用、形式；二、社会改革的普遍性和特殊性；三、社会改革的普遍性和特殊性统一原理的实践意义。

以上设想，仅是笔者在这个问题上的一种意见，意在抛砖引玉。

（本文发表于《江淮论坛》1992年第3期）

社会改革的普遍性和特殊性

每一时期社会实践的需要都会把理论问题的某一方面凸显出来，要求人们去研究、去解决。今天，中国的改革实践和世界范围的改革潮流，正在突出地把改革问题推到理论工作者的面前，要求理论工作者对于改革中的一系列问题作出理论上的回答。本文试图从哲学上揭示社会改革的普遍性和特殊性及其统一的现实意义，不当之处，请同志们批评指正。

要回答社会改革的普遍性和特殊性问题，作为逻辑前提，首先必须确定“社会改革”这一概念的内涵。

依据我国正在进行的改革实践以及产生于改革实践的党中央文件的精神，我们可以给“社会改革”下这样一个定义：社会改革是社会制度为适应生产力发展的需要而发生的非根本性的变革。社会制度包括社会根本制度和社会具体制度。社会根本制度的性质决定社会具体制度的性质，社会具体制度（也称“社会管理体制”）是社会根本制度在社会现实中的贯彻和体现。社会改革不是社会根本制度的变革，即不是社会制度的根本变革，而是社会具体制度的变革，是对于那些阻碍生产力进一步发展的具体管理体制的变革，因而是社会制度的非根本性的变革。

有的同志认为，改革是专属于社会主义社会的现象。这就是说，改革不是人类社会的普遍现象，改革不具有普遍性。是否承认社会改革的普遍性，这是一个十分重要的问题。否认社会改革的普遍性，把改革看作只是个别社会的特殊现象，在理论上就会否定改革的普遍规律，在实践上就会迷失改革的正确方向。我们认为，社会改革具有普遍性，其表现有二：一是社会改革存在的普遍性，二是社会改革性质的普遍性。下面分述之。

第一，社会改革存在的普遍性。

社会改革存在的普遍性，是指社会改革普遍地存在于人类历史发展过程的各个社会形态之中。既然社会改革是一种有利于社会生产力发展的社会具体制度的变革，那么纵观人类历史，我们就会发现，人类历史的各个社会形态都发生过这种社会改革。在原始社会，经历过由“血缘家族”到“氏族公社”的变革，由母权制氏族到父权制氏族的变革等等。这一类变革是适应原始社会生产力发展的需要而发生的，但并不改变原始公有制的根本制度，而只是原始社会具体制度的更新。显然这一类变革是原始社会的社会改革。在奴隶社会，奴隶主阶级为了巩固和完善奴隶制，也进行了一系列改革。比如，在世界古代史上，公元前8世纪，亚述国王提格拉特帕拉沙尔三世以铁器的出现和生产为基础，对军队建制、组织管理体制等方面进行了改革。公元前6世纪，波斯国王大流士一世对政权机构、军事组织、贡赋和税收等进行了改革。公元前594年，古希腊雅典城邦的执政官梭伦执政后，也进行了一次重大的改革。他改革了以前注重氏族血缘关系的官吏制度，规定只要有一定的财产，任何人都可以当选官吏。梭伦还改革了政府机构，他在“贵族会议”之外，另设了一个由400人组成的议事会，由这个议事会为公民大会准备提案，这样就限制了贵族会议的一部分权力。梭伦的改革打击了贵族守旧势力，促进了雅典奴隶制经济和奴隶制国家的发展。在封建社会，由于生产力发展的要求和农民起义的打击，封建时期的改革更是屡见不鲜。在中国封建社会的历史中，从秦朝到清末，几乎每一朝代都发生过社会改革。中国历史上著名的西汉初年的“文景之治”和唐朝初年的“贞观之治”，都是由当时的封建统治者推行了一系列经济的、政治的改革措施造成的。“王安石变法”是中国封建社会改革比较典型的一次。列宁曾称誉王安石是“中国11世纪时期的改革家”。资本主义社会在其发展过程中，也不得不实行一系列的改革。从资本主义经济体制的演变来看，从个别企业的独立经营到同行业联合经营的托拉斯，再到国际性的跨国公司；从自由资本主义到私人垄断资本主义，再到国家垄断资本主义，这一系列变革，都是资本主义管理体制迫于生产力社会化发展的需要所实行的社会改革。在政治体制上，资本主义国家也进行了一系列改革。二战以后，美、英、法等国为加强国家干预经济的能力，对行政权力作了调整，改革了地方政府和行政机构。比如美国于1978年颁布了《文官制度改革法》。这类改革有利于资本主义国家机器的运转，有利于资本主义经济的发展。至于社会主义社会的改革，已成目前的现实。以上历史事实表明，社会改革存在于至今为止的一切社会形态之中，证明了社会改革存在的普遍性。

社会改革普遍地发生于各个社会形态之中，这不是偶然的，而是有其历史的必然性。社会改革之所以具有历史的必然性，这是因为社会改革同社会革命一样，有其深刻的社会客观根据。社会改革的根据存在于社会基本矛盾之中。我们知道，社会基本矛盾贯穿于人类社会发展过程的始终，即贯穿于从原始社会到共产主义社会的各个社会形态之中。而在每一个社会形态自身的发展过程中，社会基本矛盾的双方——生产力和生产关系之间、经济基础和上层建筑之间，都有“不适应”的一面。一般说来，一个社会形态发展的前期，这种“不适应”是非基本的，到了后期就转为基本的，即由“非基本的不适应”转为“基本的不适应”。克服社会基本矛盾双方“非基本的不适应”，就产生社会改革的要求；克服社会基本矛盾双方“基本的不适应”，就产生社会革命的要求。由于每一种社会形态自身的社会基本矛盾双方都要经历一个从“非基本的不适应”走向“基本的不适应”的过程，这种过程在社会历史发展的长过程中，是周期性的，即是交替出现的，因而社会改革和社会革命也是交替发生的，每一次交替都在更高水平上解放了生产力，都导致人类社会的更高发展。可见，社会改革在各个社会形态中的发生是必然的。社会改革的历史必然性就决定了社会改革存在的普遍性。

第二，社会改革性质的普遍性。

社会改革性质的普遍性，是指社会改革作为一类社会变革，具有共同的性质，即具有共性。社会改革的共性或普遍性质表现在社会改革的实质、根源、作用和形式上。

社会改革在**实质**上的共性。上文我们在确定“社会改革”的内涵时，实际上已经揭示了社会改革的实质。凡是社会改革，都有共同的实质。社会改革的实质在于社会改革是一种有利于社会生产力发展的社会具体制度的变革。所以，凡是社会改革，其改革的对象是不利于生产力发展的社会具体制度，是生产关系和上层建筑中阻碍生产力发展的环节和方面。社会改革的目的是促进生产力的发展和社会的进步。把握了社会改革的实质，就可以澄清改革问题上的是非。其一，有的同志认为社会改革也是“社会革命”①。这种观点混淆了社会改革与社会革命之间质的区别。虽然社会改革和社会革命都是社会制度的变革，但社会革命是社会根本制度的变革，是社会形态的新旧更替。而社会改革是社会具体制度的变革，它导致社会的进步，但并不引起社会形态的更替。我们有时也说，社会主义改革是一场深刻的革命。这里的“革命”是广义上的，是指一切能够导致某种新质（部分质变）产生的有利于社会进步的社会实践，不是作为历史唯物主义基本范畴的“社会革命”。其二，目前东欧正在发生的所谓“改革”，并不是马克思主义意义上的“社会改革”。众所周知，那里所发生的一切，其实质是用资本主义制度取代社会主义制度。这是社会根本制度的改变，但这种改变不是导致社会进步，而是社会倒退。所以，东欧的所谓“改革”，既不是社会改革，也不是社会革命，而是历史的倒退，是旧社会制度的复辟。

社会改革在**根源**上的共性。凡是社会改革，都有共同的一般根源。社会改革的发生，究其根本原因，是由社会生产关系与生产力、上层建筑与经济基础的某种不适应引起的。所以，社会改革和社会革命都根源于社会基本矛盾双方的“不适应”。但社会革命根源于社会基本矛盾双方根本性的不适应，而社会改革则根源于社会基本矛盾双方局部的非根本性的不适应。社会改革有其社会根源，表明社会改革的发生有其客观根据，社会改革的任务是社会本身提出来的，不是主观随意的产物。当某种管理体制已经阻碍生产力的发展时，就不能回避改革，更不能反对

① 见《晋阳学刊》1986年第4期第6页，1987年第3期第8页。

改革；当某种管理体制还能促进生产力的发展时，就不要人为地制造改革，不要为改革而改革。

社会改革在**作用**上的共性。凡是社会改革，都具有下列三种社会作用：其一，社会改革促进社会生产力的发展。社会改革是对于生产关系、上层建筑中阻碍生产力发展的环节、方面进行改革，这种改革就必然为生产力的发展提供某种可能。所以只要是真正的改革，都是对生产力的一种解放，都会促进生产力的发展。其二，社会改革在不同程度上符合人民的利益，有利于人民生活状况的改善。社会主义社会的改革，这种社会作用是没有疑义的。而在阶级社会中，剥削阶级实行改革的目的，是为了本阶级的利益，是为了巩固本阶级的统治地位。但在客观上，剥削阶级实行的改革也多少能够减轻劳动人民的负担，在一定程度上有利于劳动人民生活状况的改善。中国封建社会史上，新王朝的统治者迫于发展封建经济的需要和吸取旧王朝在农民起义的打击下遭致灭亡的教训，往往会采取“轻徭薄赋”等改革措施，出现了诸如西汉初年的“文景之治”、唐朝初年的“贞观之治”这样一种经济相对繁荣、社会相对稳定的局面。在这种社会局面下，农民的负担有所减轻，生活有所改善。这是剥削阶级实行的改革客观上符合人民的某种利益、有利于人民生活状况改善的例证。其三，社会改革推进社会形态的量变积累，为社会形态的质变创造必要的社会条件。社会革命是社会制度的根本变革，它导致社会形态的质变，所以社会革命属于质变范畴。社会改革是社会制度的非根本性的变革，是在非根本的层次上或局部的范围内改变社会的性质，是社会的部分质变，在总体上属于量变范畴。每一次社会改革都使社会制度发生程度不同的部分质变，都促进了生产力的发展。所以每一次社会改革，都是量变的积累，都为社会革命的到来、为社会形态的根本质变创造必要的量变前提。从量变与质变的关系看，没有量变，没有部分质变，就没有根本质变，从这个意义上说，没有社会改革，就没有社会革命。

社会改革在**形式**上的共性。社会改革和社会革命的形式，都有和平和暴力两种。但在阶级社会里，由于社会革命不能由社会制度和统治阶级本身来进行，因此它的一般形式是暴力革命，和平形式只是它的特殊形式。而社会改革由于不触及社会的根本制度，因而可以由社会制度和统治阶级本身来实行，所以和平形式是社会改革的一般形式，只在特殊情况下，才会发生暴力冲突。但这种暴力冲突是局部的、暂时的，不带必然性，所以暴力冲突是社会改革的特殊形式。正因为社会改革的一般形式是和平形式，因此社会改革一般表现为一种自上而下的有领导、有计划、有步骤的运动。

每一种社会改革都是现实的，都发生在一定的国度，都受该国的历史条件、社会条件的制约，即都受具体国情的制约。因而每一种社会改革都是具体的，都有其特点。所以社会改革不但具有普遍性，而且具有特殊性，是普遍性和特殊性的统一。

社会改革的特殊性大致有以下几种表现：

第一，不同社会制度下，社会改革具有不同的性质、方向和作用。

任何改革都是一定社会制度下的改革，都是以维护社会根本制度为前提的，所以不同社会的改革，其具体性质和社会方向是不同的。改革的具体性质和社会方向决定于改革所维护的社会根本制度的性质。至今历史上的社会根本制度可区分为两大类：剥削阶级的私有制和劳动人民的公有制。因而改革的性质和方向也可区分为两大类：剥削制度的改革和非剥削制度的改革。前者如封建主义制度的改革，其性质和方向是封建主义性质的改革和封建主义的改革方向；资本主义制度的改革，其性质和方向是资本主义性质的改革和资本主义的改革方向。后者如社会主义制度的改革，其性质和方向是社会主义性质的改革和社会主义的改革方向。

正因为不同社会制度下改革的性质和方向不同，所以在改革的社会作用上，也表现了不同的特点。剥削制度的改革具有两面性：积极性和消极性。因为剥削制度的改革在一定程度上有利于生产力的发展，有利于减轻人们的负担，所以具有积极性；但另一方面，这种改革又缓和了阶级矛盾，巩固了剥削阶级的统治，延缓了剥削制度的灭亡，所以又具有消极性。正如列宁所指出的：“任何改良之所以为改良……正是因为它是趋向改善的一个一定的步骤或‘阶段’。但任何改良在资本主义社会中都有两面性。改良是统治阶级的让步，其目的是阻止、削弱或扑灭革命斗争，分散革命阶级的精力，模糊他们的认识等等。”[①]非剥削制度的改革，如社会主义社会的改革，着眼于广大劳动人民的利益，着眼于社会生产力的发展和社会的全面进步，所以具有完全的进步性。

第二，不同的国家、不同的历史时期，社会改革的内容有所不同。

改革的内容也就是改革的具体对象。改革的具体对象就是生产关系、上层建筑中阻碍生产力发展的具体的环节、方面，即具体的弊端。由于不同的国家，社会历史条件不同，因而生产力发展的水平和要求、生产关系和上层建筑的性质和具体形式就各不相同。这样，不同的国家，随着各自生产力的发展，具体管理体制中阻碍生产力发展的弊端就不同，因而需要改革的对象、内容也就不同。

不但不同的国家，改革的内容有所不同，就是同一国家的不同历史时期，改革的内容也会发生变化。因为在新的历史时期，生产力的发展提出了新的要求，管理体制上就会出现阻碍生产力发展的新的环节或方面，又必须根据新时期的实际情况，去确定改革的新的对象、新的内容。既不能认为完成了一个时期的改革任务，便可一劳永逸；又不能照搬过去改革的老经验去处理新的改革任务。

第三，不同的国家，社会改革的步骤有所不同。

改革的步骤问题是一个十分重要的问题，能否科学地确定改革的步骤，关系到改革的成败。而不同的国家，改革的步骤应该是有所不同的。这是因为社会是一个复杂的有机体，一个国家所要改革的问题往往是多方面、多层次的，各种不同层面的问题，又是相互联系、相互制约的。一个问题的解决往往是以另一个问题为前提的。这样就有一个先改什么，后改什么以及改革的突破口是什么的问题。这样的问题就是改革的步骤问题。各个国家的国情不同，改革的步骤也就有所不同。改革步骤的特殊性告诉我们，对于改革步骤的确定也不能照搬别国的经验，应

① 《列宁全集》第12卷，第222页，北京：人民出版社1959年版。

当从本国的实际情况出发。

第四，不同的国家，改革所建立的新的管理体制具有不同的具体形式。

一个国家，通过改革所建立的生产关系的具体形式应当同生产力的实际状况相适应，所建立的上层建筑的具体形式应当同经济基础的实际状况相适应。由于不同的国家，生产力的性质和水平不同，经济基础的性质和发展要求不同，因而改革所建立的生产关系、上层建筑的具体形式也应是不同的。改革要建立什么样的管理体制，必须依据本国的具体国情，不能照搬别国的模式。在这个问题上必须注意的是，社会改革的特殊性要求改革所建立的新的管理体制必须符合本国的具体国情，具有本国的特点；同时，社会改革的普遍性又要求改革所建立的新的管理体制必须符合社会改革的性质和方向，即必须是社会根本制度的具体体现。所以，改革所建立的新的体制既要体现本国具体国情，又要体现社会根本制度的方向，应该是社会改革之普遍性和特殊性的统一。

以上所述表明，社会改革不但具有普遍性，而且具有特殊性，是普遍性和特殊性的统一。现实的社会改革都是具体的，各有其个性、特殊性，但在改革的个性、特殊性中又总是包含有改革的共性、普遍性。社会改革的特殊性和普遍性有机联系，不可分割。没有不包含改革普遍性的单纯的改革特殊性，也没有不表现为改革特殊性的单纯的改革普遍性。

“社会改革是普遍性和特殊性相统一”的原理，作为方法论，对于社会改革实践具有重要的指导意义。“社会改革的普遍性”要求社会改革必须坚持改革的普遍性质，必须遵循改革的普遍规律，必须善于学习别国的具有普遍意义的改革经验，不能固步自封。“社会改革的特殊性”要求社会改革必须从本国的具体国情出发，走出一条具有本国特色的改革道路来，不能照搬别国改革的模式。

“社会改革的普遍性和特殊性相统一”的原理，对于社会主义社会的改革尤其具有重要的现实意义。当前，中国改革的成功经验、苏东“改革”失败的教训，以及国际范围的和平演变和反和平演变的尖锐斗争，给社会主义国家的改革提出了一个十分紧要的问题，这就是社会主义国家改革的方向问题。实践已经证明，社会主义国家的改革，存在着两种改革方向、两种改革主张的斗争。一种是坚持社会主义方向的改革，另一种是主张资本主义化的“改革”。社会主义国家的改革，放弃社会主义方向，搞资本主义化的所谓“改革”，就既不是真正的社会改革，也不是社会革命，而是历史的倒退，就势必出卖劳动人民的根本利益，使劳动人民重新陷入被剥削、被压迫的境地。江泽民同志最近在庆祝中国共产党成立70周年大会上的讲话指出：“在改革中不坚持社会主义方向，就会葬送党和人民七十年奋斗的全部成果。要划清两种改革开放观，即坚持四项基本原则的改革开放，同资产阶级自由化主张的实质上是资本主义化的‘改革开放’的根本界限”。社会主义国家的改革为什么要坚持社会主义方向？这是因为社会主义国家的改革必须坚持社会主义社会改革的普遍性。坚持社会主义社会改革的普遍性，首先必须坚持社会主义社会改革的普遍性质和正确方向。在上文我们已经指出，社会改革的性质和方向决定于它所维护的社会根本制度的性质。同理，社会主义社会改革的性质和方向就决定于它所要维护的社会主义社会根本制度的性质和方向。因此，只要是真正的社会主义社会的改革，就应当坚持社会主义的性质和方向，在我国就应当坚持四项基本原则。

社会主义社会的改革也是普遍性和特殊性的统一，所以社会主义社会的改革既要坚持社会主义社会改革的普遍性质、普遍原则，又要同本国的具体国情相结合。改革不从本国的具体国情出发，没有本国的特色，这样的改革就不可能有生命力，就不可能取得成功。既坚持我国的社会主义根本制度，坚持社会主义公有制为主体，又从我国的具体国情出发，去确定改革的路线、方针、政策、步骤、方案，建立适合我国国情的新的经济体制、政治体制，就能取得我国改革的成功。相反，如果像资产阶级自由化分子所鼓吹的那样，不顾我国改革的社会主义方向，不顾我国的实际国情，推行“全盘西化”，那只会把我国的改革引向死胡同。

总之，社会主义社会的改革，必须坚持马克思主义的基本原理和各国的具体实践相结合，必须坚持社会主义社会改革的普遍要求和本国的具体国情相结合。

（本文系1991年7月在烟台“全国师专马克思主义哲学讲习会”上的报告整理稿）

“三个有利于”标准是对于“生产力标准”的扬弃

判断我国改革开放和各方面工作的是非得失的标准问题，是一个关系全局的极为重要的问题。这个标准的确定，在理论上应该是科学的，在实践上应该有利于生产力的发展和社会的全面进步。

1992年初春，邓小平同志在南巡谈话中以规范化的语言提出了一个完整的科学的标准，他说：“判断的标准，应该主要看是否有利于发展社会主义社会的生产力，是否有利于增强社会主义国家的综合国力，是否有利于提高人民的生活水平。”我们把这个标准简称为“三个有利于”标准。在同年十月举行的党的十四大把这个“三个有利于”标准作为判断我国改革开放和各方面工作是非得失的标准加以确认，并载入了中国共产党新的党章。

八十年代中期以来，人们提出并一直在沿用着另一个标准，那就是“生产力标准”。所谓“生产力标准”，就是如一家大报曾在一篇评论员文章中所解释的：“在改革中，凡是有利于生产力发展的措施，都必须坚持；凡是阻碍生产力发展的事物，都必须革除”。由此可见，“生产力标准”就是把是否有利于生产力的发展作为判断我国改革开放是非得失的唯一标准。

现在，对于“改革开放和各方面工作的是非得失”这同一评价对象，居然有两个判断标准，一个是“三个有利于”标准，另一个是“生产力标准”。“生产力标准”提出在先，“三个有利于”标准提出在后。现在的问题是，为什么在党的十四大确认“三个有利于”标准之后，仍然有不少同志在坚持着“生产力标准”这个提法？难道这两个提法都是科学的？或者正如有的同志所说的，“三个有利于”标准是“生产力标准”的具体化，即二者的内涵是同一的？因为这个问题关系重大，所以有讨论清楚的必要。

我认为，“生产力标准”在内涵上不等于“三个有利于”标准，“三个有利于”标准是对于“生产力标准”的扬弃。

我们看到，邓小平同志在他的“三个有利于”标准中，不是单纯把“生产力”、“综合国力”、“生活水平”作为判断改革开放和各方面工作是非得失的标准，而是分别在它们之前加上了“社会主义社会的”、“社会主义国家的”、“人民的”的限定词。我认为这决非偶然或无意，而是意味深长的。他告诉我们，判断改革开放的是非得失，不能仅仅看是否有利于生产力的发展，同时还要看是否有利于社会主义制度的巩固。因为惟其如此，所发展的才能是社会主义社会的生产力，所增强的才能是社会主义国家的综合国力，所提高的才能是人民的生活水平。可见，“三个有利于”标准包含着两个要素——“生产力”要素和“社会主义制度”要素，两个基本要求——生产力发展的要求和社会主义制度巩固的要求。这两个要素、两个要求在“三个有利于”标准中的关系是对立统一的。就对立而言，生产力要素与社会主义制度要素在这个标准中所处的地位是不同的，二者是决定者与被决定者的区别。生产力发展的状况决定社会主义制度的命运，没有发达的社会生产力，就没有社会主义制度的巩固和发展。所以“三个有利于”标准的着重点在于生产力的发展，“生产力发展的要求”在这个标准中处于优先地位，而这一点正是以唯物史观关于“生产力是社会发展的最终决定力量”为依据的。就统一而言，社会主义制度的巩固和发展既以生产力的发展为基础，又为生产力的发展开辟道路；发展生产力既是社会主义制度的直接目的，又是促进社会主义制度巩固、满足人们需要的手段。所以这个标准要求把生产力的发展和社会主义制度的巩固结合起来。一项成功的改革，既要满足生产力发展的要求，又要满足社会主义制度巩固的要求；既要重视生产力的发展，又要兼顾人们的根本利益；既要把效率放在优先的地位，又要兼顾分配上的公平。这表明，“社会主义的价值要求”是这个标准的不可分割的内容。可见，“三个有利于”标准是由两个要素有机构成的整体，这个整体是效率原则和公平原则的统一，是科学历史观和社会主义价值观的统一，因而是科学性和价值性的统一。

上述所揭示的“三个有利于”标准的内涵与建设有中国特色社会主义的理论体系是相融洽的。略举数例：

关于社会主义的本质，邓小平同志指出：“社会主义的本质，是解放生产力，发展生产力，消灭剥削，消除两极分化，最终达到共同富裕。”“三个有利于”标准内含的两个要素、两个要求正是社会主义本质的体现。如果在改革开放的评价标准中去掉了“社会主义制度”这一要求，就无法保证“消灭剥削，消除两极分化，最终达到共同富裕”。可见，社会主义的本质是确定“三个有利于”标准的客观依据。

党的基本路线是“一个中心、两个基本点”，她要求在坚持经济建设为中心的同时，要坚持四项基本原则、坚持改革开放。由于这三项内容是密切联系不可或缺的，所以，其中改革开放的得失成败，就要以是否有利于生产力的发展，是否有利于四项基本原则的坚持来衡量。

基于社会主义本质和党的基本路线，“两手抓，两手都要硬”的战略方针构成了建设有中国特色社会主义理论的重要组成部分。党的十四大报告指出：“物质文明和精神文明都搞好了，才是有中国特色的社会主义。”我国的改革开放和各方面的工作，只有满足“三个有利于”标准的要求，在主要点上，只有有利于生产力的发展，有利于社会主义制度的巩固，才能做到“两手抓，两手都要硬”。可见，“三个有利于”标准同“两手抓，两手都要硬”的战略方针，也是完全一致的。

一个科学的理论体系，在逻辑上应该是自洽的。“三个有利于”标准作为党的十四大确定的有中国特色社会主义理论的主要内容之一，同这个理论体系中其它基本思想的融洽性，不但说明了建设有中国特色社会主义理论体系的科学性，而且进一步说明了“三个有利于”标准的科学性。

坚持“三个有利于”标准，就要求我国的改革既要有利于社会主义的发展，又要有利于社会主义制度的巩固。那么，这是否意味着不允许非社会主义经济在我国现阶段的存在和发展？这要具体分析。在我国现阶段——社会主义初级阶段，由于社会生产力水平和生产的社会化程度较低，因而私营经济等私有制形式确实有利于生产力的发展，所以在保持社会主义公有制主体地位的前提下，允许私有经济的适度发展。在这种情况下，私有经济是社会主义经济的有益补充，这同社会主义制度的巩固并不相悖。这一点正是现阶段有中国特色社会主义在经济结构上的重要表现。但是，如果私有经济的发展在总体上动摇了社会主义公有制的主体地位，甚至取代了社会主义公有制的主体地位，那么用“三个有利于”标准来衡量就是不允许的。可见，在“三个有利于”标准下，私有经济的存在和发展有个界限，就是不动摇社会主义公有制的主体地位。在这个界限之内是允许的，突破了这个界限是不允许的。

既然“三个有利于”标准是由生产力要素和社会主义制度要素有机构成的统一整体，是科学历史观和社会主义价值观的统一，那么“生产力标准”就不等同于“三个有利于”标准。因为“生产力标准”只把是否有利于生产力的发展看作衡量改革开放是非得失的唯一标准，并不顾及另一要素。要素不等于系统，部分不等于整体，所以“生产力标准”不等于“三个有利于”标准，二者在内涵上是不同一的。

任何社会的经济、政治等体制的改革，都不但要有利于社会生产力的发展，而且要有利于社会根本制度的巩固。我国社会体制的改革，也不但要有利于社会生产力的发展，而且要有利于社会主义根本制度的巩固，只顾及其中的任何一个方面，都是改革的失误。因此，判断改革是非成败的标准，也必须包含这两个方面的要求。“三个有利于”标准之所以是全面的科学的，原因也在于此。而“生产力标准”只顾及其中的一个方面，尽管这个方面是根本点，但它毕竟是片面的，在哲学上是一点论。所以在“三个有利于”标准和“生产力标准”这二者中，只有前者才是科学的，而后者是不科学的。

有的同志可能会说，既然在“三个有利于”标准中，生产力要素处于优先地位，是根本点，那么我们把“生产力标准”不是看作判断改革开放是非得失的“唯一标准”，而是“根本标准”，这难道也不对吗？这种看法把“生产力”视为一个单独的“标准”，而且是一个“根本标准”，那就是说，评价改革开放的是非得失这同一个对象，还有其它非根本标准。这种看法仍然是不科学的。第一，“标准”本身具有完整性，是不可分割的。虽然“生产力”要素在“三个有利于”标准中处于优先地位，但我们不能把“三个有利于”这个完整的标准按其构成分割成几个性质不同的“标准”，说“生产力”要素是“根本标准”，其它因素是“非根本标准”，正如不能把检验真理的实践标准根据其构成分割为“客体标准”、“主体标准”。原因在于检验的对象是综合的，检验的标准也应该是综合的。第二，评价同一对象，不能同时使用不同的标准，这是遵循逻辑上的同一律。否则，逻辑上的矛盾就会引致实践上的误导。因为评价同一对象使用不同的标准，当评价出现不一致（用一个标准评价，是肯定的；用另一个标准评价，是否定的）时，怎么办？要么各自固守自己的标准，公说公有理，婆说婆有理；要么“根本的”决定“非根本”的关系，就会让“非根本的标准”服从“根本的标准”，而这样一来，所谓“根本标准”又成了“唯一标准”。比如，如果在改革开放中出现了这种结果：私有制的经济实力壮大到取代社会主义公有制的主体地位，那么面对这种结果，用“生产力标准”去判断，是应该肯定的，但用“三个有利于”标准去判断，则应该否定。在这种情况下，孰是孰非？如果一定要有一个结论，那么就只能是作为“非根本标准”的“社会主义标准”服从作为“根本标准”的“生产力标准”，这样，“生产力标准”名为“根本标准”，实为“唯一标准”，而“私有制经济实力壮大到取代社会主义公有制主体地位”这一结果就应该肯定了。然而这样的评价是我们党和人民不能接受的。所以把“生产力标准”说成是判断改革开放是非得失的“根本标准”，仍然是不科学的。

“生产力标准”在理论上同“三个有利于”标准不相符，是片面的；在实践上它虽然对于促进生产力的发展有积极意义，但由于它只是把是否有利于生产力的发展看作“标准”，因而是有负面影响的。

第一，现实的生产力是具体的，现实的生产力总是同一定的生产关系相联系，总是受一定生产关系的制约，脱离一定生产关系的孤立的抽象的生产力在实践中是不存在的。“生产力标准”是检验改革实践的所谓“标准”，而实践中的生产力总是同一定的生产关系相联结的，但“生产力标准”却试图离开生产关系单独把“生产力”作为“标准”，这在哲学上就有脱离实践的主观主义的弊病，此其一。其二，现实中的生产力总是一定所有制下的生产力，在我国现阶段，社会主义公有制可以促进生产力的发展，资本主义私有制也可以促进生产力的发展。而且“标准”具有最终裁决的意义，只要是符合标准的，就应该肯定，应该支持，否则就应该否定，应该反对。“生产力标准”离开一定的生产关系，离开对于社会主义公有制主体地位的维护，仅仅把是否有利于生产力的发展作为判断改革开放是非得失的标准，这就意味着，在经济体制改革中不管什么样的所有制，只要有利于生产力发展的，就是允许的，就应该肯定。这就存在着不加限制地发展各种私有制，动摇社会主义公有制主体地位的可能。事实上，“生产力标准”的这种负面影响在现实中已有所表现。在改革的实践中，“生产力标准”成了某些人企图动摇社会主义公有制主体地位、鼓吹私有化的挡箭牌。有人就说，“公有制的主体地位的体现只能是以是否有利于发展社会生产力为标准（着重号为引者所加），而不能人为地制定一个比例，采取限制其他经济成分发展的办法”[①]。今年某大报一篇署名文章认为：“改革国有制经济就是要尽量减少国有企业”，要通过改、租、卖、变等方式使国有制企业非国有化。此文还宣称：“把国有变成非国有，并不是国有资产流失，因为有些原来就不是国有，只是在过去‘左’的思潮下强行变成国有的，现在不过是非国有经济复原”，这一变“有利于经济发展，是符合生产力标准的，因而是完全必要的（着重号为引者所加）”。这不仅是在鼓吹私有化，而且是在煽动过去的资本家把五十年代社会主义改造中被人民政府赎买的资产要回来，这是反攻倒算，哪是改革，而这一切都是在“生产力标准”的名义下发生的。

第二，生产本身是中性的，但发展生产力总有一个为谁服务的问题。因此生产力的发展总是为了一定的价值目的，为发展生产而发展生

① 转引自《真理的追求》1994年第6期，第24页。

产在现实中是没有的。发展生产的价值目的服从于制约它的生产关系的根本利益。在资本主义私有制下，发展生产的目的是为了资本家最大限度地榨取工人的剩余价值；在社会主义公有制下，发展生产的目的是为了满足人们日益增长的物质和文化生活的需要。“生产力标准”离开生产的价值目的，只看是否有利于生产的发展，而把是否有利于维护人们的根本利益置于它的视野之外。就是说，“生产力标准”只管生产是否发展，而不管是为谁生产。这就不但不能保证生产的成果转为人民的财富，而且还会为外商、私营企业主以发展生产、提高效率为借口，不择手段地损害劳动者的权益提供可能。事实上，在许多“三资”企业、私营企业中，这种可能已变成了现实。他们或者大幅度地延长工人的劳动时间，或者把工人置于恶劣的无安全保障的劳动条件之下，目的只有一个：为私营企业主追求最大的利润。也许有人会不以为然地说：这类侵犯工人劳动权益的事我们国家不是不管呀。我说的是“生产力标准”，不是我们的国家。是的，我们的国家是在管，这是我们的社会主义国家应该管的。但这种“管”不是遵循所谓“生产力标准”的结果。在“生产力标准”中并不包含对于侵权行为的限制，在“生产力标准”中找不到保护劳动者合法权益的依据。而在“三个有利于”标准中，则是题中应有之义。

综上所述，作为判断改革开放和各方面工作是非得失的标准，“三个有利于”标准是全面的科学的，而“生产力标准”是片面的不科学的，在实践中是有负作用的。“生产力标准”强调生产力发展的积极一面已经包含在“三个有利于”标准之中，而它的弊病已为“三个有利于”标准所防止、所克服。所以我认为，“三个有利于”标准是对于“生产力标准”的扬弃，应当用“三个有利于标准”取代“生产力标准”。

（本文发表于《芜湖师专学报》1994年第3期）

马克思主义哲学本质论

不能把马克思主义归结为“异化理论”

《马克思主义人道主义异化理论美学》一文（刊于《芜湖师专学报》1983年第1期。以下简称“异文”）用很大篇幅“论证”了这样一个观点：“异化理论”“是属于马克思主义范畴的”。但“异文”并不一般地肯定这一点，它还认为：“终其一生，他（指马克思——引者）根本没有在自己的学术研究与革命活动中抛弃异化理论。而且完全可以认为正是人道主义和异化理论方面显示了早期的作为哲学家的马克思与晚期的作为政治经济学家的马克思之间的内在的深刻的一贯性。”这就把异化理论（以及人道主义）看作马克思主义的核心思想。因此，“异文”进而把马克思主义归结为“异化理论”：“有人认为，马克思主义哲学作为整体来说就是‘概括的异化理论’，虽似过激，但也实在不无道理。”那么，“异化理论”是属于马克思主义的吗？马克思终生都坚持“异化理论”吗？要对这些问题作出正确的回答，就必须首先了解“异化理论”的实质或根本点。

马克思的“异化理论”就是“异化劳动理论”，这是早期马克思的思想，即马克思尚未成为成熟马克思的思想。马克思的这一理论集中反映在他的早期著作《1844年经济学—哲学手稿》①（以下简称《手稿》，只注页码）中。他认为，异化劳动是资本主义制度下工人的劳动活动，它含有四个规定或四个方面的内容：

（1）劳动产品的异化，即劳动者的劳动产品反过来成为统治和奴役劳动者的异己力量。“劳动者生产的财富越多，他的产品的力量和数量

① 马克思：《1844年经济学—哲学手稿》，刘丕坤译，人民出版社1979年版。

越大，他就越贫穷。劳动者创造的产品越多，他就越是变成廉价的商品。”（第44页）“对对象的占有表现为异化到这种程度，以至劳动者生产的对象越多，他能够占有的对象便越少，并且越加受自己的产品即资本的统治。”（第45页）（2）劳动活动的异化，即劳动者的劳动活动不是自愿的，而是被迫的强制的；不是人的本质需要的满足，而仅仅是维持人的生存的手段。“对劳动者说来，劳动是外在的东西，也就是说，是不属于他的本质的东西；因此，劳动者在自己的劳动中并不肯定自己，而是否定自己，并不感到幸福，而是感到不幸，并不自由地发挥自己的肉体力量和精神力量，而是使自己的肉体受到损伤、精神遭到摧残。”（第47页）（3）人的本质的异化，即人丧失了自己作为人的本质，人变成了非人。“人的类的本质”“变成与人异类的本质，变成维持他的个人生存的手段。异化劳动把人自己的身体从人那里异化出去，就像把在他之外的自然界，把他的精神本质、他的人的本质异化出去一样。”（第51页）（4）人从人那里的异化，即人同人相异化。“当人与自己本身相对立的时候，那么其他人也与他相对立。”（同上）异化劳动“生产出不事生产的人对生产和产品的支配”，生产出私有财产，生产出一个剥削和压迫劳动者的资本家阶级。

在“异化理论”中，异化劳动的这四个规定不是并列的，而是有深浅不同层次关系的。在这四个规定中，第（4）规定，即人同人相异化，私有财产、资本家阶级的产生是前三个规定的总的结果：“人从自己的劳动产品、自己的生命活动、自己的类的本质异化出去这一事实所造成的直接结果就是：人从人那里的异化。”（第51页）而在前三个规定中，第（2）规定是第（1）规定的原因，第（3）规定又是第（2）规定的原因。因为劳动产品是劳动活动的结果，劳动产品异化（第1规定）必定是由于劳动活动本身发生了异化（第2规定）。“如果劳动者不是在生产行为本身中从自己把自己异化出去，那么劳动者怎么能像对待某种异己的东西那样同自己的活动的产物相对立呢？”“劳动对象（指‘劳动产品’——引者）的异化不过是劳动活动本身的异化、外化的结果。”（第47页）而劳动活动的异化（第2规定）又是由于劳动者本身

“人的本质”的异化、丧失（第3规定），“劳动者的活动属于别人，它是劳动者自身的丧失”（第48页），即劳动活动的异化是人的本质发生异化的表现。可见，第（3）规定——人的本质的异化是异化劳动的四个规定中最深刻的原因，其它异化都只是人的本质之异化的不同表现。这就是说，在早期马克思看来，“劳动异化”也就是人的本质的异化。这是从异化劳动的四个规定的内在关系来看。从另一角度，即从“劳动”作为人的本质来看，也只能得出这一结论。因为在“异化理论”里，“劳动”是人的本质。在当时的马克思看来，人的“劳动”就是人的“生命活动”，而人“自己的生命活动”，就是人“自己的本质”（第50页）。既然如此，那么当时马克思所说的“劳动异化”，就是人的本质的异化。所以马克思在《手稿》中认为，资本主义制度下包括“私有财产”在内的各个领域的异化，归根到底都是人的异化，都是人的本质之异化的表现：“这种物质的、直接感性的私有财产，是异化了的人的生活的物质的感性的表现”（第74页），“每一个领域都是人的一种特定的异化”（第90页）。

早期马克思从对异化劳动的分析中进而得出私有制必然消灭，共产主义必然实现的革命性结论。既然私有财产是人的本质的异化的结果，那么异化的扬弃（在马克思看来，这是必然的）就是私有财产的消灭、共产主义的实现，是人对人的本质的占有，是人性的复归。马克思说：“共产主义是私有财产即人的自我异化的积极的扬弃，因而也是通过人并且为了人而对人的本质的真正占有；因此，它是人向作为社会的人即合乎人的本性的人的自身的复归，这种复归是彻底的、自觉的、保存了以往发展的全部丰富成果的。”（第73页）

以上就是马克思的“异化理论”的基本内容。马克思的异化理论既不同于黑格尔的，也不同于费尔巴哈的。黑格尔所讲的“异化”是精神异化，费尔巴哈所讲的“异化”是宗教异化，而马克思所讲的“异化”则是劳动异化。这就是说，马克思的异化理论已经走出“意识范围”，而进入人的实践活动领域。这正表明，马克思的异化劳动理论的提出，意味着马克思开始摆脱唯心主义，走向唯物主义，开始向历史唯物主义接近。而且“异化理论”表明，青年马克思试图以经济事实为依据，揭示资本主义社会的内在矛盾，揭示共产主义扬弃资本主义私有制的必然性，从而就为尔后成熟的马克思以历史唯物主义立场科学地完成这一任务开辟了道路。这就是马克思的“异化理论”（不是《手稿》）的主要意义所在。

然而，“异化理论”的根本点、实质是人本主义。我认为下面两点就足以说明这一论点：

第一，关于人的本质的规定仍然没有摆脱费尔巴哈的人本主义的抽象人性的窠臼。

费尔巴哈离开社会关系和历史发展，只是从生物学意义上考察人的本质，他把本来是社会的人看作孤立的个人，把人的本质看作孤立的个人之间某种先天的共同的自然属性。成熟时的马克思批评费尔巴哈说：费尔巴哈“假定出一种抽象的——孤立的——人类个体”，“他只能把人的本质理解为‘类’，理解为一种内在的、无声的、把许多个人纯粹自然地联系起来的共同性。”马克思指出：“人的本质并不是单个人所固有的抽象物。在其现实性上，它是一切社会关系的总和。”[①]可是，早期马克思的“异化理论”所规定的人的本质并不是“一切社会关系的总和”，而是把“劳动”看作人的主要本质。虽然这表明早期马克思试图从人的实践领域去寻找人的本质，比起费尔巴哈从生物学上规定人的本质，无疑是一个进步，但问题在于当时的马克思是如何理解自我人的本质的“劳动”这一概念的。当时，马克思认为，“劳动”作为人的本质，就是人的生命活动，具体说，就是人的有意识的，因而是“自由自觉”的生命活动。他说：“生命活动的性质包含着一个物种的全部特性、它的类的特性，而自由自觉的活动恰恰就是人的类的特性。”（第50页）这就是说，“生命活动”是一切生物物种的本质，但人的本质是“自由自觉”的生命活动，因为人的“生命活动是有意识的”（同上）。所以马克思又进一步指出：“有意识的生命活动直接把人跟动物的生命

① 《马克思恩格斯选集》第1卷，第18页，北京：人民出版社1972年版。

活动区别开来”（同上）。这样，马克思就把人的本质归结为“有意识的生命活动”。这里有两个实质性的问题：（1）把人的本质看作“有意识的生命活动”，这是对于“人类个体”——孤立个人的共同点的抽象，因而也就同费尔巴哈一样，把人的本质看作一种离开社会关系的先天的不变的共同性。这个问题还可以从下面第（2）个问题得到印证。（2）被马克思当作人的本质的“劳动”是人的一种“类”的特性。在《手稿》中，马克思一再认为“人是类存在物”（第48页），把人的本质的异化看作人的“类”本质的异化，如“人的类的本质……变成与人异类的本质”（第51页），“把类从人那里异化出去”（第49页）等等。可见，当时的马克思是把人的“类”的特性看作人的本质。“类的存在物”、“类的本质”等都是费尔巴哈的术语。费尔巴哈的“类”是什么意思？费尔巴哈的“类”是排除了个体差别的共同性、普遍性，所以他说过：“类是对个别体的一视同仁。”[①]因此早期马克思从“类”的意义上规定人的本质，这就同费尔巴哈一样，把人的本质看作人的某种共同属性。正因为当时的马克思是把人的本质看作人的类的共同性，所以在《手稿》中，他所理解的人的本质并不限于“劳动”，还包括一切“属人”的“本质规定”，如“视觉、听觉、嗅觉、味觉、触觉、思维、直观、感觉、愿望、活动、爱——总之，他的个体的一切官能”（第77页），甚至还包括人的“情欲”（第122页）。

可见，“异化理论”关于人的本质的规定，实质上同费尔巴哈的一样，都是“把人的本质理解为‘类’，理解为一种内在的、无声的、把许多个人纯粹自然地联系起来的共同性”。然而“异文”却认为早期马克思关于人的本质的规定同费尔巴哈有本质的不同。这显然是夸大了这两者的差别。

第二，承认有一个理想化的不变的“人的本质”，并用“人的本质”的失而复得作为解答人类社会历史的“钥匙”，这就重复了费尔巴哈的人本主义唯心史观。

---

① 《费尔巴哈哲学著作选集》上卷，第82页，北京：商务印书馆1984年版。

正如上述，马克思的所谓“劳动异化”，就是人的本质的异化。而异化劳动的扬弃，从而私有财产的扬弃，就是人对人的本质的占有，就是人的解放和复归。这里的内在逻辑是以承认有一个理想化的或完善化的不变的“人的本质”为前提的。因为有一个完善的不变的“人的本质”，才有一个“人的本质”的丧失和复归的问题。这一点已经表现了人本主义的重要特征。费尔巴哈关于“神是人的本质的异化”的思想正是以承认有一个完善化的不变的“人的本质”为前提的。事实上，对于所谓“理想化的不变的人的本质”的肯定，这是早期马克思的整个“异化理论”的出发点。在“异化理论”里，人的本质的异化——异化劳动被看作资本主义社会一切矛盾产生的根本原因，因而也包含着解决这一切矛盾的答案。劳动与资本的矛盾不是生产力与生产关系矛盾的结果，而是被归因为“人的本质”同使“人的本质”异化的资本主义经济关系的矛盾。因此资本主义私有财产的扬弃，就是人的本质之异化的扬弃——人“对人的本质的真正占有”——共产主义的实现，就是一切社会矛盾的解决。所以当时的马克思指出：共产主义是一切矛盾的“真正解决”，“是历史之谜的解答”（第73页）。这样，资本主义私有制产生和消灭的过程，就被归结为“人的本质”的异化和异化扬弃的过程。用人性解释社会历史，这是一切人性论、人本主义的共同特征，而马克思当时是直接受费尔巴哈人本主义影响的。在费尔巴哈的伦理学或历史观中，抽象的“人”是中心，是出发点和归宿，是最高的原则。费尔巴哈曾宣称：“对人来说，人就是上帝——这就是至高无上的实践原则，就是世界史的枢轴。”[①]费尔巴哈从“人具有共同的本质”这一观点出发，把“爱”看作解决一切问题、决定历史发展的“神”。恩格斯对此曾批判说：“在费尔巴哈那里，爱随时随地都是一个创造奇迹的神，可以帮助他克服实际生活中一切困难，——而且这是在一个分成利益直接对立的阶级的社会里。”在这里，费尔巴哈的“真正的唯心主义就显露出来了。”[②]可见，“异化理论”用人的本质的异化以及异化的扬弃去解释社

① 《费尔巴哈哲学著作选集》下卷，第315-316页，北京：商务印书馆1984年版。

② 《马克思恩格斯选集》第4卷，第236、229页，北京：人民出版社1972年版。

会历史，这实质上是人本主义的唯心史观。然而“异文”却把“异化理论”中的人“怎样成为非人，以及怎样才能重新成为以至更好地成为人”这一基本思想说成是“属于马克思主义的”。这是把糟粕当精华！

从上述分析可见，早期马克思的“异化理论”虽然同费尔巴哈的“异化”说有所区别，但究其实质、根本点，仍然是人本主义的思想，决不属于马克思主义。正因为如此，一当马克思成为马克思主义者，他就放弃了“异化理论”，用历史唯物主义取而代之。“异文”硬说“异化理论”“是马克思毕生一贯坚持的，谈不到后来已经放弃”。“异文”坚持这一观点的主要“论据”就是所谓“从《德意志意识形态》到《资本论》，马克思还曾上百次使用异化这一概念”。只看到成熟期的马克思也使用“异化”概念，而不顾“异化”概念实质内容的变化，这怎能达到“去伪存真”的要求呢？

从1845年的《关于费尔巴哈的提纲》及尔后的《德意志意识形态》开始，是马克思和恩格斯全面制定和发展历史唯物主义的时期。从这时起，马克思才从根本上摆脱黑格尔哲学和费尔巴哈哲学的消极影响，成为成熟的马克思。成熟的马克思彻底清除了“异化理论”，剩下的只有偶尔还使用一下“异化”这一术语，用马克思的话说，就是“暂时还用一下”的“哲学家易懂的话”[①]；而且这一术语只是用于表述资本主义制度下资本对雇佣劳动的经济关系这一特定历史阶段的现象。这时马克思把“异化现象”不再看作人的异化，而是归因于资本主义私有制，进而归因于生产力发展的一定水平，把它看作是历史的暂时的现象。成熟的马克思不但批判了所谓理想化的抽象的“人的本质”论（见马克思：《关于费尔巴哈的提纲》），而且不再用“人的本质的异化”而是用社会生产方式去解释历史。不但完全抛弃了“人的本质的异化和异化的扬弃”的思想，而且对这种思想进行了明确的无情的批判。在《德意志意识形态》中，马克思和恩格斯指出：“哲学家们在已经不再屈从于分工的个人身上看见了他们名之为‘人’的那种理想，他们把我们所

① 《马克思恩格斯全集》第3卷，第31页，北京：人民出版社1960年版。

描绘的整个发展过程看作是‘人’的发展过程；而且他们用这个‘人’来代替过去每一历史时代中所存在的个人，并把它描绘成历史的动力。这样，整个历史过程被看作是‘人’的自我异化过程……由于这种本末倒置的做法，即由于公然舍弃实际条件，于是就可以把整个历史变成意识发展的过程了。”[①]在《共产党宣言》中，马克思和恩格斯把“真正的社会主义”者所讲的“人的本质的外化”斥之为“哲学胡说”，说他们“不代表无产者的利益，而代表人的本质的利益，即一般人的利益，这种人不属于任何阶级，根本不存在于现实界，而只存在于云雾弥漫的哲学幻想的太空”。[②]

成熟马克思对于早期的“异化理论”的态度是明如白昼的，如果硬说马克思一生都坚持“异化理论”，甚至把马克思主义归结为“异化理论”，那只能是对马克思主义的莫大歪曲！

（本文发表于1984年1月12日《芜湖师专报》）

① 马克思恩格斯：《德意志意识形态》，第67页，北京：人民出版社1961年版。

② 《马克思恩格斯选集》第1卷，第277-278页，北京：人民出版社1972年版。

是“物质本体论”，还是“实践本体论”
——关于马克思主义哲学实质的讨论

关于马克思主义哲学之实质的讨论，自上个世纪80年代末形成热潮以来，已有十多年了。但十多年来的讨论，并没有在我国的哲学界取得基本的共识，其中根本性的分歧就是“物质本体论”与“实践本体论”的对立。部分论者坚持认为马克思主义哲学的实质是“实践本体论”。这种观点不符合马克思主义哲学的本真面目，因而是不能令人信服的。本文就马克思主义哲学的实质问题，主要以马克思和恩格斯的哲学文本为依据，同“实践本体论”论者商榷。

一、是“物质本体论”，非“实践本体论”

马克思主义哲学的实质只能是“物质本体论”，而非“实践本体论”。

确实，“实践”范畴是唯物史观的基础，因而“实践”范畴也是唯物史观的逻辑起点。因为物质生产实践是人类社会生成和发展的基础，是社会结构生成和社会历史发展的原动力。翻开马克思和恩格斯最初成熟思考的作为唯物史观初步系统阐述的《德意志意识形态》，我们看到了马克思和恩格斯的如下思想：“我们首先应当确定一切人类生存的第一个前提，也就是一切历史的第一个前提，这个前提是：人们为了能够‘创造历史’，必须能够生活。但是为了生活，首先就需要吃喝住穿以及其他一些东西。因此第一个历史活动就是生产满足这些需要的资料，即生产物质生活本身”，“因此任何历史观的第一件事情就是必须注意上述基本事实的全部意义和全部范围，并给予应有的重视。”[①]又说：唯物主义“历史观和唯心主义历史观不同，它不是在每个时代中寻找某种范畴，而是始终站在现实历史的**基础**上，不是从观念出发来解释实践，而是从物质实践出发来解释观念的形成”。[②]在这之前，马克思在《关于费尔巴哈的提纲》中就已指出：“全部社会生活在本质上是**实践**的。”在这之后，即在马克思逝世之后的1890年，恩格斯仍然指出：“根据唯物史观，历史过程中的决定性因素**归根到底**是现实生活的生存和再生产”。[③]因此，在“‘实践’是唯物史观的基础”这个问题上，不是双方的分歧。

问题是，不能因为“‘实践’是唯物史观的基础（有的说是‘本体’）”就得出“‘实践’是马克思主义哲学的本体”的结论，因为“马克思主义哲学”的内容不仅仅是唯物史观。实际上，马克思和恩格斯的唯物史观得以创立本身就是以他们的辩证的唯物主义世界观为逻辑前提的，就是以辩证唯物主义的“物质本体论”为逻辑前提的。唯物史观之所以是“**唯物主义**的历史观”，就是因为他们发现并揭示了作为整个人类社会历史之基础的“实践”的物质性质。在《德意志意识形态》中，正如上段引文，马克思和恩格斯明确地以“物质实践”的历史观与唯心主义的“观念”历史观相对立。用“物质”规定“实践”，就是告诉我们，“物质”是“实践”中的更为深刻更为普遍的本质，“实践”是“物质”的一种特殊的表现形态。在本书中，他们甚至明确地指出，他们的世界观是以“物质”为前提的：他们从“费尔巴哈所没有回答的问题”出发，“开辟了通往唯物主义世界观的道路，这种世界观**没有前提是绝对不行的**，它根据经验去研究现实的物质前提，因而最先是**真正**批判的世界观。这一道路已在‘德法年鉴’中，即在‘黑格尔法哲学批判导言’和‘论犹太人问题’这两篇文章中指出了。”[④]此外，他们处处以“物质

① 《马克思恩格斯选集》第1卷，第78–79页，北京：人民出版社1995年版。着重号为引者所加。

② 《马克思恩格斯选集》第1卷，第92页，北京：人民出版社1995年版。

③ 《马克思恩格斯选集》第4卷，第695页，北京：人民出版社1995年版。

④ 马克思、恩格斯：《德意志意识形态》，第251页，北京：人民出版社1961年版。着重号为引者所加。

活动”、“物质行动”、“物质生活过程”、“物质交往”等提法，揭示了实践活动、生产力、生产关系、社会存在等的物质性；揭示了“物质前提”对于人和人的实践活动、人的思维和意识的制约性，限于篇幅，在此不再一一列举。而且当他们讲到物质“生产，正是整个现存的感性世界的基础”的时候，也没有忘记提醒我们说：“当然，在这种情况下，外部自然界的优先地位仍然会保持着”，“先于人类社会而存在的那个自然界，不是费尔巴哈生活在其中的自然界”[①]。这就明确地告诉我们：实践是“感性世界”的基础，但不是**整个世界**的基础。关于马克思和恩格斯的“唯物主义世界观”与唯物史观的关系，恩格斯曾经指出：“自从历史也得到唯物主义的解释以后，一条新的发展道路（指‘唯物主义历史观’——引者）也在这里开辟出来了。”[②]又说：“新的学派（指‘马克思主义哲学’——引者）特出的地方，只是在于这里第一次真正严肃地对待了唯物主义的世界观，把这世界观彻底地（至少在主要特征上）运用到所研究的一切知识领域里去了。”[③]作为唯物史观创始人之一的恩格斯在这里传达的信息应该是准确的，这就是说，唯物史观是他们的“唯物主义世界观”对于社会历史现象的科学“解释”，是“唯物主义世界观”在社会领域的“彻底运用”。也就是说，唯物史观的逻辑前提是辩证唯物主义的世界观，是辩证唯物主义的“物质本体论”。

如果说马克思和恩格斯最初为了适应无产阶级革命运动的紧迫需要，必须首先制定唯物史观的基本原理而无暇对他们的整个世界观展开阐发的话，那么在这之后，由于分工的缘故，就主要地是由恩格斯承担起对他们共同的世界观进行研究和阐发的任务。

恩格斯在他的《反杜林论》、《自然辩证法》和《费尔巴哈与德国古典哲学的终结》里，一方面，对唯物史观进行更为深入的阐发，对此，恩格斯在1890年9月21—22日致约·布洛赫的信中说：“我在这两本书（指《反杜林论》和《费尔巴哈与德国古典哲学的终结》——引者）里

① 《马克思恩格斯选集》第1卷，第77页，北京：人民出版社1995年版。
② 《马克思恩格斯选集》第4卷，第228页，北京：人民出版社1995年版。
③ 恩格斯：《费尔巴哈与德国古典哲学的终结》，第32页，北京：人民出版社1957年版。

对历史唯物主义作了就我所知是目前最为详尽的阐述”。[①]另一方面，从更深层次上对于唯物史观的哲学背景——辩证唯物主义的世界观展开宏大的探索和阐述。辩证唯物主义世界观研究的对象不仅仅是人类社会历史，而是整个世界，是无限世界的普遍本质和普遍规律。在《反杜林论》里，恩格斯明确地指出：“世界的真正的统一性是在于它的物质性，而这种物质性不是魔术师的三两句话所能证明的，而是由哲学和自然科学的长期的和持续的发展来证明的。”这就是说，物质是整个世界统一的基础，是世界的真正的本质。同时又阐述了物质和意识的辩证关系：既肯定了“思维和意识”“都是人脑的产物”，“归根到底亦即自然界的产物”，是“对我们所处的世界体系”“的思想映象”，又肯定了意识的相对独立性。在《自然辩证法》中，恩格斯还对“物质”范畴作了科学的规定，他说：“物、物质无非是各种物的总和，而这个概念就是从这一总和中抽象出来的”；“物质”“这样的词无非是简称，我们就用这种简称把感官可感知的许多不同的事物依照其共同的属性概括起来。”我们注意到，恩格斯在这里从内涵和外延上同时对“物质”范畴作了规定：在内涵上，“物质”概括的是所有特殊物质形态的“共同的属性”；在外延上，“物质”是“各种物的总和”，即一切具体物质（包括社会中的具体物质）的总和。显然，辩证唯物主义的“物质”范畴，对于把“物质”归结为自然界的特殊物质形态的旧唯物主义的物质观，无疑是一种革命的变革。在《反杜林论》和《自然辩证法》里，恩格斯还揭示了物质和运动的不可分割关系，“运动是物质的存在方式。无论何时何地，都没有也不可能有没有运动的物质”，阐述了运动和静止的辩证关系、运动的基本形式以及运动形式之间的关系。还论证了物质和时空的不可分割性，指出“一切存在的基本形式是空间和时间，时间以外的存在和空间以外的存在，同样是非常荒谬。”（《反杜林论》）又说：时间和空间，“物质的这两种存在形式离开了物质当然都是无，都是仅仅存在于我们头脑之中的空洞的观念、抽象。”（《自然辩证法》）

① 《马克思恩格斯选集》第4卷，第698页，北京：人民出版社1995年版。

而且论证了“物质世界”（恩格斯语）时空的无限性和有限性的辩证关系。《反杜林论》和《自然辩证法》不仅揭示了世界的物质性以及物质的存在方式（运动）和存在的基本形式（时空），还揭示了物质世界的辩证性质，即物质世界发展的普遍规律（对立统一规律、质量互变规律和否定之否定规律），以及唯物辩证法的一系列基本范畴。还阐述了辩证唯物主义认识论（包括实践在认识中的基础地位）和辩证逻辑的一系列基本原理。在《费尔巴哈与德国古典哲学的终结》里，恩格斯不但阐述了马克思主义哲学对于黑格尔哲学和费尔巴哈哲学的变革关系，而且第一次明确地提出了哲学的基本问题：“全部哲学，特别是近代哲学的最重大的基本问题，就是思维对存在的关系问题”，即精神对物质的关系问题。并揭示了哲学基本问题包含两个方面的问题，一是世界的本原问题，即思维和存在何者为第一性的问题；二是思维和存在的同一性问题。可见，哲学的基本问题、世界的本原问题，是马克思主义哲学的重要组成部分。此外，恩格斯还对于检验认识真理性的实践标准问题作了深入的论证。

以上我们以马克思和恩格斯哲学著作的实证材料为根据，论证了唯物史观的物质世界观逻辑前提，论证了恩格斯对于世界的物质性和物质世界发展普遍规律的全面揭示。由此，我们不能不得出结论：辩证唯物主义世界观（关于整个世界的普遍本质和普遍规律的学说）是“马克思主义哲学”的不可分割的基础性的组成部分。

既然如此，那么就必须肯定“物质”范畴是马克思主义哲学的“本体”范畴，就必须肯定马克思主义哲学的实质是“物质本体论”。“实质”就是“本质”，事物的本质是事物中最普遍的东西，它是决定事物的发展过程及其表现形态的最终根据；又是事物自身区别于他物的根本根据。那么能够成为马克思主义哲学之本质的就应该是马克思主义哲学中最普遍的范畴，这个“最普遍的范畴”就是“物质”。关于辩证唯物主义的“物质”范畴，正如上述，恩格斯从“物质”的内涵和外延上作了规定。对于作为“物质”内涵的“共同的属性”，后来列宁进一步把它规定为“客观实在性”。客观实在性是物质的本质属性，凡是客观实在的都是物质。因此在马克思主义哲学里，不但无限的自然界是物质，而且作为人类社会之基础的实践活动、生产力、生产关系、社会存在以及人本身等因为都是客观实在的，所以都是物质。然而，有些论者为了否定“物质本体论”是马克思主义哲学的实质，有意无意地把马克思主义哲学的“物质”范畴等同于“自然界物质”[①]，以此把辩证唯物主义的物质观说成是旧唯物主义的物质观，这只能是歪曲。因此“物质”范畴在马克思主义哲学里具有最大的普遍性。而且辩证唯物主义的“物质”观认定，物质本身具有辩证的性质，这就是恩格斯所指出的，“自然过程的辩证性质”、“事实的辩证性质”[②]以及“头脑的辩证法仅仅是现实世界（不论是自然界或历史）的运动形态之反映。”[③]物质的辩证性质就是物质内在的联系性、发展性和规律性。正是物质的辩证性质即内在矛盾运动推动着物质世界形成辩证的发展过程，合乎规律地从自然界中发展出以实践为基础的人类和人类社会；而物质实践的发展又推动着人类社会合乎规律地从低级向高级发展。因为实践是物质发展的高级形态，所以，实践虽然是人类社会的基础，但物质却是人类社会的基础的基础，是整个世界的最终基础；实践虽然是人类社会发展的根据，但物质却是人类社会发展的根据的根据，是整个世界发展的最终根据。可见，物质是世界的本原、基础、本质，客观实在的辩证运动的物质就构成了世界的本体。马克思和恩格斯指出：“决不可以把思维同那思维着的物质分开。物质是一切变化的主体。”[④]恩格斯指出：“终极的原因——物质及其固有的运动”，“物质及其存在方式，运动，是不能创造的，因而是他们自己的最后原因”。[⑤]因此“物质本体论”是马克思主义哲学的实质。辩证唯物主义的“物质本体论”作为马克思主义哲学的实质，不但使得马克思主义哲学同视某种或某些特殊的自然物质形态为世界本体的旧唯物主义哲学划清了界限，而且同视主观精神或“客观精

① 见《哲学动态》1988年第12期，第10、29页；《哲学研究》2003年第8期，第21页。

② 《马克思恩格斯选集》第3卷，第351、352页，北京：人民出版社1995年版。

③ 恩格斯：《自然辩证法》，第167页，北京：人民出版社1955年版。

④ 《马克思恩格斯全集》第2卷，第164页，北京：人民出版社1957年版。

⑤ 恩格斯：《自然辩证法》，第203、213页，北京：人民出版社1955年版。

神”为世界本体的唯心主义哲学划清了界限。

马克思主义哲学是一元论哲学，认定无限世界只有一个本体。既然物质是世界的本体，那么实践就不是世界的本体，“实践本体论”就不是马克思主义哲学的本体论。具体说来，实践之所以不是世界的本体，是因为第一，实践不是先在的，在人类和人类的实践产生之前，物质自然界本来就已经存在；第二，实践只是实践活动所及的“感性世界”的基础，不是无限世界的基础，无限的物质世界不是由人的实践创造的；第三，实践只是“社会生活”的本质，不是整个世界的本质，客观实在性即物质是比实践更为深刻的本质，实践只是物质的一种高级表现形态，客观实在的物质才是整个世界的本质。总之，实践不是世界的本原，因此实践不是世界的本体。

二、驳“实践本体论”的一个前提性“理由”

主张“马克思主义哲学”是“实践本体论”的论者，有一个前提性的“理由”，就是认为马克思主义哲学的**研究对象**仅仅是“感性世界”或“人类的实践活动”，而非包括“感性世界”在内的整个世界。如有的论者认为：“实践的唯物主义的本体论，就是关于‘现存的感性世界’存在基础和本质的学说……这个学说就是实践本体论。”有的则说：“实践唯物主义所关注的不是宇宙本体以及‘整个世界’的‘普遍规律’，而是‘现存世界’的本体以及‘使现存世界革命化’的实践活动的一般规律。”[①]这里需要说明的是，“实践本体论”所说的“实践唯物主义”是与“马克思主义哲学”同义的。而为什么“马克思主义哲学”的研究对象仅限于“感性世界”？这是因为据他们说，马克思认为“感性世界”之外的自然界（或“天然自然界”，或“非感性世界”）同人和人的实践无关而对人没有意义，对人等于“无”。如有的论者说：“马克思认为，在现存世界中自然界是同作为主体的人和人的活动紧密

① 《哲学动态》1988年第12期，第37、43页。

联系在一起的，离开了人及其感性活动的自然，对人说来毫无意义，因而等于‘无’。”[①]有的也说：“从本体论的视角看，那种与人无关或与人分离、游离于人的实践活动之外的非感性世界，并不是作为人的意识、精神的本源而存在，对于人的意识的产生与发展来说并没有什么意义，因而在这种维度上姑且可将它称之为‘无’。”[②]既然“感性世界”之外的无限的天然自然界对人没有意义，不值得去研究，那么哲学的研究对象就只能是人的实践活动所涉及的“感性世界”。这就是主张“实践本体论”论者的一个前提性“理由”，也是我们同他们的一个主要分歧。那么他们的“理由”能成为理由吗？对此必须予以辨识。

第一，马克思主义哲学的研究对象只是实践活动所涉及的“感性世界”吗？

这个问题通过以上我们对马克思和恩格斯的哲学著作内容的回顾，实际上已经提供了实证的否定的答案。在这里，我们可以从另一角度作进一步辨明。一般的哲学家可以凭个人的兴趣或意愿确定其哲学研究的对象或主题，或者研究本体论，或者只是研究认识论、伦理学、历史观，或者如现代西方哲学家只是研究科学哲学或人本学等。但马克思和恩格斯必须把整个世界作为哲学研究的对象，必须研究世界、社会和人的普遍本质和普遍规律，这是由他们所承担的历史责任、历史任务决定的。无产阶级的历史责任和历史使命是改造旧世界，创造新世界，是解放全人类，最终在全世界实现共产主义。作为无产阶级实现其历史使命的思想导师的马克思和恩格斯，当然就负有为无产阶级揭示整个世界的普遍本质和普遍规律的历史责任，负有揭示人类社会历史发展规律的历史责任。恩格斯明确地说过，马克思主义哲学是世界观。他说：“现代唯物主义……不是单纯地恢复旧唯物主义，而是把两千年来哲学和自然科学发展的全部思想内容以及这两千年的历史本身的全部思想内容加到旧唯物主义的永久性基础上。这已经根本不再是哲学，而只是世界观，它不应当在某种特殊的科学的科学中，而应当在各种现实的科学中得到

① 《哲学动态》1988年第12期，第36页。

② 《哲学研究》2003年第11期，第16页。

证实和表现出来。”[1]恩格斯在这里告诉我们，“现代唯物主义”（马克思主义哲学）“只是世界观”，她既不同于旧唯物主义，也不同于那种包罗万象的作为“特殊的科学的科学”的哲学。恩格斯又说：“一般世界观”“是以对物质和精神关系的一定理解为基础”[2]。这就是说，马克思主义哲学作为“一般世界观”，她必须对物质和精神的关系作出回答，而这就是立足于把“整个世界”作为研究对象。恩格斯还指出：“辩证法不过是关于自然、人类社会和思维的运动和发展的普遍规律的科学。”[3]显然，唯物辩证法的研究对象是“整个世界”，那么自身的全部内容都渗透着唯物辩证法的马克思主义哲学，其研究对象当然也是“整个世界”。

第二，“感性世界”之外的天然自然界对人没有意义吗？

“实践本体论”论者用以证明“感性世界”之外的天然自然界对人是“无”，对人没有意义的“根据”，是马克思在《1844年经济学—哲学手稿》中的一句话：“抽象的、孤立的与人分离的自然界，对人说来也是无。”马克思的这句话实际上只是对黑格尔哲学的批判，只是对于黑格尔的**抽象的**“自然界”的否定。黑格尔哲学体系中的“自然界”，是由所谓离开现实人而独立存在的**抽象的**“绝对理念”“异化”而来的实为“思想物”的因而同样是**抽象的**“自然界”。就在上引马克思的这句话之后，马克思紧接着说：“正像自然界［先前］被思维者（指黑格尔——引者）禁锢在他的绝对理念、思想物这种对他本身说来也是隐秘的和不可思议的形式中一样，现在，当他把自然界从自身释放出去时，他实际上从自身释放出去的只是这个抽象的自然界，只是名为自然界的思想物”。显然，这种抽象的实为思想物的“自然界”在现实世界中是不存在的，当然对于现实的人说来“也是无”。马克思之所以在这里用一个“也”字，是因为在“这句话”的前一页，马克思已经指出：“抽象思维本身是无，绝对理念本身是无”。既然在马克思看来，由黑格尔

① 《马克思恩格斯选集》第3卷，第481页，北京：人民出版社1995年版。
② 恩格斯：《费尔巴哈与德国古典哲学的终结》，第17页，北京：人民出版社1957年版。
③ 《马克思恩格斯选集》第3卷，第484页，北京：人民出版社1995年版。

虚构的抽象的“绝对理念”是无，那么由“绝对理念”“释放出来”的抽象的“自然界”当然也是无。[①]可见，马克思的“这句话”并不是说，“感性世界”或人的实践范围之外的天然自然界对人来说是无、是没有意义的。所以“实践本体论”论者对马克思的“这句话”的理解，是不合实意的曲解。任何想引用马克思“这句话”的人，只要认真阅读这句话的上下文，都能得出这个结论。但令人费解的是，对马克思的这句话，从上个世纪80年代到90年代，从90年代到2003年，一再地被曲解地引用，并以此为“根据”，把“非人化自然界”说成是对人没有意义的，甚至否定“非人化自然界”的客观存在，这只能说明“曲解”者缺乏科学的研究态度。

那么我们可以轻率地说“‘感性世界’之外的天然自然界对人没有意义”吗？唯物辩证法的回答只能是否定的。恩格斯指出：“当我们深思熟虑地考察自然界或人类历史或我们自己的精神活动的时候，首先呈现在我们眼前的，是一幅由种种联系和相互作用无穷无尽地交织起来的画面，其中没有任何东西是不动的和不变的，而是一切都在运动、变化、生成和消逝。”[②]又说：“我们所面对着的整个自然界形成一个体系，即各种物体相互联系的总体……这些物体是互相联系的，这就是说，它们是互相作用着的，并且正是这种相互作用构成了运动”，“宇宙是一个体系，是各种物体的相互联系的总体”。[③]正是无限宇宙中的各种物质力量和以人化自然界为基础的人类社会之间的相互联系、相互作用形成了整个世界发展的普遍规律，形成了世界之局部领域发展的特殊规律。在这个由感性世界（包括人化自然、人类社会）和天然自然界有机联系的相互作用、相互影响的现实的世界体系中，我们不能否定任何一个部分对于其他部分的作用和意义，既不能否认人类的实践活动对于改变天然自然界面貌的作用和意义，也不能否认天然自然界对于人类社会的作用和意义。企图人为地阻隔或否认无限的天然自然界（非人化自然

① 马克思：《1844年经济学—哲学手稿》，第130–132页，北京：人民出版社1979年版。

② 《马克思恩格斯选集》第3卷，第359页，北京：人民出版社1995年版。

③ 恩格斯：《自然辩证法》，第47页，北京：人民出版社1955年版。

界）对人类社会的作用和意义，只能是一相情愿的幻想。

天然自然界对于人类的意义就在于：其一，天然自然界对于人类的生存和发展会发生有利的或有害的影响，对人类具有正价值或反价值。人类的生存和发展依赖于由物质生产创造的物质财富，而物质财富的创造所必需的自然资料说到底是来源于天然自然界的。人类最初的劳动所面对的是纯粹的天然自然界。后来随着劳动实践范围的扩大和人类生产能力的提高，劳动的自然资料即“劳动对象”发生了分化，出现了“天然劳动对象”与“人化劳动对象”的区别。在这种情况下，“人化劳动对象”即“人化自然”成了劳动的新的自然资料。但是，“人化自然”本身虽然是由劳动实践造成的，而其“基质”还是源于天然自然物的；而且不管“人化自然界”的范围如何扩大，其种类如何丰富，“人化自然”仍然是由天然自然界转化而来的，无限天然自然界的存在构成“人化自然界”范围不断扩展的前提。正如马克思所说的：“种种商品体，是自然物质和劳动这两种要素的结合，如果把上衣、麻布等等包含的各种不同的有用劳动的总和除外，总还剩有一种不借人力而天然存在的物质基质”。[①]又说：“如果认为劳动就它创造使用价值来说，是它所创造的东西即物质财富的唯一源泉，那就错了，既然它是使物质适应于某种目的的活动，它就要有物质作为前提”。[②]所以没有天然自然界和劳动，就不会有“人化自然”，就不会有人类的生存和发展，二者缺一不可；阻断了“天然自然界”，就是断了人类的生路。这是天然自然界对人类有利的正价值的一面。另一面，天然自然界即自在自然界的“盲目必然性”可能会给人类的生存和发展造成灾难。所谓“感性世界”就是无限自然界中人类实践所涉及的领域，人类社会就活动于这个领域之上。“感性世界”之外的自在自然界，其性质和规律因为尚未被人类所认识、所驾驭，所以是一种与人类相敌对的异己力量，是一种“盲目必然性”，它就可能给人类带来预料之外的灾难。就是在“感性世界”之

① 《马克思恩格斯全集》第23卷，第56页，北京：人民出版社1972年版。着重号为引者所加。

② 《马克思恩格斯全集》第13卷，第25页，北京：人民出版社1962年版。

中，即“人化自然界”之中，也还有许多自然力和自然规律或者尚未被人类所认识，或者虽有所认识但还未能被人类的实践所驾驭，这一类自然力和自然规律就其性质而言也是一种“非人化自然”，也是一种异己的“盲目必然性”，它已经给人类造成了经常性的灾难，如地震、火山爆发、地球的“温室效应”、癌症、艾滋病等。而只要人类还不能在实践上实际地驾驭它，它就会继续给人类带来灾难。我们能够因为非人化的自在的自然暂时“游离于”人类的实践之外，就说它对人没有意义吗？恰恰相反，对于“自在自然”、“盲目必然性”的进一步认识和实践地驾驭，这是人类的更为重要更为艰巨的任务，因为它对人类的生存和发展具有更为重要的意义。其二，无限的天然自然界为人类的生存和发展提供无限广阔的拓展空间和不竭的自然资源。如果说“感性世界”之外的天然自然界对人没有意义，那么人类的实践和认识活动就无需向现存的“感性世界”之外的天然自然界拓展。但是人类的物质和文化生活需要的不断提高，人口数量的不断增加以至于膨胀，空间有限的现存“感性世界”自然资源的有限性，都迫使具有智慧和实践优势的人类不断地向天然自然界进军，不断地扩大现存“感性世界”的空间。在人类历史的进程中，从地球上狭小的生活地域向广阔的天然自然界扩展，从一国范围内的活动走向全球性的交往，从地球上的实践走向对未知太空的探索，今天人类已经在月球上留下了足迹，人类的航天探测器已经登陆了火星表面，为地球上的人类未来可能的大移民寻找其它星球的水和生命。可以说，一部人类实践的发展史，就是人类不断地打破“感性世界”的现存界限而向天然自然界扩张的历史，就是天然自然界不断地转化为“感性世界”的历史。这种无限的“转化”之所以必需和可能，就是因为无限的天然自然界为人类的生存和发展提供了无限广阔的拓展空间和不竭的自然资源。我们能够说“感性世界”之外的天然自然界对人没有意义吗？因此，人类认识的任务永远不会完结，尚未认识的永远比已经认识的要多得多；人类的实践任务也永远不会完结，尚未创造的永远比已经创造的要多得多。

认为“感性世界”之外的天然自然界“对人是无，对人没有意义”，因而应当排除于马克思主义哲学的研究对象之外，这种观点在哲学上是错误的，在实践上是有害的。在哲学上，这种观点把本来是紧密联系、相互作用的“感性世界”与“感性世界”之外的天然自然界割裂开来，只是孤立地承认现存的“感性世界”对人的价值，而否定“天然自然界”对人的意义，这是思维方法上的孤立性、片面性，是形而上学的思想方法，此其一。其二，这种观点既然把“感性世界”之外的天然自然界视为对人是无，对人没有意义，那么就取消了人类认识“感性世界”之外的天然自然界的任务，就仅仅是把有限的“感性世界”视为人类认识（包括哲学认识）的对象，这就必然导致人类认识发展的有限论。因为既然人类的认识对象仅仅是现存的有限的“感性世界”，那么人类对这有限对象的认识任务总有一天是会完成的，到那一天，人类在认识上就无事可干了。这是荒唐的。恩格斯批判杜林时说：“如果在人类发展的某一时期，这种包括世界各种联系——无论是物质的或者是精神的和历史的——的最终完成的体系建立起来了，那么，人的认识的领域就从此完结，而且从社会按照那个体系来安排的时候起，未来的历史的进一步发展就中断了，——这是荒唐的想法，是纯粹的胡说”，“他解决了科学的最终课题，从而封闭了一切科学走向未来的道路”。①马克思主义认识论认为，人类认识的发展既是有限的，又是无限的。对于具体事物、具体过程的认识是可以完成的，是有限的；对于整个世界的认识是不会完结的，是无限的，人类认识发展的这种无限性正是建立在包括无限天然自然界在内的认识对象的无限性之上的。所以认为“感性世界之外的天然自然界对人是无”的观点势必导致“人类认识发展的有限论”，这是一种形而上学的认识论。在实践上，既然现存“感性世界”之外的无限天然自然界对人没有意义，那么人类就只好在现存“感性世界”的有限范围内奋斗，这就取消了人类改造客观世界的实践活动向现存的“感性世界”之外的更为广阔的宇宙空间推进的任务，也就取消了人类为创造一个更为广阔的开放的适合自身生存和发展的人化自然环境

① 《马克思恩格斯选集》第3卷，第376页，北京：人民出版社1972年版。

的任务。这是画地为牢、作茧自缚的哲学！对于物质世界的无限性而言，现存的“感性世界”只是一片小小的天地，在数学上只是趋于零。如果真的按照这种画地为牢的哲学去做，那么随着地球上人口的极度膨胀，随着现存“感性世界”自然资源的枯竭，最终人类将困死在这小小的天地里。

总之，以所谓“现存感性世界之外的天然自然界对人是无，对人没有意义”为“论据”，去否定马克思主义哲学的研究对象是整个世界，这是站不住脚的。这不仅不符合马克思的原意，而且在哲学上是形而上学的，在实践上则是有害的。既然“实践本体论”的这个前提性“理由”是没有根据的、虚假的，那么“实践本体论”便不攻自破了。

（本文发表于《学术界》2004年第6期，本文为省级重点研究课题的成果之一）

是异质还是一致：马克思与恩格斯的哲学思想

作为中国共产党和有中国特色社会主义实践之指导思想的哲学，是“马克思主义哲学”，还是“马克思哲学”？因而研究“马克思主义哲学”的实质、基本内容，是应当以马克思主义哲学的创始人马克思和恩格斯以及其他马克思主义哲学经典作家的哲学思想为依据，还是仅仅以马克思一个人的哲学文本为依据？回答当然是前者。这本是一个常识性的问题，然而一段时间以来，我国的哲学界却出现了一种奇怪的现象：人们研究的对象是“马克思主义哲学”，但不少论者的提法却是“马克思哲学”，把“马克思主义哲学”改换为“马克思哲学”。笔者通过“中国期刊网CNKI数字图书馆”的检索，发现仅从1994年到2003年，全国主要杂志所载论文篇名中含有“马克思哲学”提法的哲学论文至少有214篇。我们不排除其中有的论者之所以只提“马克思哲学”，只是因为他把马克思直接表述的哲学思想作为研究对象，只是研究马克思本人的哲学思想，这当然是可以的。但确实有相当一部分的论者是在“马克思主义哲学”的意义上使用“马克思哲学”这一概念的，他们把“马克思哲学”等同于“马克思主义哲学”，他们只是依据马克思的哲学文本却得出关于整个“马克思主义哲学”的结论。我们必须明确的是，“马克思哲学”和“马克思主义哲学”是两个不同的概念，“马克思哲学”内含于“马克思主义哲学”，但“马克思主义哲学”不等于“马克思哲学”。“马克思主义哲学”是由马克思和恩格斯（以及他们的后继者）共同创造的哲学思想有机构成的整体。研究“马克思主义哲学”，就不仅应当以马克思的哲学文本为依据，而且应当以恩格斯（以及他们的后继者）的哲学文本为依据。然而这种单提“马克思哲学”的以偏概全的论者，其问题不仅在于不顾起码的形式逻辑，更大的问题还在于他们为了主观的需要而人为地把马克思和恩格斯的哲学思想对立起来，似乎两人的哲学思想是异质的，因此他们在论断“马克思主义哲学”的实质时，撇开了恩格斯。如有的论者认为：马克思的哲学之根就是“马克思主义的人道主义”，而恩格斯却“把马克思主义哲学归结为单纯的方法论”。[①]论者在这里明确地把马克思与恩格斯对立起来。有的论者则说：“辩证唯物主义就其思想源流而言，是对恩格斯的‘现代唯物主义’思想的贯彻，它是科学地‘说明世界’的哲学体系。它以其科学地说明世界而区别于旧的哲学体系，但它按照世界的本来面目来揭示自然界、社会、思维发展的一般规律，仍然没有脱离旧的哲学体系的樊篱。”[②]论者在此把“辩证唯物主义”看成是所谓“旧的哲学体系”，而且是源于恩格斯的“现代唯物主义”，显然也是把恩格斯与马克思的哲学思想对立起来。有的论者也说：“人们在今天之所以要用实践唯物主义代替‘辩证唯物主义和历史唯物主义’，其目的也在于按照马克思的原意重新建构马克思主义哲学。”[③]人们是否应该用“实践唯物主义”代替“辩证唯物主义和历史唯物主义”，本人在拙作《是“物质本体论”，还是“实践本体论”》（载于《学术界》2004年第6期）中已作了否定的回答，在此我们要注意的是该论者明确地告诉我们，只能按照“马克思的原意”重新建构“马克思主义哲学”，而他所说的“马克思的原意”显然在他看来是与“恩格斯的原意”不同的。可见，部分论者制造马克思和恩格斯的对立，其目的是为了用马克思的哲学文本所直接表达的哲学思想来解读“马克思主义哲学”，便于他们一相情愿地对“马克思主义哲学”进行“解读”。其实，这种从哲学思想上将马克思与恩格斯割裂开来的观点，并非中国的上述论者的独创，早在上个世纪流行于“现代西方马克思主义哲

① 《哲学动态》1988年第10期，第10页。

② 《哲学动态》1988年第12期，第38页。

③ 《哲学动态》1988年第12期，第35页。

学”中的卢卡奇、葛兰西哲学，以及起始于上个世纪五、六十年代的南斯拉夫的“实践派”哲学家们，已经开创了先例[①]。

我们发现，用“马克思哲学”充当整个“马克思主义哲学”的论者，存在着两种共同的现象：第一，他们把“实践”范畴看作“马克思主义哲学”的本体（或“基础”）；第二，他们研判“马克思主义哲学”的主要根据，是马克思早期的著作，包括未成熟期的《1844年经济学—哲学手稿》和成熟期初期的《关于费尔巴哈的提纲》、《德意志意识形态》（马恩合著）、《共产党宣言》（马恩合著）等，而撇开了此后由恩格斯撰写的主要哲学著作《反杜林论》、《自然辩证法》、《费尔巴哈与德国古典哲学的终结》等。第二种现象是为他们的第一种现象的结论服务的，就是说他们仅仅根据马克思和恩格斯的早期著作，特别是成熟期初期的著作，便得出了“实践范畴是马克思主义哲学的本体（或基础）”的结论。的确，因为《关于费尔巴哈的提纲》、《德意志意识形态》、《共产党宣言》所直接阐述的是唯物史观，而实践（尤其是物质生产活动）则是人类社会历史生成和发展的基础，从中我们可以也应该得出“实践范畴是唯物史观的基础”的结论。问题是，用“马克思哲学”充当“马克思主义哲学”的论者在这里作了不适当的跳跃，即把“实践范畴是唯物史观的基础”变成了“实践范畴是马克思主义哲学的基础”。然而“马克思主义哲学”的内容不仅仅是唯物史观（虽然唯物史观是马克思主义哲学的核心内容），她还包括更具普遍性的以物质本体论为基础的辩证唯物主义世界观。而正是被他们所撇开、所回避的恩格斯的《反杜林论》、《自然辩证法》和《费尔巴哈与德国古典哲学的终结》不仅更为系统地阐述了唯物主义历史观，而且进而阐述了世界的物质统一性，阐述了以物质为本原的辩证唯物主义世界观。可见，撇开恩格斯的哲学著作就是撇开辩证唯物主义的物质本体论。而他们之所以这么做，是因为他们抱有一种明言的或暗含的观点，就是认为恩格斯的哲学思想是对马克思的背离，是对于他们的“实践本体论”或“实践基础

① 参阅［英］约翰·霍大曼：《实践派理论和马克思主义》，第20页，北京：社会科学文献出版社1988年版。

论”的反证。这也就是他们在提法上只提“马克思哲学”而不提“马克思主义哲学”的缘由。

那么马克思和恩格斯的哲学思想真的是对立的、异质的吗？要回答这个问题，我们就必须对马克思和恩格斯的哲学思想之历史本来面目作一番基本的考察。

我们必须承认，马克思和恩格斯在共同创立他们的“马克思主义哲学”的过程中，他们研究的侧重点有所不同，语言表达的思辨性和个人风格等也有所不同。但同样必须肯定的是，作为人类哲学史伟大变革的“马克思主义哲学”是马克思和恩格斯两人密切合作、共同创造的成果，他们之间的哲学基本思想、基本见解是完全一致的。为了说明这一观点，我们从以下两个角度进行考察。

第一，马克思和恩格斯研究哲学的侧重点的有所不同，不是因为两人哲学思想的不同，而是由于他们事先商定的不同分工。

实际上，马克思和恩格斯所直接表述的哲学内容的某些方面的不同，不是因为他们哲学见解的对立，而是因为他们在哲学研究的任务上有所分工，是由于他们的哲学研究有合有分。马克思和恩格斯作为无产阶级革命的思想导师，他们适应无产阶级革命的紧迫需要，首先要解决的哲学任务就是揭示**人类社会**的普遍本质及其发展的普遍规律，即制定作为科学社会主义的哲学基础的唯物史观，这就是主要体现在《关于费尔巴哈的提纲》、《德意志意识形态》和《共产党宣言》中的由马克思和恩格斯共同系统阐述的唯物史观。马克思早在19世纪40年代初就开始了政治经济学的研究，因为“马克思认为经济制度是政治上层建筑借以树立起来的基础，所以他特别注意研究这个经济制度。”[1]1848—1849年遍及欧洲的无产阶级革命高潮使马克思暂时中断经济学的研究。这场革命失败后，革命转入低潮，1849年8月马克思被迫侨居伦敦。从此马克思才能用大部分的时间和精力继续他的政治经济学的研究，这就是关于他的巨著《资本论》的研究和写作，这项工作一直持续到他于1883

① 《列宁全集》第19卷，第5页，北京：人民出版社1963年版。

年逝世。恩格斯则对于马克思的这部伟大著作的创造性劳动给予了全力的支持，包括马克思的生活费用上的支持，并且在马克思逝世以后为《资本论》后两卷手稿的校订和出版付出了大量精力。在马克思以主要精力从事《资本论》创作期间，根据两人的约定，恩格斯的主要任务是从理论上反击和澄清机会主义思潮对马克思主义哲学的歪曲和攻击，并借此进一步阐述两人共同的世界观，即马克思主义哲学世界观。关于两人的这种分工，恩格斯曾这样说："由于马克思和我之间的分工，我的任务就是要在定期报刊上，因而特别是要在同敌对见解的斗争中，发表我们的见解，以便让马克思有时间去写他那部伟大的基本著作。"[①]马克思也对此说道："我们两人根据共同计划和事先取得的一致意见进行工作"。[②]这种根据事先商定的一致意见，以两人哲学见解上的相互信任为前提的分工本身，恰恰表明两人哲学思想的高度一致。

第二，马克思和恩格斯的全部哲学著作或是两人密切合作、或是两人相互赞同、或是履行两人之共同愿望的产物。

从马克思和恩格斯为他们的哲学著作所写的序言和两人之间频繁的来往书信来看，可以肯定，他们的哲学著作是两人共同创造的产物，所表达的是两人共同的哲学世界观。以为只提"马克思哲学"就可以把恩格斯因分工而单独撰写的哲学著作排除于"马克思主义哲学"之外，以为恩格斯所直接表达的哲学世界观不是马克思所赞同的，从而人为地制造马克思和恩格斯在哲学上的对立，这是站不住脚的。

马克思和恩格斯的哲学思想走向成熟后的第一份珍贵的哲学文件是马克思的《关于费尔巴哈的提纲》。这个《提纲》是恩格斯在整理马克思的遗稿时在马克思的一份"笔记"中发现的，马克思在生前没有发表。恩格斯于1888年发表他的《费尔巴哈与德国古典哲学的终结》一书时，把这个《提纲》作为本书的附录予以第一次发表，并在本书的序

① 《马克思恩格斯全集》第21卷，第375页，北京：人民出版社1965年版。着重号为引者所加。

② 《马克思恩格斯全集》第14卷，第505页，北京：人民出版社1965年版。着重号为引者所加。

言中称马克思的《提纲》是“包含着新世界观的天才萌芽的第一个文件，是非常宝贵的。”比较《提纲》的马克思稿本与恩格斯1888年发表的稿本，恩格斯只是对马克思稿本的个别条文的个别文字作了修改，这是一种文字上的技术性修改，目的是使马克思的原意更明白些。可见，恩格斯对《提纲》的哲学思想是非常赞同的。[①]

写作于1845—1846年的马克思和恩格斯合著的《德意志意识形态》是他们共同的唯物史观的第一次系统的阐述，恩格斯说：这部著作主要“叙述了唯物主义的历史观”。[②]《德意志意识形态》作为马克思和恩格斯密切合作的论著，虽然当时只有第二卷第四章以论文的形式发表过，而且有些哲学用语还不够规范，但所表达的当然是两人共同的哲学思想。

马克思的出版于1847年的《哲学的贫困》一书，既是一部经济学著作，又是一部哲学著作。马克思在批判蒲鲁东的过程中，阐述了唯物史观的基本原理，即生产力和生产关系的矛盾运动、社会存在决定社会意识、人既是历史的“剧中人”，又是历史的“剧作者”（既是历史的客体，又是历史的主体），还阐述了马克思主义的“辩证法”的唯物主义性质等。对于这本书，后来马克思写道：“我们（指马克思和恩格斯——引者）见解中有决定意义的论点，在我的一八四七年出版的为反对蒲鲁东而写的著作《哲学的贫困》中第一次作了科学的、虽然只是论战性的概述。”[③]马克思在这里的措词是“我们见解”，就是说马克思在《哲学的贫困》中所表达的是马克思和恩格斯共同的见解。对于《哲学的贫困》的写作和思想，恩格斯也是“完全同意”的。恩格斯于1847年1月15日致马克思的信中说：“你用法文写东西驳斥蒲鲁东，这很好。在这封信到达的时候，这本小册子（指马克思的《哲学的贫困》——引者）想必已经完成。不言而喻，**我完全同意**你从我们的书

---

① 《马克思恩格斯选集》第1卷，第54-56页，北京：人民出版社1995年版。

② 《马克思恩格斯选集》第4卷，第212页，北京：人民出版社1995年版。

③ 《马克思恩格斯选集》第2卷，第34页，北京：人民出版社1995年版。

（指《德意志意识形态》——引者）中引用你所需要的东西。”①由马克思和恩格斯合著的于1848年发表的《共产党宣言》，是无产阶级的“圣经”。《宣言》既是一部科学社会主义的著作，又是唯物史观的基本思想的系统阐述。《宣言》是“两人共同的作品”（恩格斯语），当然不存在两人思想的所谓“对立”。

1849年8月马克思移居英国伦敦后，他用大部分的时间和精力投入了《资本论》的研究和写作。从此马克思和恩格斯的主要著述由合作走向分工，恩格斯承当起全面阐述马克思主义哲学世界观的任务。到马克思于1883年逝世之前，由恩格斯单独撰写的哲学著作主要有《反杜林论》和《自然辩证法》。这两部著作的撰写虽然是由恩格斯单独进行的，但从实际情况来看，却是始终得到马克思的支持和赞同的，有些章节甚至是马克思直接撰写的。而且恩格斯多次明确地表明，他的哲学著作表达的是他们两人共同的哲学思想。恩格斯的《反杜林论》在马克思主义哲学体系中占有十分重要的地位，在这里，恩格斯以批驳杜林的涉及广泛领域的观点为契机，不仅更具体地阐述唯物史观的基本思想，而且从唯物史观向外推广到对整个马克思主义哲学世界观的全面阐述，其中包含了世界的物质统一性在内的辩证唯物主义世界观的基本内容。关于《反杜林论》，恩格斯在本书的第二版序言中指出：批判杜林的“论战转变为马克思和我所主张的辩证方法和共产主义世界观的比较连贯的阐述，而这一阐述包含了相当广泛的领域。”（着重号为引者所加）恩格斯接着又告诉读者：“本书所阐述的世界观，绝大部分是由马克思所确立和阐发的，而只有极小的部分是属于我的，所以，我的这部著作如果没有他的同意就不会完成，这在我们相互之间是不言而喻的。在付印之前，我曾把全部原稿念给他听，而且经济学那一编的第十章（《〈批判史〉论述》）就是由马克思写的……在各种专业上互相帮助，这早就成了我们的习惯。”显然，《反杜林论》所阐发的**辩证唯物主义世界观也就是马克思的哲学世界观**。对于这一点，恩格斯在这里的说明为我们提供

① 《马克思恩格斯全集》第27卷，第87–88页，北京：人民出版社1972年版。

了不容置疑的证明。《自然辩证法》以物质自然界为主要研究对象，着重阐述了辩证唯物主义的自然观，尤其是对唯物辩证法作了更为深入的研究和阐发。恩格斯在写作《自然辩证法》的过程中，也是经常向马克思报告情况、征求意见的。恩格斯在1873年5月30日致马克思的信中说："今天早晨躺在床上，我脑子里出现了下面关于自然科学的辩证思想。"接着向马克思叙述了他关于物质和运动的关系、自然界物质运动的基本形式以及运动基本形式之间的关系的见解。最后恩格斯说："对这些东西进行加工总还需要很多时间。"马克思在第二天就给恩格斯回了信，马克思在信中说："刚刚收到你的来信，使我非常高兴。"可见，恩格斯早在1873年就准备写一部关于自然辩证法的著作，并得到了马克思的赞同。[①]恩格斯于1882年11月23日致马克思的信中向马克思报告他在电学方面的一个新发现，最后说："这是我首先表述出来的运动的普遍自然规律。但是现在必须尽快地结束自然辩证法。"马克思在11月27日给恩格斯的回信说："你对平方在变换形式的能的传递中所起的作用的论证非常好，为此向你祝贺。"[②]从马克思和恩格斯频繁的书信往来中可以看出，从恩格斯准备撰写《自然辩证法》起到马克思逝世前夕，在恩格斯写作《自然辩证法》的整个过程中，恩格斯经常同马克思交换意见，向马克思报告写作中的每一步进展。马克思则为恩格斯的新构思、新进展感到由衷的高兴。

初次发表于1886年的《费尔巴哈与德国古典哲学的终结》是马克思逝世后恩格斯的又一部重要著作。这部著作系统地总结了四十年来哲学发展的历史过程和马克思主义哲学所实现的革命变革，进一步阐述了辩证唯物主义的世界观，第一次提出了哲学的基本问题，同时对"历史唯物主义"的科学性进行了更为深入的揭示。关于写作《费尔巴哈与德国古典哲学的终结》的动机，恩格斯在1888年2月为本书单行本所写的序言中说：从"我们两人"写就《德意志意识形态》起，"已经过了四十多年，马克思也已逝世。而我们两人谁也没有过机会回到这个题目上

① 《马克思恩格斯全集》第33卷，第82–86页，北京：人民出版社1973年版。

② 《马克思恩格斯全集》第35卷，第114–115页，北京：人民出版社1972年版。

来。关于我们和黑格尔的关系，我们曾经在一些地方作了说明，但是无论哪个地方都不是全面系统的。至于费尔巴哈，虽然他在好些方面是黑格尔哲学和我们的观点之间的中间环节，我们却从来没有回顾过他。”“在这种情况下，我感到越来越有必要把我们同黑格尔哲学的关系，我们怎样从这一哲学出发又怎样同他脱离，作一个简要而又系统的阐述。同样，我也感到我们还要还一笔信誉债，就是要完全承认，在我们的狂飚时期，费尔巴哈给我们的影响比黑格尔以后任何其他哲学家都大。所以，当《新时代》杂志编辑部要我写一篇批评文章来评述施达克那本论费尔巴哈的书时，我也就欣然同意了。”[①]从恩格斯的上述中，我们注意到：第一，恩格斯处处提到的是“我们”，就是说，书中系统阐述的马克思主义哲学对于黑格尔哲学和费尔巴哈哲学的关系，即“扬弃”性的革命变革，是马克思和恩格斯两人的共同愿望；第二，以前“没有过机会”，现在正好利用评述施达克的论费尔巴哈一书的机会，来履行他们两人的共同愿望。由此可见，恩格斯的这本书是做了马克思和恩格斯过去想做而没有做成的事，因此也就可以说，书中所表达的是他们两人共同的思想。

以上两个方面的考察只能说明，用“马克思哲学”充当“马克思主义哲学”，把“马克思主义哲学”阉割成只是马克思的哲学文本所直接表达的哲学思想，试图把恩格斯的哲学著作排除于“马克思主义哲学”之外，这是没有任何根据的。

在人类哲学史上，马克思和恩格斯的关系十分特殊。在指导无产阶级革命的实践中，他们是亲密无间的战友；在“新世界观”的创立上，他们是“马克思主义哲学”的共同创始人。正因为马克思主义哲学是他们两人的共同创造，所以在谈到“马克思主义”的命名问题时，恩格斯才会这样说：“我不能否认，我与马克思共同工作四十年，在这个时期以前和这个时期以内，无论在创立这一理论方面，或特别是在阐发这一理论方面，我都做过某些独立的参加”，但“马克思比我们一切人都站

① 《马克思恩格斯选集》第4卷，第211–212页，北京：人民出版社1995年版。

得高些，看得远些，观察得多些和快些。马克思是天才，我们至多是能手。没有马克思，我们的理论，远不会有现在这个样子。所以，这个理论用他的名字命名是公平的。”[①]（着重号为引者所加）约翰·霍夫曼在批判西方“实践派”理论时指出：“马克思主义不只是卡尔·马克思的理论……试图把马克思和马克思主义分开，把他的最初学说和这种学说的发展分开，就像企图把河流和它的源头分开一样，是毫无意义的，没有结果的。”[②]“马克思主义哲学”是一个由马克思和恩格斯共同创造、由他们的后继者丰富和发展的整体，把“马克思主义哲学”偷换成“马克思哲学”，这就会否定马克思和恩格斯在哲学思想上的一致性，就会阉割“马克思主义哲学”的基本内容，就会歪曲“马克思主义哲学”的实质，从而就会从根本上砍去我们党的思想路线的哲学基础——辩证唯物主义世界观，其危害性是不言而喻的。

（本文发表于《江淮论坛》2004年第5期，本文为省级重点研究课题的成果之一）

① 恩格斯：《费尔巴哈与德国古典哲学的终结》，第32页，北京：人民出版社1957年版。

② ［英］约翰·霍大曼：《实践派理论和马克思主义》，第20页，北京：社会科学文献出版社1988年版。

马克思主义哲学的基本内容和逻辑体系新探

传统的马克思主义哲学教科书把马克思主义哲学体系分割为两大块（辩证唯物主义和历史唯物主义）、四小块（唯物论、辩证法、认识论、历史观），无论在内容安排上，还是在逻辑结构上都有不尽合理之处。笔者认为，构建马克思主义哲学的理论体系，应当遵循内容顺序与逻辑行程相一致的原则，实即历史的与逻辑的相一致的原则。

我们首先对马克思主义哲学的基本内容作个梳理。

在马克思主义哲学的内容体系中，唯物史观占有核心的地位。恩格斯说马克思在一生中有"许多重要发现"，他特别谈到并加以说明的是两大发现，一是唯物史观的创立，二是剩余价值理论的创立。可见，在恩格斯的心目中，唯物史观是马克思对于马克思主义哲学的突出贡献。其次，马克思主义哲学的功能全在于为无产阶级和广大人民群众认识世界和改造世界提供科学的哲学武器，"哲学把无产阶级当作自己的**物质**武器，同样地，无产阶级也把哲学当作自己的**精神**武器"。[①]而唯物史观是无产阶级革命实践的**直接的**哲学武器。再次，科学社会主义是马克思主义全部学说的核心，而唯物史观又是科学社会主义的**直接的**哲学根据。正如恩格斯所指出的："这种新的历史观，对于社会主义的观点有极其重要的意义"，"现代科学社会主义就是建立在这两个重要根据（指唯物史观和剩余价值理论——引者）之上的。"[②]所以我们可以认定唯物史观是马克思主义哲学中的核心内容。

在马克思主义哲学中，唯物史观内在地包含着自身的哲学前提，即

① 《马克思恩格斯选集》第1卷，第15页，北京：人民出版社1995年版。

② 《马克思恩格斯全集》第19卷，第123、125页，北京：人民出版社1963年版。

包含着自身的世界观前提，这个“世界观前提”就是“辩证唯物主义世界观”，也就是辩证唯物主义的“物质本体论”。去掉“辩证唯物主义世界观”，唯物史观作为唯物的又是辩证的历史观就会变成不可理解的了。有人因未能区分马克思主义哲学的“本体”观与旧哲学的“本体”观之间的实质区别，意欲将辩证唯物主义“物质本体论”从马克思主义哲学中驱逐出去；有人则主观地理解马克思主义哲学的“本体”，用所谓“实践本体论”取代“物质本体论”，这两种做法既不符合马克思主义哲学的真实内容，也不符合唯物史观本身的前提逻辑。所以辩证唯物主义的世界观即“物质本体论”是马克思主义哲学中不可分割的前提内容。它统摄着唯物史观。

以物质生产实践为根本形式的社会实践是人类和人类社会结构生成、发展的基础和根本动力，是解开全部社会历史奥秘的钥匙。马克思和恩格斯曾经把唯物史观定义为“描述人们实践活动和实际发展过程的真正的实证科学”。①所以“实践”构成唯物史观的直接的逻辑基础。实践活动是实践主体和实践客体的相互作用。由社会实践本身主客体的相互作用派生出人类社会的主体和客体的相互作用，从而形成人类社会及其历史发展的有机整体。在这个社会有机体中，作为社会客体的是人的实践活动及其所派生的社会关系、社会结构以及社会本身运动和发展的客观规律，是社会主体改造和认识的客观对象；作为社会主体的是实践活动的人。人作为社会主体，总是从事实践活动的、处于一定社会关系中的人，是社会客体的改造者和认识者，并在改造社会客体、推动社会客体发展的实践中获得自身的发展。因此，作为社会主体的人，既是社会的，又是历史的。马克思说：“环境的改变和人的活动或自我改变的一致，只能被看作是并合理地理解为革命的实践。”②可见，人类社会是以实践为基础的环境和人的统一，即社会客体和社会主体的统一。由社会主体和社会客体相互联系、相互作用有机构成的人类社会整体是唯物史观的研究对象，因此社会客体和社会主体都是唯物史观的研究对象，

① 《马克思恩格斯全集》第2卷，第73页，北京：人民出版社1957年版。

② 《马克思恩格斯选集》第1卷，第73页，北京：人民出版社1995年版。

唯物史观不仅要揭示社会客体即社会历史本身的普遍本质和普遍规律，而且要研究社会主体人的本质、人在社会历史中的地位和作用以及人发展的普遍规律。在现实的社会历史运动中，社会客体和社会主体是密切联系，不可分割的。但是为了研究的需要，我们可以根据对象性质的不同，在逻辑上、在叙述上把唯物史观的全部内容区分为不同层次的两大部分，一是关于“社会客体”的部分，一是关于“社会主体”的部分。“社会客体”部分研究的对象主要是“社会”本身，是社会历史本身的普遍本质和普遍规律，所以这部分内容可称之为“社会观”。“社会主体”部分研究的对象主要是人，是“人的哲学”，或称之为“人类观”。反映社会客体的“社会观”统摄着反映社会主体的“人类观”。

基于以上分析，笔者认为，马克思主义哲学的基本内容可区分为三大部分，这就是“世界观”、“社会观”和“人类观”。辩证唯物主义的“世界观”研究的对象是“整个世界”，而整个世界的本质是物质，所以这部分的内容可称之为“世界物质论”。唯物史观的“社会观”研究的对象是“社会”本身，而社会的基础和本质是实践，所以这部分的内容可称之为“社会实践论”。唯物史观的“人类观”研究的对象是“人”，而在马克思主义哲学里，人的问题说到底是无产阶级的解放问题，无产阶级的解放又只能实现于全人类的解放之中。所以这部分的内容可称之为“人类解放论”。依其内容之间的关系，这三大部分即三大论的顺序应该是先讲“世界物质论”，再讲“社会实践论”，最后讲“人类解放论”。即在马克思主义哲学的理论体系中，其基本内容可分为三大篇，第一篇是“世界物质论”，第二篇是“社会实践论”，第三篇是“人类解放论”。之所以按照这个顺序安排，是因为“世界物质论”所阐述的“辩证唯物主义世界观”，既是“社会观”的直接的理论前提，又是“人类观”的间接的理论前提，其中的“物质”范畴又是马克思主义哲学体系的逻辑起点，所以马克思主义哲学应当从“世界物质论”开始讲起。因为“社会实践论”研究的对象是人类社会的普遍本质和普遍规律，从人类社会与整个世界的关系看，人类社会是物质自然界高度发展的产物，是物质世界发展的高级形态；从“社会实践论”与“世界物质论”

的关系来看，“社会实践论”是“辩证唯物主义世界观”在人类社会的贯彻，所以“社会实践论”只能摆在“世界物质论”之后，这是一个方面。另一方面，社会主体人是以社会客体为基础的，人总是处在实践活动、社会关系和历史发展中的人，实践发展的程度、社会关系的性质规定着人的本质、人的存在状态和发展程度，所以“社会实践论”构成“人类解放论”的理论前提，“人类解放论”是“社会实践论”、间接地也是“世界物质论”在“人的问题”上的贯彻。因此“社会实践论”应该摆在“人类解放论”之前。“人类解放论”摆在最后的另一个重要理由是，人是马克思主义哲学的“终极关怀”，马克思主义哲学的最高目的是人类的解放，是人的自由而全面的发展。马克思和恩格斯说：“历史什么事情也没有做……创造这一切、拥有这一切并为这一切而斗争的，不是‘历史’，而正是人，现实的、活生生的人。‘历史’并不是把人当作为达到自己目的的工具来利用的某种特殊的人格，历史不过是追求着自己目的的人的活动而已。”[①]1894年，意大利的朱泽培·长内帕办了一个周刊名曰《新纪元》，他写信请求恩格斯为刊物写一段简短的题词，用扼要的话语阐明未来社会主义新纪元的基本思想。恩格斯觉得，要用很短的话来说明未来新时代的思想，是件犯难的事，但他还是答应了长内帕的要求，写信告诉他：“我打算从马克思的著作中给您寻找一行您所要求的题词……但是，除了从《共产党宣言》中摘出下列一段话外，我再也找不出合适的了：‘代替那存在着阶级和阶级对立的资产阶级旧社会的，将是这样一个联合体，在那里，每个人的自由发展是一切人的自由发展的条件。’”[②]所以“人类解放论”应放在最后作为马克思主义哲学体系的逻辑终点。这样，这三大论的排列顺序就是：“世界物质论”—“社会实践论”—“人类解放论”。这个顺序，从其内容所处的地位看，是“前提—过渡—落脚点”的关系；从其逻辑关系看，是“起点—中介—终点”的关系。

马克思主义哲学体系基本内容的这三大部分，不是并列关系，而是

① 《马克思恩格斯全集》第2卷，第118–119页，北京：人民出版社1957年版。

② 《马克思恩格斯全集》第39卷，第189页，北京：人民出版社1974年版。

不同逻辑层次的关系。“世界物质论”即“辩证唯物主义世界观”研究的对象是整个世界的普遍本质和普遍规律，所以处于基础层次，“世界观”统摄“社会观”和“人类观”。“社会实践论”研究的对象是人类社会的普遍本质和普遍规律，是“世界观”在“社会观”上的具体表现，人类社会又是物质世界发展的高级形态，所以“社会实践论”在层次上高于“世界物质论”。“人类解放论”即“人类观”研究的对象是人的普遍本质和人发展的普遍规律，是“社会观”的普遍原理在人问题上的具体表现，“人类解放论”在内容上比“社会实践论”更为具体；而且说到底，社会历史也就是人类的发展史，恩格斯指出：“现代唯物主义把历史看作人类的发展过程，而它的任务就在于发现这个过程的运动规律”，[①]人的问题是马克思主义哲学关怀的最高问题，所以“人类解放论”是比“社会实践论”更高的层次，是马克思主义哲学体系中的最高层次。因为反映人类社会普遍本质和普遍规律的“社会观”比“人类观”更具普遍性，所以“社会观”统摄着“人类观”。这样，这三大部分在逻辑上就构成了一种“宝塔型”的三层结构，“世界物质论”是底层，“社会实践论”是中层，“人类解放论”是高层。越是低层越具普遍性、一般性，越是高层越具特殊性、具体性。因此在内容的关系上，低一层次潜在地包含着高一层次，高一层次以扬弃的形式包含着低一层次。

三大部分的主要内容可按以下思路逐步展开。

物质是无限世界的本原、基础、本质，具有最大的普遍性，所以辩证唯物主义的“物质”范畴是马克思主义哲学理论体系的逻辑起点，这样，第一篇“世界物质论”就从辩证唯物主义的“物质”观开始。“世界物质论”讲的是辩证唯物主义世界观，也就是辩证唯物主义本体论。“本体论”包含世界“是什么”和“怎么样”。所以辩证唯物主义本体论包括两部分内容——“物质本原性”和“物质辩证性”，先讲“物质本原性”，再推进到“物质辩证性”。在“物质本原性”部分，以辩证唯物

① 《马克思恩格斯选集》第3卷，第364页，北京：人民出版社1995年版。

主义的物质观为根据，从“感性世界”的实践性推出“感性世界”的物质性，从有限“感性世界”的物质性推出无限世界的物质性，落脚于无限世界的物质统一性。在确定了世界的物质性的基础上，再进一步揭示物质的辩证性质，其内容主要包括物质世界的“联系”、“发展”和“规律”的总体特征，不同侧面不同环节的辩证关系，以及辩证发展的普遍规律。物质由于其辩证性而在自身发展的历史进程中，必然合乎规律地产生出物质的高级形态——实践以及由实践派生的人和人类社会。人类社会作为社会客体较之社会主体人是逻辑上在先的。所以马克思主义哲学在“世界物质论”之后，就必然过渡到“社会实践论”。

第二篇“社会实践论”以实践为出发点，逐步展开作为社会客体的人类社会本身的普遍本质、基本结构和普遍规律。首先必须确定实践作为“全部社会生活”的基础和本质的地位，其中应阐述实践的概念、内在结构、基本属性和基本形式，应揭示以物质生产劳动为根本形式的实践构成人类社会的生成和发展之基础和源泉。然后与社会实践的三种基本形式——物质生产活动、社会改造活动和精神生产活动——相对应，分别展开人类社会的基本结构和普遍规律，即按照实践三形式之间从基础到派生的逻辑顺序，先后展开“社会结构”论—“社会变革”论—“社会意识”论。以“物质生产活动”为根本基础和根本动力的“社会结构”论主要阐述社会的基本结构：“生产力—生产关系—经济基础—上层建筑”及其内含的社会基本矛盾和运动的基本规律。以“社会改造活动”为直接基础和直接动力的“社会变革”论主要阐述阶级和阶级斗争、国家和国家的历史命运、社会革命和社会改革等问题。以“精神生产活动”为直接基础和直接动力的“社会意识”论，其基本内容当然包括社会意识的结构及其生成和运动的一般规律。此外，考虑到第一，人类的认识现象也是人类社会本身的一种**社会现象**，也是作为社会客体的一部分而成为社会主体人认识和研究的对象，所以我们在马克思主义哲学的内容结构中，把“认识论”问题纳入“社会实践论”；第二，包括“社会意识”在内的全部人类意识都是以社会实践为基础的**人类认识活动**的产物，研究人类认识的本质及其产生、发展的规律，是研究“社会意识”产生和发展规律的直接前提，所以我们把认识论问题纳入“社会实践论”中的“社会意识”部分，应该是合理的。如此处理，也就避免了传统哲学体系把“认识论”作为单独的一块或者插在“唯物辩证法”与“历史观”之间，或者摆在整个体系的最后的那种找不到适当的逻辑位置的弊病。另外，“精神文明”是“社会意识”问题中的一个问题，而阐述“精神文明”问题就必然涉及与“物质文明”、“政治文明”的关系，所以“社会文明”作为一个重要的问题也应放到“社会意识”论去讲。这样，“社会意识”论作为“社会实践论”的一个部分，其基本内容就包括“人类认识”、“社会意识”和“社会文明”。马克思主义哲学在阐述了关于逻辑先在的社会客体——社会历史本身的基本内容之后，就转入对社会主体人本身的研究，即从第二篇“社会实践论”进入第三篇“人类解放论”。

第三篇“人类解放论”从人的实践存在方式出发，展开其基本内容。实践是人的基本的存在方式，人是实践中的人。但是人的实践活动离不开人的社会关系，人为了从事实践活动就必须结成一定的社会关系。不同层次的实践活动结合着不同层次的社会关系，实践活动与社会关系是不可分离的。社会关系是实践基础上的社会关系，实践是社会关系下的实践。所以“社会关系”比“实践”处于高一层次，“实践”和“社会关系”是人的两种不同层次的存在方式。人存在的实践和社会关系方式根源于人内在的客观需要，人的需要决定了人追求应有的生存状态（生存、自由、发展），从而也就决定了人的实践和社会关系存在方式。所以“人类解放论”首先应从阐述“人的需要”开始。“人的需要”这部分的内容，包括人的需要与人应有的生存状态，人应有的生存状态与人的存在方式，人的生存状态与社会制度等方面。人不但具有一般的物质性，而且人存在的特有方式——实践和社会关系方式，还规定了人的两种特有的属性——实践性和社会性。“实践性”把人与动物区别开来，这是人不同于动物的本质属性；“社会性”——“社会关系性”不仅把人与动物区别开来，而且进而把不同人的社会性区别开来——“社会关系的总和”规定了现实人的社会本质。因此“人的本质”

问题就成了“人类解放论”的又一项必须阐述的重要内容。人既是实践活动的主体，又是实践展开为社会的经济关系、政治关系和思想关系的主体。而人作为实践和社会关系的主体，又既是实践和社会关系的手段，又是实践和社会关系的目的，是手段和目的的统一。人作为实践和社会关系的手段，人改造客观世界，创造社会历史。这就涉及“人的价值”问题，包括人的历史价值（个人和人民群众的历史作用）问题和个人的人生价值问题。所以“人的价值”问题也是“人类解放论”的一项重要内容。人作为实践和社会关系的目的，即人改造客观世界、创造社会历史的目的是为了满足人自身生存和发展的需要，而最高目的就是人类的自由而全面的发展。人类的自由而全面的发展是以人类的解放为前提的。人类以自我为实践的手段逐步达到自我解放的过程，也就是人类逐步走向全面发展的过程。所以“人类的解放”问题是“人类解放论”中的一项最重要的内容，也是整个马克思主义哲学中最重要的内容。这样，“人类解放论”就包括“人的需要”、“人的本质”、“人的价值”和“人类的解放”四项基本内容。人类解放的最高目标——“人的自由而全面的发展”就成为整个马克思主义哲学的最终落脚点。

以上我们叙述了马克思主义哲学的基本内容，并依据其内在逻辑梳理了各个部分、各个环节演进的基本过程。这个基本内容的演进过程贯穿了从抽象到具体的逻辑进程。从上述三大论的研究对象和内容上看，“世界物质论”研究的是整个世界的普遍本质和普遍规律，“社会实践论”研究的是人类社会的普遍本质和普遍规律，而“人类解放论”研究的则是人的普遍本质和普遍规律。显然，在内容的关系上，前者是后者的理论基础，后者是前者的具体表现；越是前者越普遍，越是后者越具体，这是一个依次从抽象上升到具体的逻辑进程。从三大论的核心范畴之间的逻辑关系上看，“世界物质论”的核心范畴是“物质”，“社会实践论”的核心范畴是“实践”，而“人类解放论”的核心范畴则是“人”。从“物质”到“实践”，再到“人”，这也是一个依次从抽象上升到具体的逻辑进程。在马克思主义哲学里，“物质”范畴具有最大的普遍性，它的内涵就是“客观实在性”，它构成马克思主义哲学理论体系的逻辑起点。"实践"是人的能动的感性物质活动，是"物质"在人类社会的高一级的具体表现形态，"实践"比"物质"包含有更多的内容和属性，所以"实践"比"物质"高一层次。但实践也是一种客观实在，这表明"物质"以扬弃的形式包含在"实践"之中。因此"实践"范畴比"物质"范畴具体。"人"作为肉体和精神的统一体，是一种物质存在，但人是一种有需要、有思想的从事实践活动的处于社会关系中的物质存在，人是物质性、实践性、社会性和精神性的统一体。"物质"和"实践"以扬弃的形式包含在"人"中，但"人"比"物质"和"实践"具有更丰富的内容，所以"人"比较"物质"和"实践"，最为具体，处于最高层次。这样，在"物质—实践—人"的逻辑行程中，"物质"是逻辑起点，"实践"是逻辑中介，"人"是逻辑终点，显然，这是一个依次从抽象上升到具体的逻辑进程。

总之，笔者认为，上述关于马克思主义哲学理论体系的构想，不但体现了马克思主义哲学的基本内容及其相互关系，而且在逻辑上也是通顺的、自恰的。

（本文发表于《安徽师范大学学报》人文社科版，2004年第3期，本文为省级重点研究课题成果之一）

马克思主义哲学原理新教程（纲目）①

笔者按：本《纲目》是拙作《马克思主义哲学的基本内容和逻辑体系新探》基本思想的教材化。

关于马克思主义哲学理论体系的建构问题，自我国改革开放以来，一直是哲学界关注和讨论的一个焦点，但至今仍未见有一个令人满意的“理论体系”。笔者认为，本“纲目”在马克思主义哲学的基本内容和逻辑结构上，都有新的探索，现借《芜湖师专学报》予以发表，目的在于同哲学界的同仁们交流和讨论，以促进马克思主义哲学理论体系（教学体系）的构建进一步完善。

编写本“纲目”总的指导思想是：既要充分体现实践的观点在马克思主义哲学中的地位和作用，又不能因此而否定辩证唯物主义的世界观，不能否定辩证唯物主义的物质本体论，并力求体现从抽象到具体的逻辑行程。

绪　论

第一节　哲学和哲学的基本问题

一、哲学是理论化系统化的世界观

二、哲学的基本问题

*本文为省级重点教学研究项目（JYXM2003055）：《从生成过程看马克思主义哲学课程教学体系的重构》的成果之一。

第一篇　世界物质论

（三）意识与人工智能
三、意识的能动作用
（一）意识的能动性
（二）意识的能动性对于物质的依赖性
第二章　世界的物质统一性
第一节　感性世界的实践性和物质性
一、实践是感性世界的基础
（一）实践是人化自然界的基础
（二）实践是人类社会的基础
（三）实践是物质和意识分化和统一的基础
二、物质是感性世界的本质
（一）实践本身是物质的高级形态
（二）感性世界物质性的实践证明
（三）感性世界物质性的科学证明
1、人化自然界物质性的自然科学证明
2、人类社会物质性的社会科学证明
第二节　世界物质统一性的哲学论证
一、感性世界物质统一性的哲学论证
二、无限世界物质统一性的哲学论证
第三节　辩证唯物论基本原理的方法论意义
一、世界物质统一性原理的实践意义
二、物质和意识辩证关系原理的实践意义
（阐述解放思想和实事求是的辩证关系）
第三章　物质世界的辩证性
第一节　物质世界辩证性的总体特征
一、物质世界辩证性的基本特征
（一）物质世界的普遍联系
（二）物质世界的永恒发展
（三）联系和发展的规律性

第二篇　社会实践论

二、经济基础和上层建筑的辩证关系

三、上层建筑一定要适合经济基础发展要求的规律

第三节　社会基本矛盾的总体运动推动人类社会的发展

一、社会基本矛盾总体运动的内在机制

（含社会发展的动力系统。人口因素和地理环境的社会作用）

二、社会形态演进的统一性和多样性

第六章　社会变革

（“社会改造活动”是“社会变革”的直接基础）

第一节　阶级和阶级斗争

一、阶级的起源和实质

二、阶级斗争的形式和作用

三、阶级分析方法

第二节　国家和国家的历史命运

一、国家的起源、实质和职能

二、无产阶级专政是新型的国家

三、阶级的消灭和国家的消亡

第三节　社会革命和社会改革

一、社会革命

（一）社会革命的实质、根源和作用

（二）社会革命的类型和形式

二、社会改革

（一）社会改革的实质、根源、作用和形式

（二）社会主义社会的改革

第七章　社会意识

（“精神生产活动”是“社会意识”的直接基础；社会实践是社会意识的源泉，而其中的精神生产活动是社会意识的直接来源）

第一节　人类认识

第三篇　人类解放论

第八章　人的需要

第一节　人的需要及其结构

第二节　人的需要与人的存在方式

第三节　人的需要与人应有的生存状态

第九章　人的本质

第一节　人　性

一、马克思主义以前的“人的本质”观

二、人性和人的本性

第二节　人的本质

一、什么是人的本质

二、资产阶级的“人的本质观”批判

第十章　人的价值

第一节　人的历史价值：人民群众和个人的历史作用

一、人民群众是历史的创造者

二、个人在历史上的作用

三、无产阶级政党的群众观点和群众路线

第二节　个人的生存价值：人生价值

一、个人的价值

（个人的价值即人生价值：个人的“社会价值”和“自我价值”及其相互关系）

二、树立正确的人生价值观

第十一章　人类的解放

第一节　人类解放的历史进程：从必然王国到自由王国

一、必然王国和自由王国

二、人类解放的历程

第二节　人类解放的社会理想：共产主义社会

编后几点说明：

一、本“纲目”力求依据马克思主义哲学的本来面目，打破了传统的马克思主义哲学教学体系两大块（辩证唯物主义和历史唯物主义）、四小块（唯物论、辩证法、认识论、历史观）的不尽合理的内容结构，把马克思主义哲学的基本内容区分为三大论——“世界物质论”、“社会实践论”、“人类解放论”，加上一个“绪论”。“世界物质论”研究的对象是整个世界的普遍本质和普遍规律，是辩证唯物主义的世界观。“社会实践论”和“人类解放论”的内容都属于辩证唯物主义的历史观，即唯物史观。唯物史观研究的对象是“人类社会”。然而，我们可以把作为唯物史观研究对象的“人类社会”区分为“社会客体”和“社会主体”两个层次，社会客体是社会主体的基础，社会主体是社会客体的主导，人类社会是社会客体和社会主体的有机统一。因此，我们也就可以把唯物史观的基本内容区分为研究“社会客体”的和研究“社会主体”的两个层次。以“社会客体”为哲学的研究对象，就是要揭示社会本身的普遍本质和普遍规律，实践是人类社会的基础和本质，所以我们把这部分内容称之为“社会实践论”；以“社会主体”为哲学的研究对象，就是要揭示人的普遍本质和人类发展的普遍规律，而在马克思主义哲学里，人的问题说到底是人类的解放问题，所以我们把这部分内容称之为“人类解放论”。“世界物质论”是马克思主义哲学内含的世界观前提。反映人类社会本身普遍本质和普遍规律的“社会实践论”，既是辩证唯物主义世界观在人类社会领域的具体体现，又是“人类解放论”的哲学基础。从“世界物质论”，经过“社会实践论”，落脚于“人类解放论”。这样，这三大论在内容上的关系就是“前提—过渡—落脚点”的关系。这样一个内容结构，既拒斥了歪曲“马克思主义哲学”之实质的“实践本体论”，又充分体现了马克思主义哲学的实践性，而且也突出了马克思主义哲学的“终极关怀”和最高目的——人类的解放和人的自由而全面的发展。

二、本“纲目”把“认识论”的内容纳入“第二篇‘社会实践论’”，作为其中“社会意识”一章的第一个问题去讲，理由是，第一，“社会实践论”研究的对象是社会客体，是社会本身的普遍本质和普遍规律，“认识论”研究的对象是人类的认识现象，而人类的认识现象也是人类社会本身的一种社会现象，也是作为社会客体的一部分而成为社会主体人研究的对象；第二，包括“社会意识”在内的全部人类意识都是以社会实践为基础的人类认识活动的产物，研究人类认识的本质及其产生、发展的规律，是研究“社会意识”产生和发展规律的直接前提。这样处理，就避免了传统哲学体系把“认识论”作为单独的一块，或者插在“唯物辩证法”与“历史观”之间，或者摆在整个体系最后的那种找不到适当的逻辑位置的弊病。本“纲目”把“历史的创造者”问题（人民群众和个人的历史作用）纳入“第三篇‘人类解放论’”，作为其中“人的价值”一章的一个部分，理由是，人的价值就是人作为价值客体满足一定价值主体需要的有用性，就是人的作用，所以“人民群众和个人的历史作用”问题应该是“人的价值”中的一个问题。

三、本“纲目”对于“马克思主义哲学”基本内容的安排，遵循着从抽象到具体的逻辑行程。从三大论的研究对象和内容看，“世界物质论”研究的是整个世界的普遍本质和普遍规律，“社会实践论”研究的是人类社会的普遍本质和普遍规律，而“人类解放论”研究的是人的普遍本质和普遍规律。显然，在内容的关系上，前者是后者的理论基础，后者是前者的具体表现；越是前者越普遍、越抽象，越是后者越特殊、越具体，这是一个依次从抽象上升到具体的逻辑进程。从三大论的核心范畴之间的逻辑关系看，“世界物质论”的核心范畴是“物质”，“社会实践论”的核心范畴是“实践”，而“人类解放论”的核心范畴是“人”。在马克思主义哲学中，“物质”范畴具有最大的普遍性，最抽象，它构成马克思主义哲学理论体系的逻辑起点。“实践”的内涵比“物质”丰富，因此比“物质”具体，比“物质”高一层次。“人”的内涵又比“实践”更为丰富，所以“人”比较“物质”和“实践”，最为具体，处于最高层次。这样，在“物质—实践—人”的逻辑行程中，“物质”是逻辑起点，“实践”是逻辑中介，“人”是逻辑终点。这也是一个依次从抽象到具体的逻辑进程。

（本文发表于《芜湖师专学报》2004年第3期）

构建马克思主义哲学体系的一个重要方法论

关于马克思主义哲学理论体系的构建，改革开放以来，以艾思奇主编的《辩证唯物主义历史唯物主义》为基础，经过哲学界同仁们的不断探讨，虽有较大进展，但仍难令人满意。

要完成这一项重大的理论建设任务，必须在以下两个基本问题上取得基本的共识：一是必须明确马克思主义哲学的基本内容；二是必须揭示“基本内容”之间的内在联系，并以此为依据，梳理马克思主义哲学的逻辑体系，明确其逻辑起点、逻辑中介、逻辑终点。

笔者认为，马克思关于“研究方法”和“叙述方法”的辩证关系思想，为我们思考以上两个基本问题提供了一个重要方法，因而是我们构建马克思主义哲学理论体系的一个重要方法论。

一、“研究方法”和“叙述方法”之辩证关系的启示

马克思在《资本论》“第二版跋”中告诉我们：“在形式上，叙述方法必须与研究方法不同。研究必须充分地占有材料，分析它的各种发展形式，探寻这些形式的内在联系。只有这项工作完成以后，现实的运动才能适当地叙述出来。这点一旦做到，材料的生命一旦在观念上反映出来，呈现在我们面前的就好像是一个先验的结构了。”[①]

关于“研究方法”和“叙述方法”，马克思在他的《〈政治经济学批判〉导言》中以“政治经济学的方法”为例，有更具体的阐述。他

① 马克思：《资本论》第1卷，第21–22页，北京：人民出版社2004年版。

说："从实在和具体开始，从现实的前提开始，因而，例如在经济学上从作为全部社会生产行为的基础和主体的人口开始……如果我从人口着手，那么，这就是关于整体的一个混沌的表象，并且通过更切近的规定我就会在分析中达到越来越简单的概念；从表象中的具体达到越来越稀薄的抽象，直到我达到一些最简单的规定（这是"研究方法"，马克思称之为"第一条道路"——引者）。于是行程又得从那里回过头来，直到我最后又回到人口，但是这回人口已不是关于整体的一个混沌的表象，而是一个具有许多规定和关系的丰富的总体了（这是"叙述方法"，马克思称之为"第二条道路"——引者）。"马克思进一步指出：对于构建政治经济学的理论体系而言，"后一种方法（指"叙述方法"——引者）显然是科学上正确的方法。具体之所以具体，因为它是许多规定的综合，因而是多样性的统一。因此它在思维中表现为综合的过程，表现为结果，而不是表现为起点，虽然它是现实的起点，因而也是直观和表象的起点。在第一条道路上，完整的表象蒸发为抽象的规定；在第二条道路上，抽象的规定在思维行程中导致具体的再现。"①

马克思的以上关于"研究方法"和"叙述方法"的思想，揭示了二者之间的辩证关系，即既指出了二者的区别，又指出了二者的联系：

第一，"研究方法"与"叙述方法"不同。

首先，这两种方法的性质不同。"研究方法"是认识的方法，是主体认识客体以揭示客体本质的方法。"研究方法"以现实的实在的具体（对象事物的整体）为认识的起点（出发点），主要运用分析的方法，完成于对事物本质的揭示，即达到最简单、最抽象的规定。其研究（认识）行程是"从实在具体深入于抽象规定"。而"叙述方法"则是表述的方法，是把研究的结果依据其内在联系以理论体系的形式加以表达的方法，因此也就是构建逻辑体系的方法。"叙述方法"以研究行程的终点为起点，即以最抽象的规定为逻辑起点，主要运用综合的方法，完成于包含着丰富规定和关系的理性具体。其逻辑行程是"从抽象规定上升

① 《马克思恩格斯选集》第2卷，第17–18页，北京：人民出版社1995年版。

到理性具体”。

其次，这两种方法的起点和终点都不同。“研究方法”的起点是现实的起点，即以现实的实在的事物整体为研究的起点或出发点；“叙述方法”的起点则是逻辑起点，以最抽象的规定为逻辑起点。“研究方法”的终点是现实的终点，即内在于现实的对象事物中最本质的最抽象的规定；“叙述方法”的终点则是逻辑终点，即以最丰富的规定和关系为内含的理性具体。

第二，“研究方法”和“叙述方法”又是相互联系的。“研究方法”是“叙述方法”的基础和前提，“叙述方法”是“研究方法”在思维中的再现，即“从抽象规定上升到理性具体”的逻辑行程是“从实在具体深入于抽象规定”的认识行程在思维上的再现。所以马克思说：“从抽象上升到具体的方法，只是思维用来掌握具体、把它当作一个精神上的具体再现出来的方式。”[①]在这两种“方法”的联系中，“叙述方法”中的“逻辑起点”和“逻辑终点”与“研究方法”中的“现实终点”和“现实起点”分别具有同一性。对此，我们必须特别注意上引马克思的这句话：“它（指成为‘逻辑终点’的理性具体——引者）在思维中表现为综合的过程，表现为结果，而不是表现为起点，虽然它是现实的起点，因而也是直观和表象的起点。”就是说，“叙述方法”中的“逻辑终点”，再现的是“研究方法”中的“现实起点”；而“叙述方法”中的“逻辑起点”，再现的是“研究方法”中的“现实终点”。

上述马克思关于“研究方法”和“叙述方法”的辩证关系思想，对于构建马克思主义哲学体系而言，可以得出如下两点启示：

（1）构建马克思主义哲学理论体系，应当运用的是“叙述方法”这一“科学上正确的方法”，而不是“研究方法”。因此就应当以马克思和恩格斯及其后人们对于世界的普遍本质和普遍规律的研究结果为依据，按照“叙述方法”的“从抽象上升到具体”的逻辑行程，构成一个逻辑一贯的理论体系。否定构建马克思主义哲学逻辑体系之必要性的论调，

① 《马克思恩格斯选集》第2卷，第19页，北京：人民出版社1995年版。

或者随意确定其逻辑起点和逻辑终点的做法，都是不可取的。

（2）必须科学地确定马克思主义哲学逻辑体系的逻辑起点和逻辑终点。既然“研究方法”与“叙述方法”的同一关系告诉我们，“研究方法”中的“现实起点”再现为“叙述方法”中的“逻辑终点”；“研究方法”中的“现实终点”再现为“叙述方法”中的“逻辑起点”，那么，马克思主义哲学逻辑体系中的“逻辑终点”就是马克思和恩格斯从哲学上研究整个世界的“现实的起点”。而为了确定马克思主义哲学体系的“逻辑起点”，就必须从这个“现实的起点”出发，运用“研究方法”，遵循“从实在具体深入于抽象规定”的认识行程，逐步抽象，直到最后达到整个世界中最简单、最抽象的规定。这个现实世界中的“最简单、最抽象的规定”表现为范畴就是马克思主义哲学体系的逻辑起点。

那么，马克思主义哲学创始人哲学研究的“现实的起点”是什么？他们由此出发，所达到的最简单、最抽象的规定又是什么？

二、“研究方法”的贯彻：从“现实的起点”深入于世界的本质

马克思和恩格斯从哲学上研究整个世界的“现实起点”是什么？是“物质”吗？是“实践”吗？都不是。他们明确地指出：“我们的出发点是从事实际活动的人”，是“从现实的、有生命的个人本身出发”。①

为什么要认识作为“现实的起点”的东西，就必须按照“研究方法”，从“现实的起点”出发，通过步步分析，经过层层抽象，以实现“从实在具体深入于抽象规定”？马克思以经济学上的研究为例，说明如果不经过层层的抽象，以至于达到对象中最简单的规定，那么不仅“现实的起点”只是“关于整体的一个混沌的表象”，而且研究行程中的各个环节也是相对不清晰的、抽象的、空的。他说：“从现实的前提开始”，例如在经济学上从“人口”开始，如果我“抛开构成人口的阶

① 《马克思恩格斯选集》第1卷，第73页，北京：人民出版社1995年版。

级，人口就是一个抽象。如果我不知道这些阶级所依据的因素，如雇佣劳动、资本等等，阶级又是一句空话。而这些因素是以交换、分工、价格等等为前提的。比如资本，如果没有雇佣劳动、价值、货币、价格等等，它就什么也不是。”①

“现实的人”是马克思和恩格斯把整个世界作为哲学研究对象的“现实的起点”，但直观中的人，只是一个“有血有肉的”、有生命的、能活动的混沌的表象整体，如果不经过层层的分析和抽象，认识其丰富的内在规定性，那么他“就什么也不是”。马克思和恩格斯及其后继者们正是从“现实的人”出发，在他们的全部哲学研究活动中，依据人与整个世界之间的内在关系，揭示了蕴涵于“现实的人”之中的层层规定，从根据到更深的根据，从本质到更深的本质，以至于揭示了整个世界的最简单的最抽象的本质规定，形成了马克思主义的整个哲学认识体系。这个关于马克思主义哲学的“从实在具体深入于抽象规定”的认识行程，限于篇幅，我们在这里只能做个简要的勾勒：

作为马克思和恩格斯哲学研究之“现实的起点”的“现实的人”，是包含着丰富规定性的实在具体，正如马克思所指出的，“人的本质规定和人的活动是形形色色的”。②“现实的人”包含着人的需要、人的本质、人的价值、人的历史发展等规定性。但是，“人们是现实的、从事活动的人们，他们受自己的生产力和与之相适应的交往的一定发展……所制约。”③就是说，现实人的种种规定性的现实表现，都要受到人的存在方式——实践方式和社会关系方式的制约，人的“实践存在方式”和“社会关系存在方式”构成现实人的丰富属性的根据。因此要了解作为实在整体的人，就要认识人的这两种存在方式及其对于人的种种规定的制约关系。然而要认识人的这两种区别于动物的为人所特有的存在方式，就要研究和揭示作为人的存在方式之基础和根据的以物质生产活动为根本形式的社会实践及其所派生的社会关系和社会结构。所以马克思

① 《马克思恩格斯选集》第2卷，第17–18页，北京：人民出版社1995年版。

② 马克思：《1944年经济学—哲学手稿》，第77页，北京：人民出版社1979年版。

③ 《马克思恩格斯选集》第1卷，第72页，北京：人民出版社1995年版。

和恩格斯指出："以一定的方式进行生产活动的一定的个人，发生一定的社会关系和政治关系。经验的观察在任何情况下都应当根据经验来揭示社会结构和政治结构同生产的联系，而不应当带有任何神秘和思辨的色彩。"①到此，研究的行程进入对"人类社会本身"的考察。

马克思和恩格斯对于"人类社会本身"（社会关系和社会结构）的研究结论告诉我们，社会本身的**社会关系**可以分析为三大关系——经济关系、政治关系和思想关系。在这三大社会关系中蕴涵着相对稳定的**社会结构**：生产力—生产关系（经济基础）—上层建筑，其中又包含着人类社会的两对基本矛盾和两条基本的运动规律。在全部社会关系和社会结构中，又贯穿着一条中心线索——社会存在决定社会意识，社会意识反作用于社会存在。在所有这些社会关系中，思想关系产生于精神生产实践，政治关系产生于社会变革实践，经济关系产生于物质生产实践，而精神生产实践和社会变革实践又都直接或间接地以物质生产实践为基础；上层建筑植根于经济基础，经济基础（生产关系）又植根于生产力，而生产力和生产关系都植根于物质生产实践；社会意识植根于社会存在，而社会存在的基本内容是物质生产活动和物质生产方式。可见，以物质生产实践为根本形式的社会实践是产生人类和人类社会的直接根源，是整个人类社会的基础和本质。正如马克思和恩格斯所说的："劳动创造了人本身"，"人类社会区别于猿群的特征""是劳动"②；"这种连续不断的感性劳动和创造、这种生产，正是整个现存的感性世界的基础"，"全部社会生活在本质上是实践的"③。实践作为整个人类社会的基础，是人类社会构成中的最深层次，因而是唯物史观中最普遍的范畴。

但是，马克思和恩格斯对于整个世界哲学研究的行程，并没有停止于"实践"，而是进一步揭示了内含于实践和人类社会运动中的物质性、辩证性的实质，进一步研究了唯物史观的辩证唯物主义前提。众所

① 《马克思恩格斯选集》第1卷，第71页，北京：人民出版社1995年版。
② 《马克思恩格斯选集》第4卷，第374、378页，北京：人民出版社1995年版。
③ 《马克思恩格斯选集》第1卷，第77、56也，北京：人民出版社1995年版。

周知，在马克思和恩格斯合作的《德意志意识形态》中，他们第一次系统地制定了唯物史观的基本原理。就在这本书中，他们指出：唯物主义“历史观和唯心主义历史观不同，它不是在每个时代中寻找某个范畴，而是始终站在现实历史的基础上，不是从观念出发来解释实践，而是从物质实践出发来解释观念的形成”。[①]在这里，他们明确地以“物质实践”的历史观与唯心主义的“观念”历史观相对立。他们用“物质”规定“实践”，就是告诉我们，“物质”是“实践”中更为深刻更为普遍的本质，“实践”是“物质”的一种特殊的表现形态。出于同一用意，他们在书中还处处以“物质活动”、“物质生产”、“物质行动”、“物质生活过程”、“物质交往”等提法，指称实践活动、社会存在、生产关系等。在马克思的《〈政治经济学批判〉序言》中，有一段关于唯物史观的基本观点的著名的经典表述[②]，对此，马克思自己说：“在那里我说明了我的方法的唯物主义基础”[③]。恩格斯指出：“唯物主义的历史观及其在现代的无产阶级和资产阶级之间的阶级斗争上的特别应用，只有借助于辩证法才有可能。”[④]在这里，马克思和恩格斯揭示了唯物史观的辩证唯物主义性质，同时也表明了唯物史观的辩证唯物主义世界观前提。关于辩证唯物主义作为唯物史观的世界观前提，恩格斯曾多次指出，唯物史观是辩证唯物主义世界观对于“现时代”的“应用”[⑤]、对于“历史”的“解释”、对于社会领域的“彻底地（至少在主要方面）运用”。[⑥]辩证唯物主义作为唯物史观的世界观前提，她的研究对象是整个世界，因此她的基本原理比唯物史观更具普遍性、更深刻。

马克思和恩格斯在创立唯物史观的同时，也进行着创立辩证唯物主

① 《马克思恩格斯选集》第1卷，第92页，北京：人民出版社1995年版。

② 《马克思恩格斯选集》第2卷，第32–33页，北京：人民出版社1995年版。

③ 马克思：《资本论》第1卷，第20页，北京：人民出版社2004年版。着重号为引者所加。

④ 《马克思恩格斯选集》第3卷，第691–692页，北京：人民出版社1995年版。着重号为引者所加。

⑤ 《马克思恩格斯选集》第2卷，第38页，北京：人民出版社1995年版。

⑥ 《马克思恩格斯选集》第4卷，第228、242页，北京：人民出版社1995年版。

义世界观的革命性工作。恩格斯指出，马克思研究社会经济问题的需要，“要求”他“发展一种比从前所有世界观都更加唯物的世界观。”[①]而且，马克思以唯物主义为基础，根本性地改造了黑格尔的唯心辩证法，创造了唯物辩证法，把“倒立着的”黑格尔辩证法再“倒过来”。[②]恩格斯指出：马克思对于唯物辩证法的制定，“其意义不亚于唯物主义基本观点的成果。”[③]由于分工的缘故，主要由恩格斯承担起了阐发辩证唯物主义世界观的任务。恩格斯在他的《反杜林论》、《自然辩证法》和《费尔巴哈与德国古典哲学的终结》等主要哲学著作中，对辩证唯物主义世界观（包括唯物辩证法和辩证唯物论）展开了宏大的系统的阐述。在对于无限世界的普遍本质和普遍规律的研究中，马克思和恩格斯还进一步揭示了世界的物质统一性，揭示了世界的物质本原和物质本质：“世界的真正的统一性是在于它的物质性”[④]，“决不可以把思维同那思维着的物质分开。物质是一切变化的主体”[⑤]，“终极的原因——物质及其固有的运动”，“物质及其存在方式，运动，是不能创造的，因而是他们自己的最后原因”[⑥]。恩格斯还对“物质”范畴作了科学的界定，他说：“物、物质无非是各种物的总和，而这个概念就是从这一总和中抽象出来的”；“物质”“这样的词无非是简称，我们就用这种简称把感官可感知的许多不同的事物依照其共同的属性概括起来。”[⑦]在这里，恩格斯从内涵和外延上同时对“物质”范畴作了规定：在内涵上，“物质”所概括的是所有特殊物质形态的“共同的属性”；在外延上，“物质”是“各种物的总和”。对于作为“物质”内涵的“共同的属性”，后来列宁进一步把它规定为“客观实在性”。客观实在性是物质的本质属性，凡是客观实在的都是物质。所以在马克思主义哲学里，“物质”范畴具有

① 《马克思恩格斯选集》第2卷，第41页，北京：人民出版社1995年版。
② 马克思：《资本论》第1卷，第22页，北京：人民出版社2004年版。
③ 《马克思恩格斯选集》第2卷，第43页，北京：人民出版社1995年版。
④ 《马克思恩格斯选集》第3卷，第383页，北京：人民出版社1995年版。
⑤ 《马克思恩格斯全集》第2卷，第164页，北京：人民出版社1957年版。
⑥ 恩格斯：《自然辩证法》，第203、213页，北京：人民出版社1955年版。
⑦ 《马克思恩格斯选集》第4卷，第343页，北京：人民出版社1995年版。

最大的普遍性，不但自然物是物质，而且人类社会中的实践活动、社会存在以及人本身等，因为都是客观实在的，所以都是物质。既然“物质”是世界的本原、本质，那么“物质”就是整个世界中最简单、最普遍的规定，也就是马克思和恩格斯哲学研究行程的终点。

二、“叙述方法”的贯彻：从逻辑起点上升到逻辑终点

“叙述方法”的贯彻是为了构建马克思主义哲学的逻辑体系。为此，就必须遵循“从抽象规定上升到理性具体”的“叙述方法”，并以上述马克思、恩格斯哲学研究的“认识行程”为依据，确定马克思主义哲学逻辑体系的逻辑起点、逻辑中介和逻辑终点，梳理出马克思主义哲学理论体系的逻辑行程。

马克思关于“叙述方法”和“研究方法”的辩证关系思想告诉我们，“认识行程”中的“现实起点”就是“逻辑行程”中的“逻辑终点”，而“认识行程”中的“现实终点”就是“逻辑行程”中的“逻辑起点”。正如上述，既然马克思和恩格斯对于世界的哲学研究，以“现实的人”为“现实的起点”，那么“人”就应当是马克思主义哲学逻辑体系中的逻辑终点；既然“物质”是“认识行程”中的“现实终点”，那么“物质”范畴就是马克思主义哲学逻辑体系中的逻辑起点。从逻辑起点“物质”范畴开始，中间经过一系列逻辑中介，最后上升到逻辑终点“人的哲学”，这就是马克思主义哲学逻辑体系的逻辑行程，但这个逻辑行程还需要具体化。

从马克思和恩格斯哲学研究的“认识行程”所涉及的内容看，马克思主义哲学的基本内容包括：人的哲学观—社会观—世界观。这一基本内容与马克思主义哲学的实际的基本内容是同一的。马克思主义哲学的基本内容包括辩证唯物主义和历史唯物主义（唯物史观）两大部分。“辩证唯物主义”是世界观，反映的是整个世界的普遍本质和普遍规律；唯物史观研究的是整个世界中的一个特殊领域——人类社会的普遍

本质和普遍规律，唯物史观是辩证唯物主义世界观在人类社会领域的具体表现。所以辩证唯物主义和历史唯物主义在马克思主义哲学里不是并列关系，而是普遍与特殊、抽象与具体的关系，在逻辑关系上是低层次与高层次的关系。进而，我们可以“人类社会是社会客体和社会主体的统一”为依据，在逻辑上把唯物史观的内容区分为“社会客体部分”与“社会主体部分”两个层次。“社会客体部分”研究的是社会本身的普遍本质和发展的普遍规律，可称之为“社会观”；“社会主体部分”研究的是人或人类的普遍本质和发展的普遍规律，这是“人的哲学”，可称之为“人类观”。人类社会作为总体，实际上是社会客体和社会主体即社会和人相互作用、相互影响，共同发展的过程。但是社会本身是人存在和发展的基础，社会本身的普遍本质和普遍规律制约着人的生存和发展，所以“社会观”与“人类观”也是普遍与特殊、抽象与具体的关系，“社会观”是逻辑在先的。这样，马克思主义哲学体系的基本内容就可区分为三大部分，按照从普遍到特殊、从抽象到具体的行程，其逻辑顺序应该是：“世界观—社会观—人类观”。因为辩证唯物主义的“世界观”研究的对象是“整个世界”，而世界的本原和本质是物质，所以这部分的内容可称之为“世界物质论”。唯物史观的“社会观”研究的对象是“社会本身”，而社会的基础和本质是实践，所以这部分的内容可称之为“社会实践论”。唯物史观的“人类观”研究的对象是“人”，而在马克思主义哲学里，人的问题说到底是人类的解放问题，所以这部分的内容可称之为“人类解放论”。因此，这“三大论”就构成了马克思主义哲学——辩证唯物主义和历史唯物主义的基本内容，按其逻辑顺序，可编之为：第一篇“世界物质论”→第二篇“社会实践论”→第三篇“人类解放论”。[①]这是一个从抽象上升到具体的逻辑行程。从“三大论”前后的内容关系看，前者是后者的理论基础，后者是前者的具体表现；越是前者越普遍，越是后者越具体，这是一个依次从抽象上升到具

① 为了减少篇幅，本文未谈及“三大论”各自的具体内容及其逻辑顺序，这方面，可参阅拙作《马克思主义哲学的基本内容和逻辑体系新探》（载于《安徽师范大学学报》人文社会科学版，2004年第3期），该文也已列入本书。

体的逻辑进程。从“三大论”的核心范畴之间的逻辑关系看，“世界物质论”的核心范畴是“物质”，“社会实践论”的核心范畴是“实践”，而“人类解放论”的核心范畴是“人”。在马克思主义哲学里，“物质”最简单、最抽象、最普遍，它的内涵就是“客观实在”，它构成了马克思主义哲学理论体系的逻辑起点。“实践”是人的能动的感性物质活动，是“物质”在人类社会的高一级的具体表现形态，“实践”比“物质”包含有更多的内容和属性，所以“实践”比“物质”高一层次。但实践也是一种“客观实在”，这表明“物质”以扬弃的形式包含在“实践”之中，所以“实践”范畴比“物质”范畴具体。“人”作为肉体和精神的统一体，是一种物质存在，但人是一种有需要、有意识的从事实践活动的处于社会关系之中的物质存在，人是物质性、精神性、实践性和社会性的统一体。“物质”和“实践”以扬弃的形式包含在“人”之中，“人”比“物质”和“实践”具有更丰富的内容和属性，所以“人”比较“物质”和“实践”，最为具体，处于最高层次。这样，在“物质—实践—人”的逻辑行程中，“物质”是逻辑起点，“实践”是逻辑中介，“人”是逻辑终点。显然，这也是一个依次从抽象上升到具体的逻辑进程。这样来叙述马克思主义哲学的整个理论体系，应该说在逻辑上是合理的，自洽的，一贯的。

综上所述，我们可以看到，马克思和恩格斯对于整个世界的哲学研究，其实际的内在行程（本文第二部分所描述的）——从“现实的人”出发（现实起点），最终揭示了“物质”这一最深刻最简单的规定为世界的本质和本原（现实终点），正是遵循了马克思所发现所制定的“研究方法”的路线——“从实在具体深入于抽象规定”，也就是马克思所规定的“第一条道路”——“完整的表象蒸发为抽象的规定”。依据马克思关于“叙述方法”与“研究方法”的辩证关系思想，我们可以肯定，构建马克思主义哲学理论体系必须遵循“叙述方法”的行程。而“叙述方法”的行程即“第二条道路”的“行程又得从那里（指研究行程——引者）回过头来”，“在第二条道路上，抽象的规定在思维行程中导致具体的再现”，那么马克思主义哲学理论体系的构建，就应当把

“研究方法”进程中的“现实终点”——“物质”作为最普遍的范畴确定为逻辑起点，把“研究方法”进程中“现实起点”——“人”确定为逻辑终点。这样，依循从抽象上升到具体的逻辑行程，以“物质”为逻辑起点，展开为“世界物质论”，再上升为“社会实践论”，最后上升到“人类解放论”，其中以“人的自由而全面的发展”为整个哲学体系的落脚点。我们认为，这样来构建马克思主义哲学体系，既遵循了马克思的“研究方法”和“叙述方法”的辩证关系思想，又符合马克思主义哲学内容的内在逻辑关系。

（本文发表于《安庆师范学院学报》社会科学版，2007年第5期）

教育哲学论

教师能力论

1997年，江泽民总书记在党的十五大报告中提出了“科教兴国”的战略，强调了教育优先发展的地位，而抓好教育的关键又在于教师，即教师的素质。我在高校工作已有二十余年，经常思考着如何提高教师的素质、能力问题。提高学校的办学质量，提高教师的教学水平，关键在于提高教师的素质和能力。因此认清教师应当具备的素质、能力及其内在关系，这对于“素质教育”方针的贯彻，对于提高学校的教育水平，无疑具有重要的意义。

全面的素质教育要求教师具有全面的素质，要求教师在德、识、能、身、心（心理）等方面具有较高的素质。全面素质的要求，在识、能方面，由于时间和精力上的限制，并不要求每位教师都成为“通才”、“全能”，但要求教师做到一专多能，这应该是合理的。素质教育的过程，实际上是教师的全面素质转化为学生的全面素质的过程。这个转化过程，不是像搬东西——从一个箱子搬进另一个箱子那么简单，而是要经过一系列的中介环节，其中最重要的环节就是“教师能力”。教师能力就是教师的教育教学能力。教师必须借助一定的教育教学能力，才能把自己的做人道理、知识技能传授给学生，为学生所理解所接受。所以教师能力是教师素质转化为学生素质的中介环节，是教师向学生传递教学信息的通道，因而教师能力的高低对于教学效果的好坏，起着决定性的作用。教学的实践表明，不少教师虽然专业理论知识扎实，学术研究也显示有较高的水平，但由于教学能力不强，教学效果总是不尽如人意。可见，教师能力是教师素质转化为学生素质的一个关键环节。要提高教学效果，要实现素质教育的目标，就必须提高教师的能力。

全面的素质教育要求教师要有全面的教育教学能力。那么什么是“教师能力”？教师应当具备哪些必要的能力？教师能力的结构如何？要回答这些问题，就必须了解人的素质结构、素质教育结构以至教师能力结构及其关系。

一、人的素质及其结构

对于人的素质的界定有狭义与广义之分。狭义的“素质”是指个体的先天的生理解剖特征，即人的生理素质。广义的“素质”是指包括人的生理特征在内的个体与后天环境相互作用而在个体身心中形成的、相对稳定的、具有一定结构的诸多方面质的要素，这种相对稳定的质的要素制约着人活动的方向、水平和质量。“素质教育”的“素质”，是指广义的素质。

对于人的素质的分类，学术界有不同的分法，我们主张依据人的素质从低级到高级发展的不同水平，把人的素质区分为三个层次，即生理素质、心理素质和文化素质。**生理素质**是指人的肉体组织结构及其机能，主要是脑、神经系统、感官和运动器官的素质。**心理素质**包括活动性心理素质和特征性心理素质。前者包括认知、情感、意志等素质，在认知素质中又区分为感知、记忆、思维、想象等素质；后者包括能力、性格等素质。**文化素质**中的“文化”指的是广义的文化，不仅仅是以文字形式表现的文化。广义的文化就是“人化”，在人类社会中凡是人类改造、制作、创造的一切产物，都属于文化范畴。所以广义的文化是人类社会实践的产物，它包括物质性文化和精神性文化，还包括社会制度、法律法规，以至于各种社会关系等。人的文化素质就是社会文化在人脑中的内化和积淀，归根到底是后天的社会实践的产物。文化素质的内容十分丰富，但归纳起来，可分为四类：思想道德素质、文化科学素质、实践技能素质、审美塑美素质。

人的素质的三个层次在人的素质整体中的地位和作用既相互区别、各有特点，又相互渗透、相互联系。生理素质、心理素质、文化素质在发展水平上形成从低级到高级的三个层次，生理素质处于最低层次，文化素质处于最高层次。低层次素质构成高层次素质存在和发展的基础，高层次素质依赖于低层次素质并对低层次素质起主导作用。具体说来，生理素质处于整体素质发展的基础层次，是心理素质、文化素质存在和发展的物质基础，离开了这个生理的物质基础，既不会有心理素质，也不会有文化素质。文化素质是人的素质的基本内容，在人的素质结构中处于最高的主导地位，它不但可以调节人的生理机能，而且会影响人的心理素质的发展；它不但标志着个体素质的性质和水平，而且制约着个体社会行为的方向和效果。心理素质是主体与外界（客体）相互作用的中介，主体对外界的认识活动和实践活动，都必须借助主体的心理素质（感知、记忆、思维、想象、意志等素质）。在这其中发挥中介作用的“心理素质”，实质上是作为个性心理特征的“能力”——观察力、记忆力、智力、想象力、意志力等。可见，人的能力在个体的认识活动和实践活动中起着重要的中介作用。同时，在素质结构内部，心理素质既影响着生理素质的健康发展，也关系着社会文化的内化，即关系着文化素质的生成和发展。深入看，在社会文化的内化导致个体文化素质的生成和发展过程中，作为心理层次的能力素质同样起着重要的不可缺少的中介作用。

沿着素质的三大层次结构，我们还可以进一步把人的素质从低级到高级具体区分为六种类型，这就是体质体能素质、个性心理素质、科学知识素质、实践技能素质、思想道德素质和审美塑美素质。这六类素质也是相互联系、相互作用，构成人的素质的整体。

二、素质教育及其结构

素质教育是面向全体学生的、发展学生全面素质的教育。素质教育与应试教育是相对立的。应试教育在教育对象上，只注重少数学习优秀的学生，“重点中学”的确定和支持就是一个证明；在发展学生素质上，只注重文化知识的培养，但由于受到升学考试的片面牵制，就是这种文化知识的培养也很难说是真正智育素质的培养，此外还忽视或放弃了其它素质的教育。显然，应试教育是片面的、畸形的。素质教育的目的在于发展全体学生的全面素质，优化学生的个性，健全学生的人格，提高学生的创造能力，进而提高全民族的整体素质。

人的素质结构是确定素质教育内容的根据，素质的结构规定素质教育的结构。既然人的全面的素质包括体质体能素质、个性心理素质、科学知识素质、实践技能素质、思想道德素质和审美塑美素质等六大类，那么全面的素质教育在内容上也可以大体相应地分为以下六大类：体质体能教育（体育）、健全心理教育（心育）、科学知识教育（智育）、能力技能教育（能育）、思想道德教育（德育）、审美塑美教育（美育）。需要特别说明的是，由于在正在到来的信息时代里，人才的竞争在根本上是人才能力的竞争，能力素质具有特殊的重要性，所以在以上素质教育的分类中，我们特别把作为个性心理特征的“能力”从“健全心理教育”中抽取出来；又由于能力是技能的直接前提，所以把“能力”与“技能”归为一类，称为“能力技能教育”。

素质教育的以上六类内容涉及完整素质的各个基本方面，既适应发展学生全面素质的需要，又适应现代中国对于人才培养的需求。在素质教育中的六类教育，任何一类都是不可缺少的，但它们各自在素质教育中的地位和作用是有区别的，并因此规定了我们在素质教育上的基本的指导思想。在素质教育的整体结构中，德育处于核心地位，起着导向作用。德育不仅要培养学生科学的世界观、政治观、道德观和人生观，而且规定着其它素质生成和发展的方向，规定着素质为谁服务的问题。体育的目的在于提高体质和体能，为发展其它素质提供健康而富有活力的生理基础。心育即健全心理教育的目的不仅在于维护心理健康，消除心理疾病，还在于要提高心理品质。比如，同样是健康的正常的思维，但不同人的思维品质——思维的逻辑性、敏捷性、创造性等是有差别的。心育要为素质的发展提供优良的心理基础。心理基础比生理基础更重要，因为心理素质较之生理素质，它是能动的积极的，它构成文化素质生成和发展的内在机制，它直接影响着文化素质发展的效率。智育是素质教育结构中的基本组成部分，是整个素质教育的主体部分。智育不但要向学生传授文化科学知识，提高学生的科学素质，而且也为其它各类素质的发展提供不可缺少的科学知识和智力支持。美育的目的在于培养学生的美学素养，陶冶学生的审美情操，追求真善美、拒斥假丑恶，提高学生审美塑美的能力，使学生能够按美的规律去认识世界、改造世界，从而使学生的素质更加完善。所以，美育是对于学生整体素质的提升，是对素质教育的升华。关于能育即能力技能教育，第一，能育是一种综合性教育。首先，能力生成和存在于各项素质之中，如生理素质中的体能，心理素质中的观察力、思维能力，文化素质中的政治鉴别力、道德评价力、智力、审美能力等。其次，技能依赖于并以扬弃的形式包含着其它各种素质。技能的形成和提高必须以其它各种素质为基础、为前提，即需要相关的生理、心理、文化、能力等素质。所以能力技能素质是综合性的，整体素质的提高在能力技能素质中得到综合体现，能育是综合性教育。第二，提高能力技能素质是素质教育的内在目标。发展个体的整体素质本身并不是素质教育的最终目的，其最终目的是为了使优秀的素质转化为从事一定社会实践的有用人才，即培养社会主义事业的建设者和接班人。然而个体的其它各项素质并不能直接外化为社会实践，必须在其它各项素质的基础上形成一定的能力和技能，并通过能力技能才能外化为社会实践。因此，能力技能的教育也就成为素质教育的内在目标，这也就是能力技能教育之所以重要的缘由。

总之，在素质教育的整体结构中，德育是导向，体育和心育是基础，智育是主体，美育是升华，能育是目标。我们必须以这样的认识促进学生素质的全面发展。

三、教师能力及其结构

要了解什么是“教师能力”，首先必须了解什么是“能力”?能力是一种心理现象，许多心理学教科书把能力归入“个性心理特征”，以与心理活动相区别，这当然是对的。但从行为学看，能力实际上是作为一种内在的心理机能对外在的活动发挥作用的。所以我们在研究教师的能力时，把“能力”定义为一种“心理机能”可能更确切。能力的另一个特征是，它的作用在于促使主体实践活动的顺利完成，影响活动的效率。能力还有一个特征是，它不是时有时无的，主体一旦形成某种能力，这种能力便相对稳定存在并经常发生作用。由此我们可以给“能力”下这样一个定义：能力是主体内在的能够促使活动顺利完成的相对稳定的心理机能。那么相应地，“教师能力”就是教师内在的能够促使教学活动顺利完成的相对稳定的心理机能。

那么，教师为了保证和提高教书育人的效果，究竟应当具备哪些主要的能力以及这些能力的结构如何？

素质教育是通过素质教学活动实现的。素质教学活动本身是一个有其内在结构的系统，这是一个以教学活动的主体教师和客体学生为两极，以教师能力等为中介的，教师的教学活动与学生的学习活动双向运行的动态系统。这一内在结构包含着教学活动区别于其他人类活动的特殊内在机制，即教学活动的过程是教师素质转化为学生素质的过程，而教师能力则是这种“转化”的中介；从信息学看，教师能力则是教师的素质信息向学生传递的信息通道。教师究竟应当具备哪些基本的能力？对这个问题的回答就应该从教学活动的这个内在机制中去寻找。既然教师能力是素质信息的通道，那么教师的能力就应当有利于这种信道的畅通。也就是说，在素质教育下，教师所应具备的能力，既应有利于信源——教师素质信息的准确传递，又应有利于信宿——学生对于素质信息的有效接收；既应有利于教师全面素质的传授，又应有利于学生对于全面素质的掌握。这是由教学活动的特殊内在机制所规定的对于教师能力的一般要求。

根据对于教师能力的一般要求，教师在教学活动中应当具备的基本能力是：

第一，**传授能力**。传授能力就是教师将教学内容准确、有效地传达给学生的能力。既然教学活动是教师素质转化为学生素质的活动，那么这个转化过程最基本的部分就是教师必须把教学的内容传授给学生，这个传授必须是准确的有效的，这就要求教师必须具有较高的传授能力。“传授”是教师工作最主要的特点，所谓“传道、授业、解惑”。所以传授能力是教师必须具备的最主要的职业能力。传授能力作为教师的一种基本能力实际上是一系列具体能力的综合，包括组织教案的能力、对概念及理论的理解能力、讲清问题的讲解能力、逻辑思维的能力、理论联系实际的能力、对于教学方法的选择和运用能力以及因材施教能力等。

第二，**示范能力**。示范能力就是教师在教学活动中以自身的规范化的言行为学生的学习发挥榜样作用的能力。示范性是教师工作的又一重要特点。教师的示范作用表现在教书育人的各方面活动中，从思想道德教育中的为人师表，实验教学中的实验演示到体育教师的示范动作等等。甚至在课堂讲授中，首先教师要讲得清楚，讲得有道理，富有真理的力量，然后学生才能听得懂，才能相信，这也是一种示范作用。所谓“要叫学生听懂，首先教师自己要懂；要让学生做到，首先教师自己要做到”，讲的就是教师的示范作用。俗话说，“身教重于言教”，这是因为，（1）教师是学生学习的榜样，学生对教师一般都有信任感，因此“身教”富有榜样的力量；（2）“身教”使抽象的理论显现化、具体化，有助于学生对理论的理解，便于学生的学习。所以教师应当具有示范能力。

第三，**表达能力**。表达能力就是教师在教学活动中把教学内容外化为可为学生直接感知的形式的能力。或者说，表达能力就是教师通过一定的直观形式去表现教学内容的能力。这类表达形式有口语、体语（表情、体态、手势等）、板书、图表等。教师的表达能力具体表现为口语表达能力、体语表达能力、板书表达能力等。表达性也是教师工作的一个重要特点。教师的素质要转化为学生的素质，教学的内容要传授给学生，为学生所理解所接受，就必须采取恰当的生动的发人深思的表达形式。如果说“传授能力”是属于教学内容范畴的，那么“表达能力”就是属于教学形式范畴。内容必须通过形式来表达，没有必要的表达能力，内容的传授便无从谈起。所以教师应当努力提高自己的表达能力。

第四，**启发能力**。启发能力就是教师从学生的实际情况出发，开启其学习兴趣，消除其学习障碍，引导其学习方法，提高其学习自觉性和主动性的能力。教师传授的教学内容，只有得到学生的理解和接受，才能使教学内容内化为学生的素质，才能达到教学的目的。学生的头脑不是一个敞口的水桶，只管往里灌水就行了。学生是有特殊精神状态的人，而且是心理发育不够成熟、认识水平不高、社会阅历不深的青少年，他们在思想上会有这样那样的学习障碍。教师的一项重要工作就是要做学生的启发引导工作，以消除其学习障碍，提高其学习的自觉性和主动性。所以启发性是教师工作的又一个重要特点，教师必须提高教学的启发能力。

第五，**创新能力**。创新能力就是教师在教学活动中去旧立新的能力。教师不应该只是教书匠，不应该只会重复前人或他人的东西。优秀的教师或者学者型的教师应该随着时代、科学和教育的发展，通过科研和教学实践的探索，勇于去旧立新，更新教育观念、教学内容、教学方法。创新的一般形态是对于教学要素的局部更新，创新的高级形态是创造，即对教学要素的根本性的更新，创造新的教育理论、新的教学体系、新的教学方法。江泽民同志在考察北京大学时指出："创新是不断进步的灵魂"。没有创新，就没有教育的发展。所以培养和提高教师的创新能力，应该是对于教师的更高要求。

传授能力、示范能力、表达能力、启发能力、创新能力，这五种能力既贯串于素质教育之中，又是对于任何学科的教师的普遍性要求，所以这五种能力是教师的基本能力或一般能力（教师的不同学科的能力则是教师的特殊能力）。因为前四种能力在教学活动中直接作用于教育对象，所以我们称之为"教师职业能力"。而第五种能力——创新能力则直接作用于教学内容、教学方法等的更新上，对教育对象的作用是间接的，对于教师职业来说是一种提高性的能力，所以是更高层次的能力。

透过五种基本的能力，更深层次的能力是教师的认识能力，即感知能力、记忆能力、思维能力、想象能力等。认识能力是任何职业的工作者尤其是脑力劳动者都必须具备的能力，当然也是作为脑力劳动者的教师必须具备的能力，所以认识能力是教师能力中更为一般的能力。教师的基本能力依赖于教师的认识能力，教师基本能力的提高以教师认识能力的提高为前提。可见，教师的认识能力构成教师基本能力的基础，所以我们把教师的认识能力叫做“教师基础能力”。

这样我们可以把教师能力的结构区分为三个层次：教师的认识能力，这是第一层次，即教师的基础能力；教师的传授能力、示范能力、表达能力、启发能力，这是第二层次，即教师的职业能力；教师的创新能力，这是第三层次，也是最高层次。教师能力是由这三个层次的能力相互渗透、相互联系、相互作用而构成的统一整体。一方面，低层次能力是高层次能力的基础，高层次能力是低层次能力的主导；另一方面，教学效果的提高，不是任何一种教师能力单独作用的结果，而是多种能力的综合作用。

教师能力的研究和训练是一块正在开垦的处女地，是教育研究中的一个新课题。一切有志于教育事业的同仁们，都应当重视教师能力的研究，应当投身教师能力的研究。一旦教师能力的研究趋于成熟，教师能力的训练趋于规范化，就必将有力地推动教学水平和教学效果的提高，为祖国的“科教兴国”做出一份贡献。

（本文发表于《芜湖师专学报》哲学社会科学版，1998年第3期。本文亦是本人和戴长江主编的学术专著《素质教育与教师能力》的《前言》，该书是本人为主持人的世界银行贷款“师范教育发展”项目《教师能力研究》的一个成果，该项目获得“教学成果奖省级贰等奖”）

关于“三步式”教学法的理性总结

“三步式”教学法是我在马克思主义哲学原理的教学中对于教学方法的一个改革尝试。这种教学法在本人多年的教学实践中，不断改进，并已逐步系统化和规范化。实践证明，“三步式”教学法有利于调动学生学习的主动性和思考的积极性，有利于提高学生学习的效果和教师的教学水平。现根据自己的实践体会，从理论上对这种教学法作一简要总结，希望得到同志们的指正，以求得进一步完善。

一、改革缘由

“三步式”教学法，即“自学、讨论、讲解”有机结合的教学法。“三步式”教学法是针对传统的“讲授法”之不足而构想、采用的。传统的“讲授法”就是单纯由教师在课堂上向学生讲授教学内容的教学法。这种教学法有其优点的一面，这主要是教师能够较充分地传授自己已有的知识和技能。然而，这种教学法虽然也能在一定程度上调动学生思考的积极性，但这种作用是相对有限的。其原因在于，“注意听讲”是“讲授法”的内在要求，这种要求势必使学生陷于“听讲”与“思考”难于两全的困境。而“注意听讲”的内在要求又势必使学生牺牲思考以迁就听讲。作为结果，就基本上只是发挥教师一个方面的积极性，而学生思考的主动性相对地受到束缚，思维的积极性得不到较充分的调动，从而影响教学的效果。为了走出这一“困境”，弥补传统“讲授法”的不足，即为了从教学环节上保障学生能够发挥其学习的主动性和调动其思考的积极性，多年来我在哲学教学中试用并逐步完善了“三步式”教学法。

二、基本做法

“三步式”教学法以教学内容的一章或一个单元为一个独立的教学过程。在一个教学过程中，采用“自学”、“讨论”、“讲解”这三个基本的环节。

自学——学生自己阅读。配合学生的自学，教师应专为学生布置“自学思考题”。这种思考题主要应涉及教材中的基本原理和基本理论。目的在于引导学生的阅读，使学生通过自学尽可能地理解、掌握相关教材的基本内容。同时要求学生在自学中要提出问题，写成纸条，集中交任课教师。学生提出的问题，可以是教材中的疑难问题，也可以是对教材中的概念、观点、原理等的质疑。

在自学中，强调学生要独立思考。

讨论——学生相互讨论。在学生自学、提出问题的基础上，教学转入讨论环节。讨论题应由教师提出（但也不排除学生在讨论中提出其它讨论题）。教师确定讨论题的原则是：1、应以学生自学中提出的问题为拟题基础，即或者是选择学生提出的现成问题，或者是集中学生的普遍的疑难问题。2、应是教材内容的重点、难点。3、应具典型性，即代表性、普遍性。通过一个问题的讨论，可触类旁通、举一反三，连带解决学生提出的其它相关问题。4、应覆盖相关教材的基本内容。5、应联系实际，或者是理论上存在的实际问题，或者是现实中的实际问题。6、在拟题技巧上，最好是似是而非的或似非而是的问题。总之，教师提出的讨论题应当比学生自学中产生的问题更集中、更典型、更具难度。

讨论可采取两种形式：“学生分组讨论”与“全班集中讨论”。学生分组讨论时，教师要亲临一两个小组的讨论现场，以便亲自了解讨论的情况并作必要的指导。讨论后要听取各小组讨论情况的汇报。两种讨论形式相比较而言，“分组讨论”的优点是：（1）因人数少，每个人可获得较多的发言机会；（2）因场面小，同学们的发言可更随意、更无顾忌，因而能在更大程度上调动同学们的思维积极性。缺点是：（1）在教师不在场的时候，可能出现冷场现象；（2）不同小组的同学之间在讨论中无法相互交流、相互启发；（3）任课教师无法参加每一小组的讨论，因而无法亲自了解和引导每一小组的讨论。“全班集中讨论”的优缺点，恰恰同“分组讨论”的相反。鉴于这两种讨论形式的优缺点，也可以把这两种讨论形式结合起来，即先“分组讨论”，后“全班集中讨论”。在这种情况下，集中讨论的问题应该是分组讨论中尚未解决的问题。

在讨论中，强调学生要积极争论。

讲解——教师总结性讲解。在学生讨论之后，转入教师讲解。教师的讲解带有总结性。其内容可分为两大部分，即“简述”与“答疑”。“简述”就是由教师简要地叙述、讲解相关教材的基本内容（基本概念、基本原理等），并揭示各部分内容之间的逻辑关系。简述的目的在于进一步突现教材的基本内容，展示哲学内容本身的系统性，使学生经过自学、讨论之后，能进一步把握哲学原理之间的逻辑联系，获得哲学内容的整体感。“答疑”就是对于讨论题和讨论中产生的有代表性的疑难问题作出教师的解答，并在解答中进一步强化对于基本原理的理解。可先简述，后答疑；也可在简述基本内容的过程中穿插对相关问题的解答。

三、效果分析

以上“三步式”的基本做法，从自学到讨论，再到总结性讲解；从“自学思考题”到“讨论题”，再到总结性答疑等等，都不是随意安排的，而是遵循了教学的一般原则。“三步式”教学法至少贯彻了如下几个教学原则：它鼓励学生独立思考，调动学生学习的主动性，力求提高学生分析问题、解决问题的能力，因而贯彻了**启发性原则**；它要求学生在自学、讨论中要积极提出问题，并力求用基本原理去解答问题，教师也必须在“讲解”中对学生提出的问题给予理论上的解答，因而贯彻了

理论联系实际的原则；“三步式”教学法是一个由浅入深、从易到难的过程，因而贯彻了**循序渐进的原则**；从自学、讨论到讲解，反复学习的是同一部分的内容，有利于加深理解、强化记忆，因而贯彻了**巩固性原则**等等。可见，“三步式”教学法遵循了教学规律，有其科学性，所以能够达到较好的教学效果。具体说来，可收到如下几个方面的效果：

第一，“三步式”教学法有利于发挥学生学习的主动性，调动学生思考的积极性。

传统的“讲授法”主要是教师单方面的讲课，学生基本上是被动的一方，而且由于学生在听课过程中，独立思考的时间有限，因此学生思考的积极性受到了限制。而在“三步式”教学法中，由于“自学”和“讨论”构成了教学过程的两个有机环节，这就在时间和程序上使学生拥有学习的主动权，并促使学生调动其思考的积极性。“自学”环节保证了学生能够自己去看书；在看书中积极开动脑筋，独立思考；在思考中力求理解，并提出自己难以理解的问题。在“讨论”环节中，同学们展开对问题的讨论；在讨论中，同学们势必发生争论；在争论中，互相启发，集思广益。这种不同观点的争论，势必产生一种动力，促使同学们进一步调动思维的积极性，提出新的问题，这就在更广更深的程度上发挥同学们学习、思考的主动性、积极性。我校政史八五级同学在自学“社会基本矛盾”这一章时，学生自己共提出了148个问题；在自学“阶级、国家、革命”这一章时，共提出了151个问题。在讨论中，同学们又提出了一些有助于理解基本原理的新问题。如在讨论“物质和意识”这部分内容时，有的同学提出了这样的问题：“有些女青年在谈恋爱时，向男方要这要那，还说，‘现在东西准备充足些，以后感情就会好些，家庭就会幸福，物质决定意识嘛！’这种理由对不对?”在讨论“阶级、国家、革命”这一章时，有些同学又提出这样一些问题：“在国内‘以阶级斗争为纲’是错误的，在国际关系中是否要‘以阶级斗争为纲’?”“书上说‘国家是一个阶级统治另一个阶级的工具’，这句话对社会主义国家是否适用?”等等。可见，“三步式”教学法有利于发挥学生学习的主动性和调动其思考的积极性，达到较好的学习效果。

第二，“三步式”教学法可以收到深化理解、强化记忆的效果。

这是因为，首先，从自学，到讨论，再到讲解，学生学习的是同一部分的教学内容，这就在学生的头脑中形成多次反复，每一次反复都会加深学生的理解，都会加强学生的记忆。其次，这三步是采取逐步深化的形式：第一步自学，学生独立思考；第二步讨论，同学间互相启发，扩大思路，加深理解；在“自学”和“讨论”中，经过学生动口争论和动脑思考的问题，在第三步中再由教师进一步讲解，这样又可以使学生对基本原理的理解和记忆向前推进一步。再次，从第一步的“自学思考题”，到第二步的“讨论题”，也是采取逐步深入的形式。自学中的思考题，只要阅读教材就可以回答。而讨论题是在学生自学、思考的基础上提出来的，具有更大的难度。正确地解答了讨论题，就意味着理解加深了。总之，这三步是采取多次反复、步步深入的形式，这就在教学方法上保证学生能够在多次反复中，逐步加深对同一内容的理解和记忆。

第三，“三步式”教学法有利于提高学生分析问题、解决问题的能力。

学习马克思主义哲学的目的在于通过调动学生思维的积极性，把握马克思主义哲学的立场、观点和方法，达到提高学生正确地分析问题和解决问题的能力。“三步式”教学法提供了有助于达到这一目的的内在机制。“三步式”的教学过程贯穿着“提出问题——解决问题——再提出问题——再解决问题”这样一个循环递进的过程。在自学之前，由教师提出“自学思考题”。学生在自学看书中力求自己分析、解决这些问题。学生在自学中弄清自学思考题的同时，又产生、提出新的问题，教师集中学生在自学中产生的问题，再提出“讨论题”。学生在讨论中试图回答这些讨论题的同时，又会产生新的问题。最后教师在总结性“讲解”中，对于讨论题和学生提出的新问题作出教师的解答。在教师的解答中，学生可以与自己如何回答这些问题进行比较，看老师是如何分析和解答这些问题的。在这种反复递进的“提出问题——解决问题”的过程中，就逐步地提高了学生分析问题、解决问题的能力。

第四，“三步式”教学法能够实现教与学的密切配合，调动师与生两个方面的积极性，促进教学相长。

“三步式”的教学过程是教与学密切配合的过程。在“自学”中，教师提出自学思考题，学生围绕思考题进行自学。在“讨论”中，教师进一步提出讨论题，学生围绕讨论题展开讨论。而且在“分组讨论”中，教师必须深入一两个小组的讨论现场，亲自了解和引导学生的讨论；在“全班集中讨论”中，教师也必须当场时时加以引导。而在“讲解”中，教师的讲解是以学生的自学、讨论为基础的，这本身就在更高程度上体现了教与学的配合。

教与学的配合过程，也就是调动师与生双方积极性的过程。“三步式”教学法能较充分地调动学生学习的积极性，已如上述。而对于教师来说，这种教学法不是降低教师的积极性和作用，而是对于教师的作用提出了更高的要求。这不仅是因为整个“三步式”教学过程离不开教师的指导和讲解，而且是因为这种教学法效果的好坏大小，在相当程度上依赖于教师的业务水平（理论、技能、知识等水平）。教师的业务水平越高，他提出的自学思考题，尤其讨论题就越具科学性、技巧性，他的讲解就越能抓住重点、难点，就越具准确性，从而教学效果就会越好。

这种教学法不但能使学生取得更好的学习效果，而且可以促进教师教学水平的提高。这种教学法对于教师来说，不是轻松了，而是增加了压力。较之单纯的讲授法，教师不但要具有善于组织更为复杂的教学秩序的才干，而且必须具备更为广博的知识、更高的学术水平和分析问题、解决问题的能力。这是因为在采用“讲授法”的教学中，教师是按事先从容地准备好的教案向学生传授的。在这种情况下，教师对教材的难点，如果他没有能力解答而又不负责任的话，他会“绕过问题走”。但在“三步式”教学法中，教师必须面对学生提出的各种难题，并且必须给予准确的满意的回答。这就迫使教师必须通过勤奋的学习和科研，不断汲取新的知识，努力提高自己的学术水平和教学能力；必须留心社会实情，了解自己的教育对象。所以“三步式”教学法可以促进教学相长。

关于“三步式”教学法的教学效果，我曾在我校中文八三级的学生中作过一次书面调查。在上交的65份调查意见中，赞成采用“三步式”教学法的有51位同学，仍然赞成单纯由教师讲授的只有1人，其他13人则主张将“讲授法”与“三步式”教学法结合起来，或交错进行。可见相当多数同学赞成“三步式”教学法。在赞成“三步式”教学法的同学中，有一位的意见具有代表性，他说：“这种方法能培养学生以下几种能力：一、自学能力，二、思维能力，三、发现问题能力，四、分析问题、解决问题能力，五、创造能力，创造能力是在学习过程中有自己独特的见解。”

以上的分析和教学的实际效果表明，“三步式”教学法较之单纯的“讲授法”具有明显的优点。当然这种教学法还需在教学实践中不断完善，运用时也不是一成不变的。

（本文发表于《芜湖师专学报》文科版，1990年第1期。本文是本人的教学研究项目《教学方法改革和教学内容研究》的一个成果，该项目获得“省级优秀教学成果个人贰等奖”）

论“十八字”教育思想

面对二十一世纪我国改革开放和社会主义现代化建设对于师范人才的需求，面对初中“素质教育”对于师资培养规格的要求，我认为，在我校的教学活动和教学管理中，应当确立“十八字”教育思想，即“正师德、厚基础、宽知识、强技能、健体魄、高质量”。党的教育方针是：“教育必须为社会主义现代化建设服务，必须与生产劳动相结合，培养德、智、体等方面全面发展的社会主义事业的建设者和接班人。”可以说，这“十八字”教育思想是党的教育方针在师范教育的具体化。真正贯彻党的教育方针，就必须实现“应试教育”向“素质教育”的转化。因此，贯彻“十八字”教育思想，也是适应“素质教育”对于师资培养要求的。下面对于“十八字”的内涵、必要性以及如何在我校教育实践中加以贯彻，作一简要阐述。

一、正师德

“正师德”，就是我们的学生要有端正的教师道德，要有成为未来一名合格的人民教师所必须具备的思想道德。

我国早在春秋时期，哲人们在治国安邦上就主张要重“三事”，即正德、利用、厚生。在封建社会里，“正德”的“德”是封建主义的道德，说到底是为封建统治阶级服务的。今天，我们所讲的“正德”，就是要有端正的社会主义道德，在我们师范院校，就是要有端正的教师道德，即“正师德”。

“正师德”，这首先是由我们学校的性质决定的。我们的学校是社会主义的大学，要培养的是社会主义事业的建设者和接班人，而不是西方的个人主义者，更不是社会主义制度的埋葬者。因此就要教育我们的学生树立坚定的社会主义信念，学会在资产阶级自由化思潮的侵袭下，站稳脚跟，明辨是非，坚持真理，抵制错误。其次，“正师德”是由为人师表的要求决定的。我们的师范生是未来的人民教师。作为人民教师，不但要有精湛的学识，而且要有高尚的道德情操。为师者，应有比一般人更高的道德素质，这是教师这一特殊职业所要求的。“老师”，这是一个令人肃然起敬的称呼。一位名副其实的而不是徒有其名的老师，他（她）不但应该“学高”，而且应该“身正”。所以，我们的师范生为了将来能够成为真正的老师，真正做到为人师表，在校期间就应该自觉地进行师德养成，就应该努力提高自己的敬业精神、奉献精神和组织性、纪律性。《礼记·文王世子》中说：“师也者，教之以事而喻诸德也。”这就是说，教师的责任，不但要教之以事，而且要晓之以德。用今天的话说，就是既要教书又要育人。古人还说：“行可以为仪表者，人之师表”。即行为可以成为人们学习榜样的人，才能为人师表。这都说明，老师必须具有高尚的师德。蔡元培先生说：“什么叫师范？范就是模范，可为人的榜样。自己的行为要做别人的模范，所以师范生的行为最重要。”说明师范生“正师德”的重要性。

为了“正师德”，就必须用马克思主义武装学生的头脑，就必须对学生进行爱国主义、集体主义和社会主义的教育，就必须使我们的学生逐步树立起科学的世界观、人生观和价值观。在私有制和市场经济的负面影响下，在学校这块“净地”受到社会种种不正之风的冲击下，我们尤其要重视学生基础文明的教育，这就是我校所确立的大学生基础文明“十要十不”的教育。“十要十不”的核心是集体主义的奉献精神，所以做到“十要十不”，不仅是日常文明的表现，也是集体主义奉献精神的表现。因此，抓“十要十不”的教育与抓上述的“三观”、“三个主义”的教育是一致的。在具体操作上，要继续抓好“两个结合，一个氛围”，即以“两课”为主要形式的课堂思想教育和平时的思想教育相结合，软性的思想教育和硬性的以奖优汰劣为主体的制度管理相结合；创造一个以校园文化活动为载体的健康、多采、向上的校园文化氛围。

要“正师德”，就要两代师德一起抓。我们的学生作为未来的老师，要对他们进行师德教育；我们的教师作为现实的老师，更要提高自己的师德水平。从广义上说，全校教职员工都是学生的老师，因而全体教职员工都有为人师表的责任，所以“正师德”也是对于全体教职员工的要求。我们要求学生“正师德”，我们全体教职员工首先要做到“正师德”。这就要求我们的全体教职员工要有敬业爱岗的精神、无私奉献的精神、对工作精益求精的精神；就应该自觉地做到“三育人”，即教书育人、管理育人、服务育人；就应该以自己高尚的言行去影响学生的思想。全体教师就应该认真执行我校《关于教师教书育人职责的规定》。

二、厚基础

“厚基础”，就是我们的学生要有厚实的专业理论知识基础。

这里的“基础”，指的是专业理论知识，即“专业课程”所涵盖的理论知识。既不是指非本专业的其他理论知识，也不是单指本专业的“基础课程”，而是包括本专业的“基础课程”和“主干课程”。“厚”，指的是深厚扎实。

任何教师，总是一两门专业的教师，在他的专业领域里应当具备深厚扎实的理论知识，这一点对于层次愈高的学校之教师，要求愈高。具有厚实的专业知识，这是教师教好书的基础，是当好老师的看家本领。教师只有具备了厚实的专业理论知识，在他所授的专业课程中才能给学生以科学的知识，才不致于误导学生、误人子弟。韩愈说：“师者，所以传道、授业、解惑也。”一位在本专业领域造诣不深的教师，不可能真正履行“授业”、“解惑”的职责，即使是“传道”，也会因为缺乏深刻的理论根基而难收“传道”的效果。俗话说：“隔行如隔山”。恩格斯也说：任何人越出他的专业的范围，都只是一个半通。可以断言，没有主攻方向的、缺乏专业造诣的“杂家”，是当不好教师的；没有厚实的专业理论知识，不可能成为一名高质量的称职的教师。

基于以上理由，所以我们把学好专业理论知识看作师范生成才的基础。学生应当把主要的时间和精力花在专业课的学习上。忽视专业课的学习甚至取消专业课的做法，实质上是抽掉了实现合格师资培养目标的基础，因而是错误的。因此，学校和系（部）领导以及全体教师在教学管理上和思想教育中，应当引导学生重视专业课的学习，提高学生学习专业课的自觉性。

要使我们的学生达到“厚基础”，就要求我们在制定新的“教学计划”、确定本专业的学科课程时，要选择好本专业的基础课程和主干课程；在制定“教学大纲”时，就要认真规定既适合又高于初中教材的教学内容。在提倡教学内容实用性的舆论背景下，有一种观点认为，为了实用，初中开什么课程，我们就教什么课程。按照这种逻辑，那么我们只要把初中的课本拿来讲解就行了。这种观点显然是不妥当的，是对于“实用性”的片面理解。我们认为，专业主干课程和基础课程的设置，既要同初中的教学内容相适合，又要比初中的教学内容更深更高。人们常说，你要给学生半桶水，你自己就要有一桶水。只有这样，我们的毕业生在讲授初中教学内容时，才能做到融会贯通，高屋建瓴。

同样的道理，我们师专的教师，也应该有比教材内容更深更宽的专业理论知识，要有高深的专业造诣，这就是所谓“学高为师”。这就决定了教师职业的特殊性。教师的职责、工作，不限于上几堂课，还包括在课下时间要钻研教材，要读书、进修，要不断提高自己的专业理论知识，要更新自己的知识结构，为此，还要开展科研，通过科研促进自己专业水平的提高，以科研促教学。由此观之，那些把大部分时间、精力花在第二职业上的教师们，难道可以心安理得吗？

三、宽知识

“宽知识”，就是我们的学生要有比较宽广的知识面。

传统的普通高校教育（包括师范高校）历来实行的是单专业课程结构，课程的设置完全是以单专业为中心展开；每个学生只学一个专业，他所学的只是同单专业直接相关的知识。结果造成了学生的知识结构单调，知识面狭窄，学中文的只会教语文，学数学的只会教数学。今天，这种“单专业”的教学模式已经不能适应社会和教育发展的需要。社会的有识之士已经发出呼吁：高校教育必须拓宽知识面！目前，这种“宽知识”的教育观念在许多高校正在变成教学改革的实践。

为什么我们师专也必须把“宽知识”作为教育的一个目标？这不但有其一般的原因，而且有其特殊的理由。第一，为了适应现代科学发展趋势的需要。二十世纪以来，特别是二十世纪中叶以来随着自然科学、社会科学研究对象的深入，科学研究所要解决的问题，往往不是单学科问题，而是必须借助学科的综合知识。由此产生了一系列的边缘学科、横断学科，即综合学科，因而现代科学的发展出现了综合化的趋势。今天以及今后，中学生在求知的道路上、中学教师在育人的生涯中所遇到的越来越不是单科的知识，而是多学科综合知识，因而，不论是中学生还是中学教师，其知识也必须是综合的。第二，为了适应中学教育由应试教育向素质教育转变的需要。长期以来的应试教育为升学考试而学习，造成了学习上严重的偏科现象、素质教育上的残缺不全、人格塑造上的片面畸形。素质教育主张德、智、体、美、劳全面发展，体现在课程设置和教学要求上，学生不但要学好语文、数学、外语、物理、化学、政治、历史等主科外，还必须接受音乐、美术等艺术的陶冶、体育的锻炼和计算机、劳动技能的训练。而且反映现代科学发展的综合化趋势，今天的中学课程设置和教学内容正面临着新的改革，一批《综合文科》、《综合理科》的崭新教材正在一些省市率先取代以往的单科教材。这说明我们的师范生必须具备不同专业、不同学科的知识。第三，为了适应初中特别是农村初中同一教师要教几门课程的特殊需要。目前初中，尤其是农村初中，规模小，班次少，同一位教师往往要教几门课，到农村任教，希望专业完全对口，学中文的只教语文，学物理的只教物理，往往是不可能的，甚至专业完全不对口的情况也存在。而我校的教育主要是面向广大的农村。以上需要，要求我们的教学必须拓宽学生的知识面，必须扩大学生的适应面。

正是基于“宽知识”的要求，我校在专业结构的改革上，多年来实行主辅修专业；在课程结构的改革上，各专业还开设了一系列实用性强的特设课程，增加了活动课程；还在全校各专业中，普遍开设计算机、公共英语、音乐等课程。这些措施的实行，无疑有助于学生知识面的拓宽、全面素质的培养和社会适应性的提高。此外，在今年新的教学计划的修订中，各系还应重视选修课的开设。选修课应分两类：一是专业选修课，专业选修课与专业的内容直接相关，面向本专业学生，供本专业学生选修；二是公共选修课，这类选修课面向全校学生，供跨专业学生选修。对于后一类选修课，特别要提出文理渗透的要求，文科的学生要学点自然科学知识，理科的学生要学点人文科学的知识。

四、强技能

“强技能”，就是我们的师范生要有较强的教师职业技能。

传统的师范教育，只是重视专业理论知识的传授，而忽视了教师职业技能的学习和训练。这种纯理论知识的师范教育，造就的是“眼高手低”的学生，纵使满腹经纶，却因缺乏将自己的知识向学生转化的足够能力，而不能成为好的教师。国家教委颁布的师专新的教学方案，在教学观念上有一个重要转变，就是加强教师职业技能的训练，就是强化教学实践性的锻炼。

师范生应该具备从事实际的教学工作所必需的职业技能，这是因为作为一名师范生，他不仅要有厚实的专业理论知识，而且要懂得教育教学的规律，要善于洞察学生的心理动态，要有科学而有效的教学方法，要有管理学生的实际能力，要有口语表达能力，要会讲一口标准的普通话，会写一笔规范端正的文字等等。为此，在我们的课程设置上，就要开设教育学、心理学，这种教育学、心理学应该密切结合中学教书育人的实际，应该揭示中学教育的规律；还要开设教材教法课、普通话课、教师口语表达课、书法课；还要开设活动课程，并通过丰富多样的课外活动的锻炼，培养学生的组织能力、管理能力。教师职业技能课实践性很强，仅仅满足于课堂上知识和技能的讲授是很不够的，必须立足于课外的实际训练。这种实际训练可以采取多种的形式，其中的一种形式，我认为可以收到较大的效果，那就是普通话演讲。如果每个班级每周用一个晚自习的时间，让学生上台轮流演讲（演讲稿必须由学生自己写），那么一定能够明显提高学生的从教能力。因为普通话演讲是一种综合性的锻炼，可以提高学生的写作能力、普通话水平、口头表达能力、在众人面前讲话的勇气和胆量以及驾驭课堂的能力等等。我们的许多毕业生刚刚走上中学讲台的时候，或者由于胆怯，或者由于平时缺乏师范技能的锻炼，因而教态不自然，不能确切表达讲课的内容，不能从容地驾驭课堂秩序，影响了教学的效果。如果在二、三年级的在校学习期间，能坚持平时的普通话演讲锻炼，对克服这些毛病，对于提高师范生的职业技能，一定能收到良好的效果。

五、健体魄

“健体魄”，就是我们的师范生要有健康的体质。

“健体魄”是学生全面素质的一个重要组成部分。一般说来，全面素质包括思想道德素质、文化科学素质、劳动技术素质、个体心理素质、体质体能素质和审美塑美素质。一个学生，即使其他素质都优良，只是体质体能素质差，那么就不能说他的素质是健全的。“健体魄”不仅是学生素质全面发展的要求，也是培养合格的劳动者的需要。高校学生（包括师专生）都是未来各个部门的劳动者，都是社会主义事业的建设者和接班人。如果在校期间，不重视身体的锻炼，没有健康的体质，甚至体弱多病，那么毕业后就会因身体条件差，难以完全履行工作职责而成为“次品”。所以我们在素质教育中，必须重视学生健康体质的培养，必须重视公共体育课的教学。

我们采用“健体魄”这一表述也是为了表明学校公共体育课教学的目的。在包括师范院校在内的普通高校开设公共体育课的目的是什么？毛泽东同志指出：“发展体育运动，增强人民体质”。这就指明了我们开设公共体育课的目的是增强学生的体质，也就是为了“健身”。人们往往把一所学校在体育比赛中获得奖牌的多少作为评价一所学校体育课成绩的标准，然而这是误导！评价学校体育课成绩的标准，不应是竞技的成绩，而应是学生体质增强的状况。普通高校与体育院校、体工队不同，后者的目的在于提高体育竞技的水平，在于培养成绩拔尖的运动员；前者的目的在于锻炼学生的身体，在于提高全体学生的身体素质。以竞技的成绩作为衡量高校公共体育课教学成绩的评价标准，这就从根本上歪曲了学校公共体育课教学的目的。在高校公共体育课的教学中，实际上存在着两种根本不同的教学思想。一种是以运动为中心，教学的目的是提高学生的体育竞技水平；另一种是以“健身”为中心，教学的目的是提高学生的身体素质。前者是错误的，后者是正确的。所以在高校的公共体育课教学中，必须明确运动和健身的关系。这两者的关系应该是目的和手段的关系。健身是运动的目的，运动是健身的手段。学生开展体育运动的根本目的，不在于运动本身，因而也不在于运动的种种方式（田径、球类等），不在于运动的竞技成绩，而在于学生体质的增强。那么这样说来，在公共体育课教学中，就可以不重视运动方式的教学了？就可以不重视运动竞技水平的培养和训练了？回答是否定的。因为目的实现，总是需要一定的手段，而不同的手段对于实现同一目的，其作用和效果是不同的，所以，为了实现目的，当然应当重视手段及手段选择。同理，运动的方式作为达到健身目的的手段，当然是重要的，是不可缺少的，所以为了健身的目的，必须重视运动方式的教学。这里的“重视”，还包括重视对于运动方式的合理选择，即什么样的运动方式更有利于达到健身的目的，是田径，是球类，是体操，还是多种方式的综合？体育竞技水平的高低作为手段会反过来影响健身目的实现。竞技水平高的，会提高其体育锻炼的积极性，会促进其运动，从而会促进其体质的增强。跑得快的更爱跑，跳得远的会更爱跳，投得远的会更爱投。而且在一定意义上可以说，竞技水平高是体质好的表征（何谓“一定意义”，就是说，竞技水平与体质好的这种正比关系不是绝对的，如果过于追求竞技水平，反而会损害体质的健康。许多体育明星在竞技水平上是姣姣者，但退役后却伤病缠身。这是因为他（她）们把竞技作为目的）。所以，为了健身的目的，也要重视竞技水平的培养和训练，包括训练的合理性。我们所反对的只是，把运动本身当作公体教学的目的，因而把运动的竞技成绩当作一个学校公体教学的评价标准。

既然“健身”是高校公体教学的根本目的，那么公体课的教学计划和教学活动就应该围绕“健身”目的而展开。

在体育理论教学上，就应该提高学生的健身意识，就应该从生理和心理上讲清体育活动与健身的关系，提高学生身体锻炼的自觉性和积极性；就应该讲授健身运动的的基本知识和基本方法以及各种运动的方式对于健身的作用；还要为学生提供体育锻炼的卫生知识。

在术科课程设置上，就不应是单调的，而应是多样化的。除了田径、球类等必修课外，还应开设体操（含健美操）、太极拳等一系列选修课。只要是有利于学生健身的运动方式，都可以有选择地作为选修课开设。因为单一的运动方式只能锻炼身体的某一侧面，只有多种的不同的运动方式才能使学生的体质各个侧面得到综合性锻炼。

在课内教学与课外活动的关系上，就不仅要重视课内的体育教学，也应该重视课外的体育活动，就应该把早锻炼、下午的课外活动看作公体教学的组成部分。体育教师应当把组织好早锻炼、课外活动作为自己份内的教学工作。因为不论是课内教学还是课外活动，都是为了健身。

在学生体育成绩的评定上，不仅要依据理论课和术科的成绩，还要依据学生的健身状况（包括体育锻炼的积极性，即体育活动的参与率和体质增强的程度）。在学生成绩的总评中，后者所占的比例应该大于前者。仅仅依据理论课和术科的成绩来评定学生的体育成绩，是不合理的。因为，第一，这种做法不符合公体课教学的目的；第二，术科成绩的好坏，不能完全说明体质的好坏，一名身体健康的学生，由于某种生理条件的限制，他的某些术课可能难于达到好的成绩。在身体状况的评定中，应包括过程评价和结果评价。过程评价主要看学生参加体育锻炼的积极性，如看体育课、早锻炼、课外活动的出勤率和认真态度。结果评价主要看学生体质增强的程度。体质增强的程度，应该有一套可供测评的科学指标。

基于以上理由，公共体育课应该逐步进行相应的改革。

六、高质量

“高质量”，就是我们的师专毕业生应该是高质量的。

只要我们学校培养的师范生是“正师德、厚基础、宽知识、强技能、健体魄”的毕业生，那就是高质量的毕业生。“高质量”是我们教育教学活动的最终目标，是教学过程必须争取的最终结果；反之，“高质量”又是对我们的教学活动和教学过程的要求和规范。也就是说，只要我们的学生做到“正师德、厚基础、宽知识、强技能、健体魄”，就能达到“高质量”的目标和结果；反之，要达到“高质量”，就必须使我们的学生做到“正师德、厚基础、宽知识、强技能、健体魄”。

从系统论角度看，“高质量”本身是一个整体、一个系统，“高质量”是我们所培养的师专生所要达到的整体质、系统质。“正师德、厚基础、宽知识、强技能、健体魄”都是“高质量”这一整体的构成要素。这五种要素可以区分为两个层次，一是生理性要素，二是精神性要素。健体魄是生理性要素，正师德、厚基础、宽知识、强技能是精神性要素。这五种要素中任何一种单独的要素都不能形成“高质量”这一整体质，但是，每一要素在“高质量”整体质中都有它们应有的地位和作用，都是不可缺少的。“正师德”是信念、是品德，因而是方向。“正师德”贯串于其它四种要素之中，因为不论是厚基础、宽知识、强技能，还是健体魄，都有一个为谁服务的问题，其中哲学社会科学的理论知识，一般都有阶级性，都有一个辨别是哪个阶级哪个主义的问题，所以都要以“正师德”为导向。师德不正，就会迷失方向，就谈不上“高质量”。“厚基础”即厚实的专业理论知识，正如“厚基础”这一词所表明的，专业理论知识构成“高质量”的基础，精确地说，是构成“高质量”的精神性基础。没有厚实的专业理论知识，师德再正，一般的知识再宽，体魄再健，但学无专长，无济于事；技能的提高则依赖于专业基础，专业造诣不深，技能也难以提高。所以专业基础不厚，就不可能达到“高质量”。“宽知识”是知识面上的扩充，没有“宽知识”，就不能适应现时代和初中素质教育对于综合性知识的需求，因而也不能实现“高质量”。“强技能”是正师德、厚基础、宽知识的实践化。“强技能”主要是指教师的职业技能，强技能是由理论知识型的师范生向实践型的教师转化的一个重要环节。没有“强技能”就难以胜任中学的教学，也就难以成为“高质量”的毕业生。“健体魄”是“高质量”的生理性基础，正师德、厚基础、宽知识、强技能的发挥作用都要以“健体魄”为生理依托。一个身体健康不佳的人，势必会限制他的才干的发挥，他的素质是不健全的，因而不是“高质量”的。显然，在“高质量”的整体中，其构成要素——正师德、厚基础、宽知识、强技能、健体魄是相互联系、相互作用的，由此才形成“高质量”整体质。这说明，为了把我们的学生培养成“高质量”的人民教师，就必须努力使学生达到正师德、厚基础、宽知识、强技能、健体魄。

（本文发表于《芜湖师专学报》哲学社会科学版，1998年第2期。作者时任芜湖师范专科学校校长）

人类历史上最高尚的圣者

——兼论道德精神因素在马克思成长中的作用

一百年前，当马克思逝世的时候，他的亲密战友恩格斯沉痛地说："当代最伟大的思想家停止思想了"，"这个人的逝世，对于欧美战斗着的无产阶级，对于历史科学，都是不可估量的损失。"① "时势造英雄"，马克思也是他的那个时代——资本主义大工业生产的时代，无产阶级以独立的政治力量登上阶级斗争舞台的时代——的产儿。然而处于同一时代下的千百万人中，为什么只有马克思（当然还有恩格斯）才成为科学共产主义的创始人、国际共产主义运动的开创者？应该说，这是由于马克思有着比别人更优越的主观条件。揭示这个"主观条件"，也就是展示马克思的心灵世界。而在今天，展示马克思那崇高而又丰富的心灵世界，对于塑造我们自身的精神文明，无疑是大有裨益的。虽然限于篇幅，我们不能详尽地揭示马克思心灵世界的一切内容，但我们却可以指出她的一些基本侧面。

一、理想与实践

理想就是"精神支柱"或"精神寄托"，就是"人生目的"。每个人都有借以支持其生存的"精神支柱"，都有他心目中的"人生目的"，因而每个人都有其心目中的理想。人各有理想，只是有革命与反动、进步与落后、高尚与低下、长远与眼前之分。

马克思的理想是最崇高的理想，这就是"**为人类服务**"。这是统摄

① 《马克思恩格斯全集》第19卷，第374页，北京：人民出版社1963年版。

马克思整个心灵的中枢，是支持他战斗一生的精神支柱。

马克思的这一崇高理想早在他的青少年时代就已确立。十七岁的马克思在他的中学毕业论文《青年选择职业的考虑》中已明确指出：一个人不能只为自己而劳动，他应当“为全人类服务”，“如果我们选择了最能为人类服务的职业，我们就不会为任何沉重负担所压倒，因为这是为全人类作出的牺牲；那时我们得到的将不是可怜的、有限的和自私自利的欢乐”。大学毕业后，青年马克思在他的博士论文中，热烈地推崇、赞誉普罗米修斯为人间盗取“火种”的献身精神，认为“普罗米修斯是哲学历书上最高尚的圣者和殉道者。”他要像普罗米修斯那样，无私无畏，为人类传送真理的“火种”。

在马克思人生最初的两个转折上，在他的两篇论文（中学的毕业论文和大学的博士论文）里，贯串着一条红线——“为人类服务”。在以后的长期斗争生涯中，“为人类工作”是他最喜欢讲的名言。在他看来，无产阶级的解放就是人类的解放，因而为无产阶级的解放事业服务，就是为人类服务。

马克思不但怀有崇高的理想，更有实现理想的顽强不屈的斗争意志。马克思一旦确立了“为人类服务”的理想，便为实践这一理想进行不懈的斗争。尽管他为此遭受了无数的艰难困苦，忍受了难以忍受的不幸，都没有能阻止他前进的步伐。马克思自己就说过：“我必须不惜任何代价走向自己的目标”①。德国无产阶级革命家李卜克内西也说过：“即令‘地球塌陷毁灭了’他也不会被阻止而不向前进的。”

为了实现理想，马克思颠沛流离，但颠沛流离的流亡生活丝毫没有动摇他的理想。

马克思，这位共产主义运动的巨人，无产阶级解放的希望，在各国反动派眼里，就如洪水猛兽。他走到哪里，监视、恐吓、逮捕、审讯、驱逐令就跟到哪里。马克思于1843年10月，因他主编的《莱茵报》被普鲁士反动专制政府封闭，为寻找言论自由，宣传革命理论，和妻子燕

① 《马克思恩格斯全集》第29卷，第550页，北京：人民出版社1972年版。

妮被迫离开祖国前往法国巴黎。从此马克思一家就开始了漫长的动荡不安的政治流亡生活，一直到他与世长辞。其间，从1843年10月到1849年8月的六年中，由于受到居住国反动政府的驱逐，马克思一家被迫在祖国——法国巴黎——比利时布鲁塞尔——巴黎——祖国——巴黎——英国伦敦这条流动线上，多次迁居流寓。每到一国，只住一、两年或几个月，甚至刚刚落脚，反动的驱逐令便来了。最后虽然在英国伦敦定居下来，但也因付不出房租而多次被迫搬家。然而这一切，不但丝毫没有动摇马克思的崇高理想，反而激起他为革命献身的更大决心和意志。他对于反动派的迫害、驱逐极为蔑视，他说："我是世界公民，我走到哪儿就在哪儿工作。"

为了实现理想，马克思不得不忍受着流亡中的贫困、病丧的痛苦，然而贫病交加也没有丝毫动摇他的理想。

凭着马克思的非凡的才智，他是可以不愁吃穿的。然而他为了实现"解放全人类"的理想，多次轻蔑地拒绝了资产阶级政府的高官厚禄的引诱，选择了一条没有经济收入，却有无数艰辛的政治流亡者的道路。

马克思家庭生活的贫困程度是令人难以想象的。一贫如洗、分文不名，这是经常的困境。家里值点钱的东西都送进了当铺，甚至连马克思穿的衣服，使用的表有时也不能免。债务累累，经常有面包铺老板、肉铺老板、牛奶商、茶叶商、蔬菜商、药店老板、医生催索欠款。马克思常常不得不放下手中的工作，去向人家借钱，去要求延期还债。经常拿不出钱来购买必需阅读的报纸，有时甚至连稿纸和邮票都买不起。只是由于恩格斯的帮助才勉强渡过了难关。

马克思和燕妮一共生了七个孩子，其中四个孩子却先后被贫困和疾病夺去了幼小的生命，贫困和劳累也大大损害了马克思和燕妮的健康。然而，贫困和病魔并没有叫马克思屈服，即使重病在身，他都没有忘记他的事业、他的工作。在如此艰苦的条件下，马克思曾从父亲的遗产中获得一笔钱。这本来可以用它暂时对付一下长期穷困的生活，但他首先想到的不是自己，而是工人运动。他用这笔钱去武装布鲁塞尔工人，去创办《新莱茵报》。1866年8月，马克思在给拉法格的信中说："您知道，我已经把全部财产献给了革命斗争。对于这一点，我丝毫也不感到懊悔。非但如此，要是我重新开始生命的历程，我仍然会这样。”[①]

为什么马克思有如此无私的自我牺牲精神？马克思的女儿爱琳娜道出了其中的真谛。她说：“如果他自私一点，他会把一切工作丢开不管。可是，在他心目中有一种至高无上的东西存在着——这就是他对事业的忠诚。”

的确，为了实践理想，马克思献出了他的一切，献出了他的全部财产、全部才智、整个生命。为了实践理想，马克思真正是“威武不能屈，贫贱不能移”。马克思把他的理想和实践溶为一体。他的理想是赋予实践的理想，是给实践以动力的理想；而他的实践是以理想为指导的实践，是实现理想的实践。

马克思对于他的理想的坚定信念是建立在他对真理的执意追求上的。对于真理的追求，不但为他的理想提供了自觉的科学基础，而且坚定了他实现理想的必胜信心。

二、真理与追求

马克思是科学巨匠。他一生中有许多重要的发现，其中最重大的发现有两个：一个是发现了人类历史的发展规律，创立了唯物史观；另一个是发现了剩余价值规律，创立了马克思主义政治经济学。由于这两个伟大的发现，社会主义由空想变成了科学。这样，马克思就在哲学、政治经济学、社会主义学说等领域实现了革命变革。这就是说，在世界的这些根本领域里，是马克思首先发现真理、首先占有真理。然而正如大科学家爱因斯坦所说的：“对真理的追求比对真理的占有更为可贵。”这是因为“占有”是享受，是长时间阵痛后舐犊的享受，而“追求”是“阵痛”，是要付出代价的。没有“追求”，就没有“占有”。

那么马克思是如何追求真理的？或者说，马克思在对真理的追求中

① 《马克思恩格斯全集》第31卷，第521页，北京：人民出版社1972年版。

表现了哪些优秀的品格？这里只谈及以下三点：

第一，强烈的求知欲望

马克思具有强烈的学而不厌的求知欲望。早在青少年时代，他就如饥如渴地学习。在大学里，除了学习学校开设的课程外，马克思主要依靠自学读了大量的各个方面的书籍。关于这一点，第一部《马克思传》的作者梅林这样说过："作为思想家，马克思在大学时代就已经独立地工作了。他在两个学期中所获得的大量知识，如果按照学院式的喂养方法，在课堂上点点滴滴灌输的话，就是二十个学期也是学不完的。"在马克思的整个革命生涯中，他无时无刻不在学习。李卜克内西回忆马克思时说："学习！学习！这就是他向我们大声疾呼的无上命令。这句话之所以成为无上命令，就在于他以身作则。这位不停顿顽强工作的智者哪怕只是看你一眼，你就会觉得他在命令你学习。"

正是由于马克思的一生有强烈的求知欲望，他才具有非常渊博的知识。拉法格说："马克思的头脑是以多得令人难以相信的历史及自然科学的事实和哲学理论武装起来的"。

马克思不仅在哲学、政治经济学、社会主义理论、历史、法律等哲学社会科学方面有非常高的造诣，并进行了划时代的变革，创立了马克思主义理论体系，这是众所周知的。而且在自然科学、数学、文学、语言等方面也很有素养。马克思研究过物理学、化学、生物学、生理学、解剖学等自然科学，并十分注意自然科学上的最新发现。他尤其喜欢数学，对微积分有很深的研究。他的关于微积分的论文有十分重要的科学价值。马克思还有很高的文学艺术修养，从青年起就经常阅读和研究欧洲许多著名作家的作品。他经常在自己的谈话和著作中引用文学作品中诗句、典故。他写过小说，还计划写以历史为题材的剧本，但因工作繁忙，未能实现。马克思又是一位语言学家，他通晓现代和古代的许多语言。他先后掌握了古希腊语、拉丁语、德语、英语、法语、意大利语、西班牙语等语言，直到50岁，为了斗争的需要，还学会了俄语。列宁指出："只有用人类创造的全部知识财富来丰富自己的头脑，才能成为共产主义者。"可见，具有渊博的科学知识，这是马克思成为科学共产主义创始人的一个十分重要的条件。

第二、**刻苦的攀登精神**

马克思有一句名言："在科学上面是没有平坦的大路可走的，只有那在崎岖小路的攀登上不畏劳苦的人，有希望达到光辉的顶点。"马克思就是这样的一位不畏劳苦、奋勇攀登科学高峰的巨人。他的这种刻苦攀登的精神，充分表现在科学巨著《资本论》的写作上。

完成《资本论》，揭示资本主义经济运动的内在规律和社会主义代替资本主义的必然性，这是人类有史以来还没有人能够达到的科学高峰。为攀登这座高峰，马克思不惜牺牲了自己的"健康、幸福和家庭"[①]。

写作《资本论》，这是一项艰苦的巨大工程。马克思为此花去了40年的时间，涉及了范围广泛的研究科目，研读了浩如烟海的文献资料。尤其是，他从事如此重要的研究，既没有安定的生活环境，也没有基本的工作条件；有的却是经济上的困窘，政治上的迫害。马克思的夫人燕妮曾谈到当时的情景："您会相信，恐怕没有什么书是在比这更困难的条件下写成的。我可以写一本轶事，描绘那些没完没了的默默的操心、惊恐和痛苦。"何况，马克思为了亲自领导、组织工人运动，能用于写作的时间是那样少，以至于他不得不把自己工作的时间拖得很长很长，而把睡眠的时间减得很少很少。他几乎每天要工作到深夜两三点钟，甚至通宵达旦。马克思在给恩格斯的一次信里说到："我的工作极多，多半一直做到早晨四点钟。"[②]

"天才就是这样，终身劳动，便成天才！"这是化学家门捷列夫的切身体验，也可以是我们对于马克思刻苦攻关的一个总结。

第三，**严谨的治学态度**

为全人类的解放锻造理论武器，这一使命本身的严肃性决定了马克思在科学研究上必然采取严谨的态度。

马克思十分慎重地对待著作中所引用的材料。他所引证的每一个事

① 《马克思恩格斯全集》第31卷，第543页，北京：人民出版社1972年版。

② 《马克思恩格斯通信集》第2卷，第299、305页，北京：人民出版社1957年版。

实、每一个数字都要经过认真的核实。他从来不满足于间接得来的材料，总要找原著寻根问底，不管这样做有多么麻烦。

马克思对自己的作品总是反复修改，精益求精，力求用最恰当的语言来表达自己的思想。拉法格回忆说："他决不出版没有经过他仔细加工和认真琢磨过的作品……他的这种感情非常强烈，有一天他对我说，他宁愿把自己的手稿烧掉，也不愿半生不熟地遗留于身后。"

马克思在研究中总要想办法读遍他所获知的有关书籍，生怕有所遗漏而使自己的研究有失严谨。他把这种责任心叫做"理论上的良心"。1858年，当他正在写作《资本论》时，伦敦新出版了一本《货币史纲》。虽然马克思估计这本书对他不会有多大用处，但他还是要想办法读到它。可是他没有能力购买，只好写信找恩格斯要钱。马克思在信中说："这本书对于我，可能没有什么新东西，不过单根据'经济学者'所说的情形和我自己所看到的摘要，而不认识全书，我的理论上的良心不允许我写下去"，"我在叙述我的之前，自然必须把它看一遍。"①

历史的使命感产生"理论上的良心"，"理论上的良心"导致治学的严谨。而严谨的治学态度是马克思所以能求得真理的又一重要条件。

如果说，在《理论与实践》里我们看到的是作为战士的马克思，那么在《真理与追求》中我们看到的就是作为学者的马克思。马克思既是战士，又是学者，是非凡的战士和学者。然而马克思还有另一方面，那就是作为普通人的马克思。在马克思那个时代，就有人，特别是心怀恶意的人，说马克思"冷酷无情"。事实上，马克思和普通人一样，是富于情感的。

三、豪杰与情感

鲁迅说过："无情未必真豪杰"。既是人，便有人类的感情。没有人类情感的英雄人物并不完美，完美的英雄人物必定是富有人类情感的。

① 《马克思恩格斯通信集》第2卷，第377页，北京：人民出版社1957年版。

马克思既是顶天立地的无产阶级英雄，又是富有人类情感的普通人。

马克思富有人类同情心。马克思之所以立志解放无产阶级，虽然不仅仅是，但首先是出于对无产阶级的非人生活的同情。在他看来，人，就应该过人的生活。首先是同情，然后才会去拯救。虽然马克思不是“救世主”，但他所从事的事业就是拯救劳苦大众的事业。马克思的这种同情心，既表现在大事业上，也表现在生活细节上。李卜克内西回忆说：“我们去访问贫民住宅的时候，马克思有很多次忽然离开我们去抚摩那衣裳褴褛坐在门口的孩子的头，并把一辨士或半辨士塞在孩子的小手里。”

马克思有一颗孩子般纯真的心。马克思十分朴实，从不虚伪。对敌人，他能灵活应用巧妙的斗争策略；可是在朋友、同志中间，却不会装模作样，而总是毫无顾忌地充分表露自己的思想和情感。有时客观情况要求掩饰自己的情感，这时他常常会像小孩子一样显得手足无措，面红耳赤，使他的朋友们发笑。因此他的夫人燕妮常常叫他“我的大孩子”。马克思非常喜欢孩子。在孩子们的心目中，马克思是他们的一个“好朋友”、“好伙伴”。到了星期天，孩子们就要拉马克思给他们讲故事，做游戏。而每当这个场合，马克思也变成了一个“孩子”。有一次，马克思居然成了他的一个外孙胯下的一辆“马车”，而恩格斯和李卜克内西两人则成了拉这辆马车的两匹“马”。骑在马克思肩上的“御者”尽情地吆喝，而“马车”和“马”却满脸大汗地奔跑，不敢怠慢。这正是“横眉冷对千夫指，俯首甘为孺子牛”！

马克思的丰富而美好的情感尤其表现在他和燕妮的爱情上。爱情是心灵的窗户，对待爱情的不同态度，表露了不同的心灵世界。恩格斯指出：真正的爱情，“除了相互的爱慕之外，就再也不会有别的动机了”[①]。马克思和燕妮的爱情就是这种真正的爱情。

马克思和燕妮的结合完全是出于对对方品格和才华的爱慕，出于对

① 《马克思恩格斯选集》第4卷，第78页，北京：人民出版社1972年版。

共同的崇高理想的追求。因此，尽管两人的门第悬殊——燕妮出身于贵族家庭，是特利尔城的“第一美人”，“舞会的皇后”，有多少贵族少爷追逐在她的左右，而马克思的父亲虽是律师，但毕竟属于平民阶层，他自己又是一个前途未卜的大学生。然而他们全然不顾家庭的压力和世俗的偏见，毅然决然地把两人的终身命运连接在一起。

马克思和燕妮的爱情是热烈而深沉的、纯洁而永恒的。一直到了晚年，他们的爱情仍然真挚如初。马克思和燕妮的爱情是消解悲痛的安慰、克服困苦的力量，是溶化于马克思的崇高理想中并推动其实现的动力。

早在结婚前，燕妮就自觉地把自己的爱情献给马克思的革命事业。当时的燕妮在给马克思的信中写道：“我的心啊是如何满怀喜悦和欢欣为你跳动，我的心啊是何等焦虑地在你走过的道路上跟随着你。但愿我能把你走的道路填平，扫清阻挡你前进的一切障碍。”在那些动荡的流亡岁月里，燕妮始终是马克思的战斗的伙伴和得力的秘书。

马克思曾在1856年6月给燕妮的信中，谈到他妻子爱情对于他的价值：“诚然，世间有许多女人，而且有些非常美丽。但是哪里还能找到一副容颜，它的每一个线条，甚至每一处皱纹，能引起我的生命中的最强烈而美好的回忆？甚至我的无限的悲痛，我的无可挽回的损失，我都能从你的可爱的容颜中看出，而当我遍吻你那亲爱的面庞的时候，我也就能克制这种悲痛。”①

那些在爱情问题上为金钱地位所裹胁，或草率从事，或朝三暮四、厌旧喜新的男女青年们，不是可以从马克思和燕妮的纯真爱情中得到教益吗？

马克思的心灵世界是崇高的、深邃的、美好的，是我们塑造自身精神文明的光辉楷模。让我们向马克思学习吧，建造一个美好的世界，也塑造一个美好的心灵！

（本文为纪念马克思逝世一百周年而作，发表于《芜湖师专学报》哲学社会科学版，1983年第1期）

① 《马克思恩格斯全集》第29卷，第515页，北京：人民出版社1972年版。